JN122384

邪馬台国連合のすべて

データから読み解く

小沢文雄

Ozawa Fumio

梓書院

邪馬台国連合のすべて

データから読み解く

小沢 文雄

目　次

邪馬台国を探し続けて

小沢さんと私は、異業種交流会「天八会」(1967年9月設立、会員番号付与数143人)の会員である。私は1992年に参加、会員番号「35」。小沢さんの会員番号は「52」である。設立30周年(1997年)記念に発行した会員名簿を見ると、小沢さんの自己紹介欄の中に「中国、朝鮮半島、対馬、壱岐、北部九州、日本海各県を訪問して邪馬台国の研究をするのが夢。」と書いてある。小沢さんから65歳頃には刊行したいと聞いていた。5年程遅れたが、今回、その夢を実現された。メジャーリーグで活躍している大谷翔平選手は、高校時代に「人生設計ノート」を作成。その中に「27歳でＷＢＣ日本代表ＭＶＰ」と書かれている、とのことだ。大谷選手は28歳の2023年にそれを実現した。比較にはならないが、夢とか目標を実現するのは凄いことだと思う。諦めたらそれで終わり、継続は力なりだ。

小沢さんは、天八会の月例会で、「邪馬台国は今、あなたは九州説ですか近畿説ですか、それとも」(2004年11月25日)、「邪馬台国は今－あなたは九州説ですか それとも近畿説ですか(第2回)」(2007年9月4日)、「邪馬台国を探し続けて22年～九州北部に邪馬台国はあった～」(2014年11月27日)を講演している。何れもデータ分析に基づいて客観的な資料を配布してくれた。

ベンチャービジネス論などを大学院で教えているが、人間の集団の中で有能（顧客ニーズを先読み出来る人）な人がいるとその企業は拡大する。しかし、拡大が止まると社内闘争が生じ、企業を去る人間も出る。融和後、さらに発展する企業の中から取引所に上場（ＩＰＯ）する企業もある。このような動きは人類発生からずっと繰り返している。邪馬台国の時代も同じような事が起こり、やがて、日本国が誕生したのである。

小沢さんの邪馬台国連合の研究は古代の鏡、船、環濠集落などのデータベースを構築、経験豊富な金融情報のテクニカル分析などを応用して、今まで多くの人が試みてきた邪馬台国とその連合国について、さらに深掘りして客観的データに基づいて解明している。多くの人にぜひ、読んで欲しい一冊である。

2023 年 4 月

早稲田大学 大学院経営管理研究科
教授　長谷川 博和

刊行に寄せて

小沢文雄氏を弊社にお招きしてから早や10年が経つ。取引先の大手金融・経済情報ベンダーを退職された氏を良く知る私は、その勤勉さと誠実さに惚れ込んで役員待遇チーフ・コンプライアンス・オフィサー（CCO）への就任をお願いした。「時間の許す範囲でお手伝いしましょう」と快諾されたため、その後は弊社のコンプライアンス部門を仕切っていただいている。

社内の各種業務を法令・規則等に照らし合わせつつ日々チェックしていくというコンプライアンス業務をこなすのは、これに関連する広範な知識を有することが前提だが、それ以上に緻密さと根気が必要不可欠だ。

邪馬台国に関し30年にわたりコツコツと調べ上げてきたことを体系的にまとめた本書は、まさに氏の緻密さと根気が結実した成果といえよう。

私自身は古代史に精通しているわけではないが、折に触れて氏の見解をうかがっているうちに、素人ながら邪馬台国の所在地論争に終止符が打たれつつあるとの感触を得た。そして本書を読んだ後、それが確信に変わった次第である。

北部九州説と近畿説が対立する同論争は、ほぼ一貫して前者が優勢を保つ状態だが、「決定打」を欠く中で、なお後者が巻き返しを諦めていない構図とうかがっている。本書に記された内容は、いずれも氏が独自に発見・提起したというわけではなく、考古学者による発表済みの論文や埋もれていた研究成果を選別しながら根気よく体系化したものだ。

そこには、市井の研究者であるからこそのニュートラルな視点があり、それだけに北部九州説がすんなりと受け入れられるとも言える。少なくとも私自身は、読み進めていくうちに疑いもなく「決定打」と判断させていただいた。

もちろん、ほぼ論争に終止符が打たれたとはいえ、今後も氏は邪馬台国の所在地を巡りさらなる深掘りを続けられることだろう。願わくは、それによる「ダメ押し打」が欲しいところだ。

氏の研究意欲が益々旺盛になることを祈りつつ、刊行に寄せた挨拶としたい。

2023年4月

亜州リサーチ株式会社
代表取締役社長　又井 郁生

ライフワークの集大成へ寄せて

本刊著者の小沢文雄さんとは、もう十数年ご一緒に仕事をさせていただいている。もともとは金融情報系のお仕事を長年されていた。株式市場や上場企業の情報などを提供する仕事だ。株式市場では公開されている情報と、これを基にした分析によって大きなお金が日々動く。したがって投資家等に金融系の情報を提供する仕事は極めて責任が重い仕事なのだ。そのような経歴を持たれている方なので過去に金融情報系の書籍も出されていたし、新規に書籍を出されると聞いて、金融系の書籍だろうと思っていた。ところが、日本の古代に関するものだと聞いて驚いた。

私も歴史は大好きで、今は世界史に時間を割いている。なぜ世界史に興味があるかと言うと、この世界がどのようにして今日の姿になったのかを文明の始まりから連綿と続く原因と結果の関係で理解することで現在の世界の全体像を理解したいからである。

同じことが日本史にも言えて、古代を知ることは日本社会の全体像を知るための最も基本的な部分ではないかと考える。

歴史は当然だが、ただただ暗記に励む対象ではない。私も小学生の時に、「仁徳天皇陵（大仙陵古墳）」はなぜ大和の地でなく堺に作られたのか、を教えるような授業をしてほしいと先生にお願いしたことを思い出した。

本書は、さすがに金融情報系のお仕事をされていただけあってち密なデータの集積に基づいた客観的に理詰めで話を進める内容だ。特に邪馬台国の所在についての結論に至る過程は一つの学術論文と言えるのではないか。

私は歴史に興味を持ち始めてせいぜい数年であるが、本書は小沢さんの30年にわたるライフワークの集大成といえる本だ。このような本を読めるということは幸せなことだと思う。

2023年4月

工藤一郎国際特許事務所 所長
ＹＫＳ特許評価株式会社 代表取締役社長
工藤 一郎

<プロローグ>

古希（70歳）を2022年8月に迎えた。世間では老人といわれる部類に入る。40歳代の頃、父や義父（妻の実父）から老化の話を聞いた。物忘れ、体力、反射神経の衰えで歳をとったことを実感したと言われた。それを聞いたとき、ピンとこなかった。私は人の名前を覚えるのが極端に苦手。手帳に会社で話す人、いつも会う顧客の名前を書いて、会うときはそれを見て思い出した。小さい頃は貧血症、喘息などのアレルギー体質で恒常的な運動不足であったため、体力は無かった。反射神経も周りから鈍感といわれた。これらを克服するために中学校、高等学校では卓球部に籍を置いた。多少の改善にはなったと思う。60歳を過ぎて、父や義父の言っていたことが判った。和室であぐらを組んで座っていて立った時にフラフラする頻度が多くなった。妻から頼まれた事を一つ目は行えるが二つ目は忘れてしまう。さらに、歩いていて急に止まれなくなった。筋力の衰えか、反射神経の鈍化か。道路の段差を見逃すことが増え、その対応もおぼつかない。体力をつければ改善できるのかもと考える。

老化で考えたことは、「人間、時間差はあるが必ず死ぬ。30年以上にわたり進めてきたライフワークを元気なうちに書き止め、後の輩に残したい。」である。

未来は、過去、現在の延長にある。砂時計は逆円錐と円錐を上下に繋ぎ、ひっくり返すと上から下へ砂が落ちる。砂が落ちる前の時点で見ると、上に過去があり、下を未来に例えることが出来る。最も細い真ん中から上に向って両親、両祖父母、3世代前、4世代前と広がっていくとも見える。真ん中から下へは順に、子、孫、ひ孫と広がっていく。砂時計を見ていると、過去があって未来があることを実感する。

今から約60年前、小学5年生（11歳）のときに、自分のルーツ、日本人のルーツに興味を持った。日本史が好きになった。特に邪馬台国に興味を持った。「魏志倭人伝」を読んだ。邪馬台国は九州のことだと思った。帯方郡から女王国まで一万二千里。伊都国（現在の福岡県糸島市）まで一万五百里とのこと。女王国まで残り千五百里の距離だ。また、女王国の東一海千里は皆倭種（東一海は本州及び四国を指す）、女王国以北に30国とある。当時の国は町村規模、全体で北部九州程度であろうと思った。なぜ、江戸時代から今まで、近畿説と対立しているのかという疑問もあった。

本格的な行動は、30年前に九州の主な都市に邪馬台国関連の資料入手の依頼の手紙を書いたところから始まった。1992年6月3日に20都市へ手紙を出した。返事は8つの市町からあった。福岡市（同年6月7日）、前原町（同年6月10日）、志摩町（同年6月17日）、真玉町（同年6月19日）、太宰府市（同年6月23日）、佐伯（さいき）市（同年6月28日）、大分市（同年6月29日）、春日市（同年6月30日）からである（市町名は当時の名称）。

その後、全国の遺跡や出土物、河川の調査や、「百聞は一見に如かず」の現地調査も行った。邪馬台国探しは気が付けばライフワークになっていた。調査・研究は今も続いている。古代の調査をすることは楽しい。一つ疑問を見つけるとそれに関連することに次から次へと疑問が湧いてくる。より深く追求したくなる。30年近く、その繰り返しである。

一番の思い出は、2009年1月11日、「松本清張記念館」（福岡県北九州市）を訪ねたことだ。私は古城見学の趣味も持っている。北九州市を訪問した目的は、小倉城の見学だった。その帰り、偶然、清張記念館の前を通り、引き寄せられるように入館した。清張はあこがれの人、「清張通史①～④」は何度も読んだ。館内に再現された書斎の蔵書の多さ、執筆の下調べの精緻さを知り、清張ファンの一人として感動した。その書斎をじっと見ていたら、誰ともわからない声が聞こえた。「邪馬台国はどこにあるかの本を世に出しなさい。何年かかってもあきらめずに完成させなさい」と。「空想の翼で駆け　現実の山野を往かん」（清張）の言葉を思い出した。

データベースの作成を20年以上行い、今もデータ更新を行っている。古墳（7,000基）、環濠集落（300集落）、船遺跡（170ヵ所）、銅鏡（1,100枚）、銅鐸（640口）、鉄器（70ヵ所）、古琴（53点）、神社（2,900社）、古代豪族人物名（900名）はExcelファイルに入力した。『古事記』、『日本書紀』、『続日本紀』、『万葉集』、『国造本紀』、『倭名類聚抄』はワード検索できるようにした。

縄文時代は約1万3千年、弥生時代は約1,000年、古墳時代は約350年の期間といわれている。縄文時代が長いことが驚きである。

『日本書紀』を読むと、2回、九州から近畿のヤマト地方に集団が移り住んだと書いている。宮崎、大分・福岡などからだ。

古墳の築造年代を見ると、よ～いドンというように4世紀前半の50年位に全国一斉に造られたといわれている。可能だったのだろうか。多くの前方後円墳は箸墓古墳と同時期かそれ以降の築造とされている。腑に落ちない。

インターネットの普及で、埋もれていた研究資料も含めてホームページにどんどんアップされ、先人たちの成果を見られるようになった。

日本の考古学を発展させた人物、森本六爾（1903～1936年、奈良県生）、その弟子の藤森栄一（1911～1973年、長野県生）、小林行雄（1911～1989年、兵庫県生、「遠賀川式」＝弥生土器の体系化時系列化）、杉原荘介（1913～1983年、東京都生、登呂遺跡発掘の中心的人物）がいる。梅原末治（1893～1983年、大阪府生、日本考古学の基礎を築く）、末永雅雄（1897～1991年、大阪府生、橿原考古学研究所初

代所長)、八幡一郎（1902～1987年、長野県生)、水野清一（1905～1971年、兵庫県生)、江上波夫（1906～2002年、東京都生、騎馬民族征服王朝説、文化勲章受章)、森浩一（1928～2013年、大阪府生、大阪府立三国丘高等学校、同志社大学卒、三角縁神獣鏡国産説)、高島忠平（1939～、福岡県生、吉野ヶ里遺跡発掘）の執筆本は忘れられない。

また、日本の歴史学を発展させた人物、白鳥庫吉（1865～1942年、千葉県生、邪馬台国北九州説の提唱者)、その弟子の津田左右吉（1873～1961年、岐阜県生、神武天皇～第14代仲哀天皇とその后の神功皇后までは朝廷官人の造作との説を提唱、文化勲章受章)、内藤湖南（1866～1934年、秋田県生、邪馬台国畿内説を主張)、古田武彦（1926～2015年、福島県生、著書に『「邪馬台国」はなかった』)、安本美典（1934～、満州国生、岡山県、邪馬台国九州説）は忘れてはならない。梅原猛（1925～2019年、宮城県生、文化勲章受章）の出雲論、法隆寺論についての洞察は特に勉強になった。

約30年間、調べたこと、わかったこと、小さな発見を書きたい。

（1）本書の目的

- 邪馬台国時代の日本列島の状況を知る
- 邪馬台国連合の全ての国の所在地を解明する
- 邪馬台国と敵対する狗奴国、そして、邪馬台国がどこにあったかを明確にする

（2）本書での決めごと

①時代区分について

『発掘された日本列島2022』（文化庁編、2022年6月10日発行）をベースにする。本州・四国・九州の縄文時代は草創期・早期・前期・中

期・後期・晩期（弥生早期）の６期に、弥生時代は前期・中期・後期の３期に、古墳時代は前期・中期・後期の３期に分ける（図表 プロローグ－１参照）。

図表 プロローグ－１　年代と時代区分

<table>
<tr><th rowspan="2">年代</th><th colspan="2">北海道</th><th colspan="3">本州・四国・九州</th><th colspan="2">沖縄</th></tr>
<tr><th colspan="2">時代区分</th><th colspan="2">時代区分</th><th>年間</th><th colspan="2">時代区分</th></tr>
<tr><td>BC11000
(BC13000)
※１</td><td colspan="2" rowspan="6">縄文時代</td><td rowspan="6">縄文時代</td><td>草創期</td><td>2,000 年
(4,000 年)</td><td rowspan="13">貝塚時代</td><td rowspan="5">前期</td></tr>
<tr><td>BC5000</td><td>早期</td><td>4,000 年</td></tr>
<tr><td>BC3000</td><td>前期</td><td>2,000 年</td></tr>
<tr><td>BC2000</td><td>中期</td><td>1,000 年</td></tr>
<tr><td>BC1000</td><td>後期</td><td>1,000 年</td></tr>
<tr><td>BC300</td><td>晩期（弥生早期）
※２</td><td>700 年
(200 年)</td><td rowspan="2">中期</td></tr>
<tr><td>(BC800)
※１</td><td colspan="2" rowspan="5">続縄文時代</td><td rowspan="3">弥生時代</td><td>前期</td><td>150 年
(650 年)</td></tr>
<tr><td>AD1</td><td>中期</td><td>150 年</td><td rowspan="6">後期</td></tr>
<tr><td></td><td>後期</td><td>250 年</td></tr>
<tr><td>300</td><td rowspan="3">古墳時代</td><td>前期</td><td>100 年</td></tr>
<tr><td>400</td><td>中期</td><td>100 年</td></tr>
<tr><td>500</td><td rowspan="2">オホーツク文化期</td><td></td><td>後期</td><td>150 年</td></tr>
<tr><td>600
710</td><td>擦文時代</td><td>古代</td><td>飛鳥時代</td><td>118 年</td></tr>
</table>

※１　年代の（　）は炭素 14 年代測定法による較正年代
※２　縄文時代晩期後半を弥生時代早期とする地域もある
出所：『発掘された日本列島 2022』（文化庁編、共同通信社、2022 年）をもとに筆者編集

②「図表」の多用

図表の良い点は、過去との比較、類似・競合との比較が判り易い。

③客観的に分析

環濠集落、古墳、銅鏡などをデータベース化した。相似、相対、距離、時間、連続の手法でデータ分析、体系化、比較分析する。曖昧なもの、意味不明なものは、素直に解らないと記述する。

④先人の研究成果を学ぶ

考古学者の学説、邪馬台国関連の書籍、ホームページ、ブログを時間の許す限り多く見て学ぶ。

内外歴史書等の書物、考古学、先人の研究成果、考察、足での調査、検証、論理的推理で執筆した。

邪馬台国の解明には連合国の「投馬国」を重点的に調べた。投馬国の場所を比定したら、邪馬台国と狗奴国が解った。邪馬台国連合国はテクニカル分析を応用して「三川の法」（西の川・中央の川・東の川の分別）で解明できた。「銅鐸の埋設・破壊の最初は淡路島だった」はサプライズだと思う。

最後まで読んで戴けたら幸甚である。

1．地形と遺跡を知る

20年近く前、「地政学（ちせいがく）リスク」という言葉を耳にした。証券業界などで使われはじめた言葉である。地政学とは地理学と政治学を合成したもの。そのリスクとは「地理的な位置関係による政治的、軍事的、社会的な変化（緊張の高まり）が、その地域や世界経済に与える悪影響のこと。」である。

日本列島は地球の北半球にあり、最北端は北海道択捉島（北緯45度33分、東経148度45分）、最南端は東京都沖ノ鳥島（北緯20度25分、東経136度4分）、最西端は沖縄県与那国島（北緯24度27分、東経122度55分）、最東端は東京都南鳥島（北緯24度16分、東経153度59分）にある。ユーラシア大陸の最も東側にあり海に囲まれ、北から南に向け細長い領土である。地政学的には海外から侵略される可能性は西側からが最もリスクが高い。

今から、2千年前、日本列島に生活する人々は建国という流れにのせられていた。

古代の歴史を知るためには、まず、日本列島の地形を知り、その当時の人間がどのように生活をしたのかを知る必要があると思う。国家の成立に最も貢献した稲作農業には、平野と河川が必要条件である。弥生・古墳時代の生活遺跡を知ることにより、人間集団拡大の痕跡がわかる。当時のモノの移動手段は、海上交通が主流だ。海流、船と航路と港の遺跡をおさえておきたい。海上交通とほぼ同時期に陸上交通も整備されていった。古代道路と中継地点の駅家、移動手段の馬などについても知る必要がある。そして、水田と集落、墓制についても知っておきたい。

1.1　日本列島の地形

日本列島は、ユーラシア大陸の東端の東アジアに位置する。西は日本海、北はオホーツク海、東は太平洋、南はフィリピン海に囲まれた島群で構成されている。東西は広いところで約300km、南北は約3,500km、総面積は約37.8万㎢である。陸地面積の75%は山地、山麓で、平地に乏しい。大部分は温暖湿潤気候に属する。梅雨や台風、季節風の影響による降雪がある。また、地球上にある火山のうち約10%が日本列島内にあるといわれている。

1.1.1　日本列島を構成するプレート

現在に近い地形になったのは2万年前頃。その当時は「最終氷期最盛期」で、海面が低く日本海と外洋を繋ぐ海峡は非常に狭かったといわれる。

日本列島は4つのプレート（地球の表面を覆う厚さ凡そ100kmの岩盤）が関係している。北米プレート（東日本）、ユーラシアプレート（西日本）、太平洋プレート（北米プレートに沈み込むプレート）、フィリピン海プレート（ユーラシアプレートに沈み込むプレート）である。プレートは今もゆっくりと動いている。

北米プレートとユーラシアプレートの境界が「糸魚川－静岡構造線」（フォッサマグナ（ラテン語で大きな溝）の西縁）である。

1.1.2　日本列島の海流

日本列島は海に囲まれている。日本海には対馬海流とリマン海流、太平洋には日本海流（黒潮）と千島海流（親潮）が流れている。

海流のお陰で日本海に接する海岸には、大陸から色々なものが流れついてきた。例えば、越中で出土した縄文時代の玦状耳飾（けつじょうみみかざり）は中国江南地方と同類のもの。弥生時代の土笛はヤシの実が原型といわれる。船に乗って大陸の多くの人々（渡来人）も日本列島に流れ着いた。

1.1.3　記紀でみる日本列島

現存する日本最古の書物といわれる『古事記』（和銅5年（712年）に太安万侶が編纂して元明天皇に献上）と日本に伝存する最古の正史『日本書紀』（『続日本紀』養老4年（720年）5月21日付の最後に「舍人親王奉勅修日本紀 至是功成奏上 紀三十巻系図一巻」と記載）にいわゆる「国生み」が書かれている。イザナギ（男神、『古事記』では「伊邪那岐」、『日本書紀』では「伊弉諾」）とイザナミ（女神、『古事記』では「伊邪那美」、『日本書紀』では「伊弉冉」）が高天原の神に命じられ、日本列島を構成する島々を誕生させたと伝わる。

（1）『古事記』

『古事記』（上巻）を見ると、島々の誕生の順番は、淡道之穂之狭別嶋（淡路島）、伊豫之二名嶋（四国）、隠伎之三子嶋（隠岐島）、筑紫嶋（九州）、その後、伊伎嶋（壱岐島）、津嶋（対馬島）、佐度嶋（佐渡島）、大倭豊秋津嶋（ヤマト）を生んだという。ここまでが大八嶋国（おおやしま）という。続いて、吉備兒嶋（児島半島）、小豆嶋（小豆島）、大嶋（周防大島）、女嶋（姫島）、知訶嶋（五島列島）、両児嶋（五島列島の男女群島説）の6島を生んだという。

（2）『日本書紀』

『日本書紀』（巻第一 神代 上）をみると、国（大八洲）の誕生の順番は本文では、「淡路洲」（淡路島）が生まれた（不満足な出来、よって吾恥（あはじ）転じて淡路）、それから「大日本豊秋津洲（ヤマト）」、次に「伊予二名洲（四国）」、次に「筑紫洲（九州）」、次に「億岐洲（隠岐島）」と「佐度洲（佐渡島）」を双子で、次に「越洲（越国）」、「大洲（大国主命、吉備子洲との対比から出雲国の説を採用）」、「吉備子洲（吉備国の説を採用)」、「対馬島」、「壱岐島」とある。他に「一書曰く」として5つの異なる誕生説を記載している。図表1.1.3 − 1に記す。『日本書紀』の記述順に「一書1説」から「一書5説」を表記した。

一書1説ではヤマトが最初になり淡路洲を2番目としている。そして大洲が外れる。一書2説は本文と同じと解釈できる。一書3説は壱岐洲と対馬洲が入り、筑紫洲は6番目となっている。一書4説は淡路、ヤマト、四国、九州、吉備、隠岐・佐渡、越後の順に征服したと読むことが出来る。一書5説は淡路・ヤマト、四国、隠岐、佐渡、九州、吉備、出雲の順となっている。

この説の中で、一書3説の順序はヤマト王権が瀬戸内海を西からやって来て最初に淡路を征服。次にヤマトに進出（吉備と出雲と越国と連携したと想定)、その後、四国、隠岐、佐渡、そして、九州、壱岐、対馬を征服していったと解釈できる。

図表1.1.3 − 1 『日本書紀』に見る大八洲の誕生

<table>
<tr><th>順番</th><th>名称</th><th>本文</th><th>一書1説</th><th>一書2説</th><th>一書3説</th><th>一書4説</th><th>一書5説</th></tr>
<tr><td>1</td><td>淡路洲</td><td>①</td><td>②</td><td>①</td><td>①</td><td>①</td><td>① or ②</td></tr>
<tr><td>2</td><td>大日本豊秋津洲
(ヤマト)</td><td>②</td><td>①</td><td>②</td><td>②</td><td>②</td><td>② or ①</td></tr>
<tr><td>3</td><td>伊予二名洲</td><td>③</td><td>③</td><td>③
(伊豫洲)</td><td>③</td><td>③</td><td>③</td></tr>
<tr><td>4</td><td>筑紫洲</td><td>④</td><td>④</td><td>④</td><td>⑥</td><td>④</td><td>⑥</td></tr>
<tr><td>5</td><td>億岐洲</td><td rowspan="2">⑤</td><td>⑤</td><td rowspan="2">⑤</td><td>④</td><td rowspan="2">⑥</td><td>④</td></tr>
<tr><td>6</td><td>佐度洲</td><td>⑥</td><td>⑤</td><td>⑤</td></tr>
<tr><td>7</td><td>越洲</td><td>⑥</td><td>⑦</td><td>⑥</td><td>—</td><td>⑦</td><td>—</td></tr>
<tr><td>8</td><td>大洲</td><td>⑦</td><td>—</td><td>⑦</td><td>—</td><td>—</td><td>⑧</td></tr>
<tr><td>9</td><td>吉備子洲</td><td>⑧</td><td>⑧</td><td>⑧
(子洲)</td><td>—</td><td>⑤</td><td>⑦</td></tr>
<tr><td>10</td><td>対馬島（洲）</td><td>⑨</td><td>—</td><td>—</td><td>⑧</td><td>—</td><td>—</td></tr>
<tr><td>11</td><td>壱岐島（洲）</td><td>⑩</td><td>—</td><td>—</td><td>⑦</td><td>—</td><td>—</td></tr>
</table>

出所：『日本書紀』

1．1．4　九州の地形

九州は、四方を日本海・東シナ海・太平洋に囲まれている。北側に位置する中国大陸や朝鮮半島の人々と、東側に位置する中国地方、四国地方、近畿地方の人々と、さらに、南側に位置する南西諸島などの人々と交流があったであろう。

九州は阿蘇山をはじめ火山の噴火リスク、地震リスクがある。また、台風の接近、上陸による風水害リスクもあり、古代の農耕には必ずしも条件の良い地とはいえなかった。

（1）九州の地形と4つの区分

九州は「臼杵—八代構造線」を境として北部と南部に分かれる。自然地形から北部九州、中九州、東九州、南九州に区分できる。

北部九州は、玄界灘沿岸地域、周防灘沿岸地域、有明海沿岸地域に分かれる。

中九州は、北から菊池川流域、白川・緑川中下流域（熊本平野）、氷川・球磨川下流域（八代平野）、球磨川上流域（人吉盆地）の河川流域単位、阿蘇外輪山に囲まれた地域、天草地域に分かれる。

東九州は、別府湾沿岸地域、大野川上流域、宮崎平野部に分かれる。

南九州は、薩摩半島および大隅半島に二分される。

（2）福岡県の河川

福岡県には1級河川が4本、2級河川が52本ある。これらの河川は、古代、重要な交通手段として活用された。図表1.1.4－1に福岡県の主な河川一覧図、図表1.1.4－2に福岡県の主な河川の流域・遺跡を記す。

図表 1.1.4 − 1　福岡県の主な河川一覧図

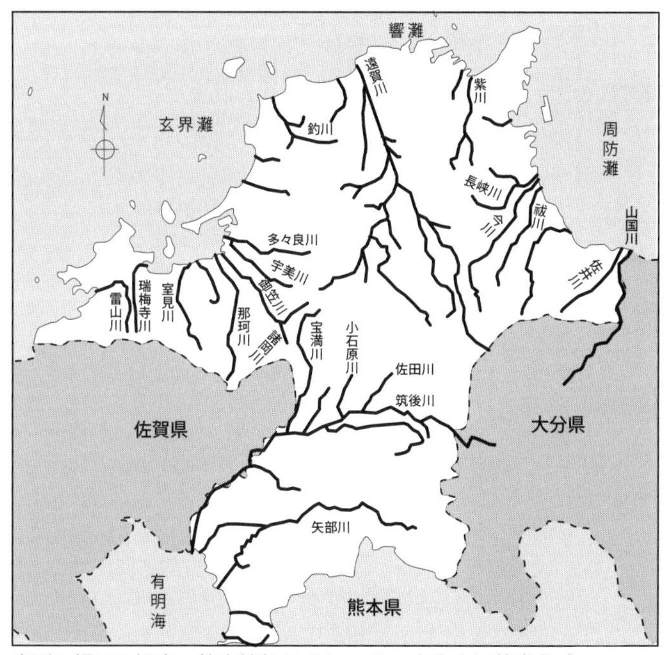

出所：福岡の観光・教育情報サイト FuKuu をもとに筆者作成
https://fukuumedia.com/fukuoka-river/wo

図表 1.1.4 − 2　福岡県の主な河川の流域・遺跡

(1/3)

項番	名　称	流　域	遺 跡 等	備　考
1	雷山川	水源は糸島市と佐賀県佐賀市の境に位置する雷山。糸島市の船越湾に注ぐ。糸島市西部	雷山川と瑞梅寺川にはさまれる曽根丘陵地帯。弥生時代前期から古墳時代前期の遺跡多数。平原遺跡、釜塚古墳、ワレ塚古墳、銭瓶塚古墳、狐塚古墳。三雲遺跡は糸島市大字三雲及び井原の瑞梅寺川とその支流の川原川の扇状地上にある	「魏志倭人伝」記載の「伊都国」の支配領域
2	瑞梅寺川（ずいばいじ）	水源は糸島市と佐賀県佐賀市境の井原山。今津湾に注ぐ。糸島市東部		「魏志倭人伝」記載の「伊都国」の中心的な集落

(2/3)

項番	名　称	流　域	遺 跡 等	備　考
3	室見川	水源は糸島市瑞梅寺。福岡市西区愛宕浜と早良区百道浜境から博多湾に注ぐ	室見川東岸地域に、有田遺跡群、四箇遺跡群、東入部遺跡群	
4	那珂川	水源は福岡市早良区大字板屋の脊振山。博多湾に注ぐ	那珂遺跡群（福岡市博多区）は那珂川と御笠川に挟まれた洪積台地上に立地する旧石器時代からの複合遺跡	
5	御笠川（みかさ）	太宰府市の宝満山を源とし鷺田川（筑紫野市）、大佐野川（太宰府市）、牛頸川（大野城市・春日市）等合流、博多湾に注ぐ	大宰府前を通る中心的な川。比恵遺跡は那珂川と御笠川に挟まれた丘陵上に立地、10棟の総柱建物が出土。『日本書紀』宣化元年（536年）の条にある「那津官家」との関連遺跡	古くは比恵川と呼ばれた。川上途中で宝満川を通って筑後川に合流
6	諸岡川	水源は白水大池公園。下流の那珂1丁目付近で御笠川と合流	須玖岡本遺跡（奴国王墓）は諸岡川の東側の春日市岡本に、板付遺跡は御笠川と諸岡川に挟まれた台地にある	福岡平野のほぼ中央を流れる
7	宇美川	糟屋郡宇美町南西部の標高724m、難所ヶ滝が源流。河口は今宿付近	光正寺古墳・七夕池古墳は宇美川の右岸にある	
8	多々良川	福岡市東部と糟屋郡を西に流れ福岡市東区名島と東区箱崎ふ頭の境から博多湾に注ぐ	多々良川左岸に込田遺跡がある。弥生時代の遺跡。若八幡宮には古代の製鉄所があり鉄を守る神様が祀られている	神功皇后の三韓出兵の際、渡来鋳物工が住み川の砂鉄で鋳物を作る
9	釣川	水源は宗像市吉留の倉久山。宗像市神湊で玄界灘に注ぐ	周辺に縄文時代・弥生時代の遺跡が多い	福岡市博多区の板付遺跡に近く稲作先進地域
10	遠賀川	福岡県の筑豊地方から北九州市・中間市・遠賀郡を流れる	遠賀川式土器は西日本に分布する弥生時代前期の土器。水田稲作の西から東への伝播の指標とされる	九州唯一鮭が遡上する。「遠賀」とは「岡縣」の岡が変化

(3/3)

項番	名　称	流　域	遺 跡 等	備　考
11	小石原川	筑後川の支流。主に朝倉市を流れる	天の安河は小石原川（旧安川・夜須川）。肥沃な穀倉地帯。平塚川添遺跡、東小田塚本遺跡、小田鳩胸遺跡、石成遺跡など	
12	佐田川	筑後川の支流。主に朝倉市を流れる		
13	宝満川	筑後川の支流。小郡市、筑紫野市を流れる	三沢遺跡や花立山古墳群（小郡市）、隈・西小田遺跡・峠山遺跡（筑紫野市）がある	
14	筑後川	水源は熊本県阿蘇郡の瀬の本高原。玖珠川と合流。佐田川、小石原川、宝満川、巨瀬川も合流して久留米市を流れ有明海に注ぐ	筑後川中流域に野口遺跡（旧石器・縄文時代を通じて営まれた大集落遺跡）、筑後川流域には多くの装飾古墳が点在している。吉野ヶ里遺跡も近くにある	九州最大河川（大分・福岡・佐賀・熊本県を流れる）。「千年川」「筑間川」ともいう
15	紫川	水源は福智山。北九州市小倉南区から北上響灘に注ぐ	玉塚古墳など数多くの古墳が点在する	『万葉集』の「企救の池」名残り「紫池」がある
16	長峡川	水源はみやこ町平尾台。行橋市を流れ、周防灘に注ぐ	ビワノクマ古墳などがある	
17	今川	水源は英彦山。みやこ町、行橋市に入り周防灘に注ぐ	延永ヤヨミ園遺跡（行橋市）	
18	祓川（はらいがわ）	行橋市・みやこ町を流れ周防灘へ注ぐ。水源は英彦山	祓川の東岸に徳永川ノ上遺跡（みやこ町）がある	
19	佐井川	豊前市の東を通って周防灘に注ぐ	豊前・築上地域最大規模の天仲寺古墳	

出所：フリー百科事典「ウィキペディア」をもとに筆者編集

1.2　船と航路と港

縄文～弥生時代、姫川流域（新潟県糸魚川市）で生産された翡翠（ヒスイ）は、北は美々遺跡（北海道千歳市）や玉川遺跡（山形県鶴岡市羽黒町）、南は垣内古墳（京都府南丹市園部町）、豊中遺跡（大阪府豊中市）、出雲大社（島根県出雲市大社町）、福岡県内の4遺跡、熊本県内の2遺跡などから出土している。日本海沿岸の船交易が盛んであったことがわかる。

「魏志倭人伝」の對海（馬）国の説明の中に、「乗船南北市糴」（船に乗り、南北に市糴（交易）する（又は、糴（穀）を市（買）う）とある。

当時の運搬手段は「船」がメインであったのは推察でき、この時の船はどのくらいの大きさで、どのくらいの速さであったかを知る必要がある。また、どんな航路を通ったのか、船が行き来する「港」はどんなところにあったかも知りたい。大量の荷物を移動させるには、現在も船が中心だが、古代人はより船を重宝したと考えられる。当時、船を動かすには、「潮流」と「風」と「人力」を利用した。「漕ぎ手」は陸に上がったときは「荷運び」も重要な役割である。

船は天候、潮の流れ、風向き、漕ぎ手の習熟度などにより、年間を通して移動時期の制限があるのは意識しないといけない。

1.2.1　船

弥生時代後期から古墳時代前期頃の準構造船の発見例は全国的にも少ない。船全体が出土する例はなく、主に部材が見つかるだけで構造の詳細は分からないことが多い。

（1）船の種類

弥生・古墳時代の船舶の出土について2014年3月現在で、北は宮城県から南は宮崎県まで231の遺跡で発掘されている。これらを見ると、古代の船は3種類に分けられる（図表1.2.1 － 1参照）。

弥生時代に多く用いられたのが「準構造船」である。潤地頭給遺跡（福岡県糸島市）、青谷上寺地遺跡（鳥取県鳥取市）、赤野井浜遺跡（滋賀県守山市）、久宝寺遺跡（大阪府八尾市）、角江遺跡（静岡県浜松市）などで部材が出土している。

下長遺跡（滋賀県守山市、弥生後期から古墳前期、1993年3月31日発掘調査報告書）でも準構造船が出土している。舳先（へさき）部分と船底と舷側（げんそく）板が結合された部品が見つかった。四角形の孔を空け幅2.4cmの桜樹皮を二重に巻き付けて結合して緩まないように上下2ヵ所に楔（くさび）が打たれていた。全国で初めて結合方法が判明した（図表1.2.1 － 2参照）。

御領遺跡（広島県福山市、弥生後期（2～3世紀））では屋根のある船室を備えた船の絵が線刻された土器片が出土した。

図表1.2.1 － 1　古代船の種類

通番	時代区分	項　目	内　容
1	縄文～弥生	丸木舟	一本の木を刳り抜いた舟
2	弥生～古墳	準構造船	丸木舟を船底にして、舷側板や竪板などの船材を加えた船
3	古墳	構造船	骨組みと板材によって建造された船

出所：NPO法人守山弥生遺跡研究会ホームページより筆者編集

図表1.2.1 － 2　下長遺跡出土準構造船想像図

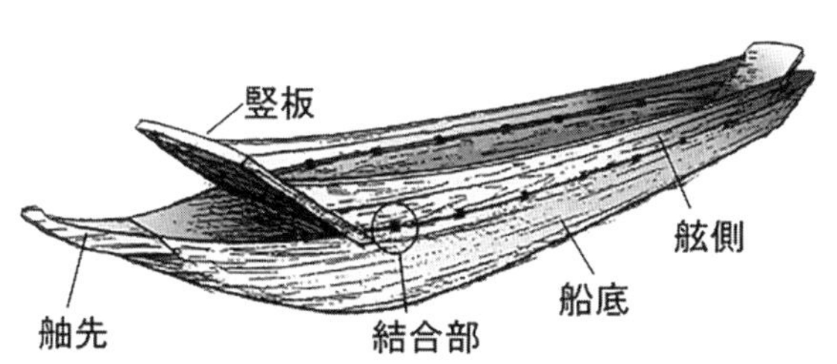

出所：滋賀県『守山市史（考古編）』

（2）船の大きさと速さ

船の大きさは一体どの位あったのであろう。埴輪や土器片の線刻から船の全長や寸法比は分からない。後の時代の文献や出土品から類推するしかない。『日本書紀』の応神天皇条に「淡路の三原の海人部 80 人を呼んで、水子（かこ）として吉備に送られた。」とある。同じく斉明天皇条には「博多から大阪まで片道 16 日、難波津から伊予松山まで片道 8 日」とある。『延喜式』では、水行所要時間は平安京から備後国 15 日、安芸国 18 日、長門国 23 日とある。752 年の奈良の大仏建立で、銅は山口県の長登銅山で精錬したものが奈良県まで 20 日間かけて運ばれた。船には舵取り 4 人、水子 16 人、舎人（とねり）（仕え人）2 人が乗ったという。

大陸へ渡航する船は相当大きい船（遣唐使船のような）でないと難しいといわれてきた。しかし、実はそうでもないらしい。石井謙治（元水産庁漁船研究室主任研究官）によれば、各地で発掘された複材丸太船（準構造船）の船底部分の遺物や残された文献（『風土記』）等から見て、古代船は全長 30m、幅 3m、排水量 30t という。速さは漕ぎ手 40 人で時速 3 ノット（時速 6km）位とのこと。石井は 1975 年に朝鮮海峡を渡った古代実験船「野生号」（角川春樹（雑誌『野生時代』元編集長）発案）の設計者。その船は排水量 13t、全長 16.5m、漕ぎ手 14 人、巡航 2 ノット（時速 3.7km）、西都原遺跡出土の舟形埴輪をモデルにしたという。かつての帯方郡（今の仁川）から奴国（今の博多）まで 47 日の航海を要し、8 月 5 日、博多港に着いた。なお、「朝鮮海峡の渡海は 2 日間にわたったが、21、22 両日とも潮と風に妨げられ、一部区間はパイロット船にえい航された。自力渡海は事実上失敗に終わったわけだが、それだけに古代の渡海がいかに危険なものであったかを知るのに十分な体験航海であった」（『朝日新聞』、1975 年 7 月 23 日）とある。

朝鮮半島からの馬の輸入でも船は利用された。5 世紀後半頃、西都原式と呼ばれる準構造船に載せて運ばれたことがわかっている。「蔀屋北（しとみやきた）

遺跡」(大阪府四條畷市) から出土した遺物をもとにした復元船は全長10m、幅1m、10人乗りで、航海は2ノットぐらいの速度で、船団を作っての航海だったと推定されている。

1.2.2 航路

(1) 玄界灘・対馬海峡・朝鮮半島の航路

西暦57年、奴国王(北部九州)は中国に朝貢したときに「金印」を受領した。この当時から、壱岐海峡、対馬海峡、朝鮮海峡、東シナ海を渡航できる船と航海術があったことがわかる(図表1.2.2 − 1参照)。

出航には、まず、季節をいつにするか、その航海ルートをどうするか、経験則から、より高い安全性を求めたと思われる。海流もどこを流れるのか知っていたのであろう。対馬海流は時速1〜1.5ノット(1.9km〜2.8km)と言われる。7月は一番波が穏やかで、暖かいため、軽装で渡航できたと思われる。

図表1.2.2 − 1 弥生・古墳時代の航海ルート

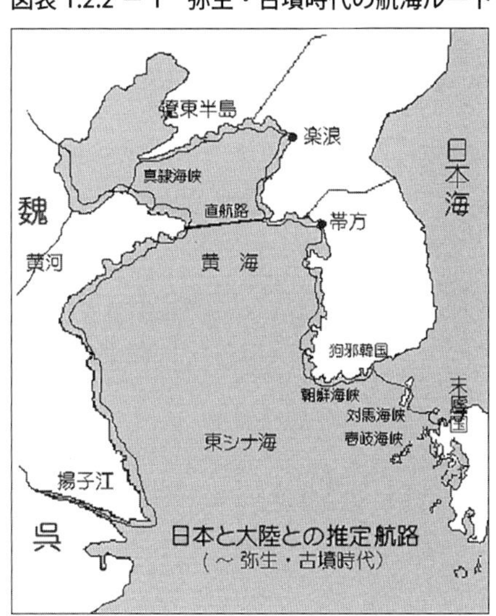

出所:ホームページ「科学する邪馬台国 古代の船と航海ルート」

（2）日本海と瀬戸内海の航路

日本海の航路は、例えば福岡から沖合に出て対馬海流に乗れば出雲に着く。出雲は海運が盛んであった。石川県志賀（しか）町は出雲神を祭る古社が10社近くある。出雲国からやって来て、出雲神社を創祀したとの伝承がある。宗像三神を祀る意冨志麻（おおしま）神社（志賀町大島）もある。七尾湾の穴水町にも宗像三神を祀る古社、辺津比咩（へつひめ）神社がある。

瀬戸内海は、北部九州（大宰府）と畿内（難波津）の２つの拠点を結ぶ重要な航路があった。

1.2.3　港

日本海側には良港が数多くあったという。古代の船着場は潟湖（せきこ）（ラグーン）という。また、瀬戸内海にも潟湖があった。

（1）日本海側の潟湖

日本海は西から東へと流れる対馬海流によって、早くから海外の人や物が渡来した。日本海岸には多くの潟湖があった。出雲の神門水海（かんどのみずうみ）（神西湖）、越前の敦賀、越中の氷見（十二町潟）などが知られている。宗像大社（福岡県宗像市）関連の神社が多数ある。宗形神社（鳥取県米子市宗像）などである。図表1.2.3 － 1を参照のこと。

図表1.2.3 － 1　日本海側の潟湖

(1/3)

通番	潟湖名	国名	所在地	概要
1	厳原	対馬	長崎県対馬市厳原町	久田に対馬藩（江戸時代）お船江跡がある
2	唐津	肥前	佐賀県唐津市	末盧国。稲作発祥地の菜畑遺跡。王墓（久里双水古墳）がある

(2/3)

通番	潟湖名	国名	所在地	概要
3	福岡 (那の津)	筑前	福岡県福岡市中央区	奴国の港。那珂川河口。海人族を祀る住吉神社（祭神は底筒男命、中筒男命、表筒男命）が旧河口にある
4	波根	石見	島根県大田市波根町	羽根湖は典型的なラグーン。神門(かんど)氏の拠点。市井深田遺跡、門遺跡、荒槙遺跡など
5	神西湖	出雲	島根県出雲市湖陵町	神門氏の拠点。須佐之男命・稲田姫の子の須世理姫は神西湖南端で誕生。大国主神と結婚。出雲大社鎮座
6	淀江	出雲	鳥取県米子市淀江町	出雲国、出雲氏の拠点。日本海交通中心地。妻木晩田遺跡、向山古墳群
7	東郷池	伯耆	鳥取県東伯郡湯梨浜町	長瀬高浜遺跡（天神川河口右岸）、山陰最大級の北山１号墳、橋津古墳群、宮内狐塚古墳
8	湖山池	伯耆	鳥取県鳥取市高住	千代川西岸にある潟湖。松原田中遺跡、松原古墳群
9	豊岡	但馬	兵庫県豊岡市	森尾古墳（4 世紀前半）、正始元年（240 年）銘の三角縁神獣鏡出土。気比銅鐸は島根県加茂岩倉銅鐸と同鋳型
10	網野	丹波 (後に丹後)	京都府京丹後市網野町	日本海側最大の前方後円墳の網野銚子山古墳（全長 198m、4 世紀末～5 世紀初頭、首長墓）は浅茂川湖に対し葺石墳丘横面配置。日本海交易展開
11	三方	若狭	福井県三方町	角田遺跡、藤井遺跡、田名遺跡、五十八遺跡など
12	敦賀	越前	福井県南西部 (嶺南地方)	気比神宮中郷古墳群。『古事記』『日本書紀』に「角鹿」と表記。大宝律令（701 年）により「敦賀」に改称
13	柴山潟	越前	石川県加賀市片山津	片山津玉造遺跡（緑色凝灰岩・碧玉の器物生産）。弓波遺跡（柴山潟に流れる八日市川・尾俣川合流部）
14	河北潟	越前	石川県河北郡津幡町字加茂	加茂遺跡は河北潟を介した水路と陸路との両交通の要衝に位置する官衙（役所）

(3/3)

通番	潟湖名	国名	所在地	概要
15	邑知潟(おうちがた)	加賀	石川県羽咋市	寺家(じけ)海岸遺跡と寺家遺跡と吉崎・次場遺跡は邑知潟の環境に恵まれた大規模集落。気多大社がある
16	氷見（十二町潟）	越中	富山県氷見市	日本海側最大の前方後方墳の柳田布尾山(やなぎだぬのおやま)古墳（3世紀、107.5m、首長墓）。白山社がある
17	放生津潟	越中	富山県新湊市	出雲系の四隅突出型墳丘墓（首長墓）が呉羽丘陵・羽根丘陵に出現
18	片辺	佐渡	新潟県佐渡市北片辺	馬場遺跡（石花川河口の北片辺）は中国の渤海使節を送迎した遺跡地
19	加茂津	佐渡	新潟県佐渡市加茂歌代	陣ノ腰遺跡、中江遺跡などがある。加茂湖北岸には条里制の遺構
20	佐潟(さかた)	越後	新潟県新潟市西区赤塚	大藪遺跡は縄文時代以前に遡る。奈良時代頃まで蝦夷は越後でも住む。アイヌ語地名が残る（沼垂、守門、胎内、谷根など）
21	鳥屋野潟	越後	新潟県新潟市中央区鳥屋野	新潟市江南区の道正遺跡から古墳時代前期に遡る準構造船を描いた線刻絵画土器出土
22	酒田	出羽	山形県酒田市	酒田市城輪地内に国府跡の城輪柵跡がある。法連寺に堂の前遺跡
23	八郎潟	出羽	秋田県南秋田郡五城目町大川石崎	658年、齶田(あきた)の首領の恩荷(おんが)は阿倍比羅夫に降伏。石崎遺跡（秋田城出先機関の郡衙跡）
24	十三湖(とさこ)	陸奥	青森県五所川原市十三	十三湊遺跡は13世紀初めには成立。「十三」はアイヌ語のトー・サム（湖のほとり）と思われる

出所：フリー百科事典「ウィキペディア」をもとに筆者編集

（2）瀬戸内海の潟湖

瀬戸内海の航路は、4 世紀以降に成立した。海上保安庁のデータによると、福岡県門司と山口県下関の間の「関門海峡」(9.4 ノット（時速17.4km))、山口県柳井市大畠地区と屋代島の間の「大畠瀬戸」(6.9 ノット（時速 12.8km))、兵庫県明石市と淡路島の間の「明石海峡」(6.7 ノット（時速 12.4km)）など潮の変化が激しい所がある。これらを船の大型化、水子（かこ）（船乗り）の技術の向上などで克服した。瀬戸内海には「船瀬」(波風を防いだ場所）もいくつかあった。また、住吉大社関連の神社が多い。山口県下関市（日本三大住吉のひとつ)、広島県広島市中区住吉町、岡山県倉敷市、岡山県岡山市南区、兵庫県明石市魚住町、兵庫県神戸市兵庫区、大阪府大阪市住吉区（住吉大社）などにある。「住吉」は海人族であった。瀬戸内海の潟湖を図表 1.2.3 － 2 に記す。

図表 1.2.3 － 2　瀬戸内海の潟湖

(1/3)

通番	港名	国名	所在地	概要
1	草野津（かやの）	豊前	福岡県行橋市延永	延永（のぶなが）ヤヨミ園遺跡（3～8 世紀）は古代港「草野津」の役所跡。1km 東に「草野津」推定地
2	分間浦（わまの）	豊前	大分県中津市田尻	今の中津港（旧田尻港）。三口遺跡（中津市相原、6 世紀後半～7 世紀初）は山国川下流東岸、豪族の居館か
3	国崎津	豊後	大分県宇佐市	駅館川河口、旧宇佐川。川部・高森古墳群。赤塚古墳は九州最古級の前方後円墳（3 世紀後半、首長墓）
4	赤間関	長門	山口県下関市	7 世紀に「臨海館」。近くに土井ヶ浜遺跡、梶栗浜遺跡、綾羅木郷遺跡、前方後円墳の仁馬山古墳

（2/3）

通番	港名	国名	所在地	概要
5	佐婆津	周防	山口県防府市	佐波川河口北岸に大日古墳（防府市、前方後円墳、全長45m、6世紀）は大内氏先祖の百済王子琳聖太子の墓か
6	熊毛浦	周防	山口県熊毛郡平生町	神花山古墳（平生町佐賀田名、前方後円墳、全長30m、5世紀前半）。女性埋葬。平尾町南に「上関」がある
7	麻里布浦	周防	山口県岩国市麻里布町	錦川河口。『万葉集』巻十五に「玖珂郡麻里布浦に至り」とある。装束神社（岩国市装束町、祭神：市杵島姫命）
8	長門浦	安芸	広島県呉市倉橋町	『万葉集』にある長門島松原（倉橋町字前宮ノ浦、桂濱神社境内）
9	風速浦	安芸	広島県東広島市安芸津町風早	三津湾にある。『万葉集』巻十五の3615と3616に掲載。736年、遣新羅使が長門島に停泊した時の歌
10	長井浦	備後	広島県三原市糸崎	風待ちの浦として『万葉集』に詠まれる。糸碕神社鎮座。主祭神は帯中津日子命（仲哀天皇）、品陀和気命（応神天皇）、息長帯日売命（神功皇后）
11	深津	備後	広島県福山市東深津町	吉備穴国造の領域、安那郡の一部。当初は「あな」と呼ばれた。平安時代までに「やすな」となる。後に深安郡
12	多麻浦	備中	岡山県倉敷市玉島	『万葉集』巻十五の3598、3599に詠まれる。736年、遣新羅使の多麻浦での歌
13	児島津	備前	岡山県倉敷市児島	『古事記』の国生み神話で大八島に続く九番目に吉備児島が現る。吉備の穴海。日本武尊の話に登場
14	石間江	備前	岡山県岡山市米田	港湾の石前江の北側に宍甘山王山古墳（4～5世紀、前方後円墳、墳長68.5m）がある

(3/3)

通番	港名	国名	所在地	概要
15	牛窓浦	備前	岡山県瀬戸内市牛窓町	瀬戸内水運の要衝。牛窓古墳群の5基の前方後円墳のうち最初に築造されたのは牛窓天神山古墳（4世紀中葉～後半、墳長85m）
16	方上津（かたかみのつ）	備前	岡山県備前市東片上・西片上	片上湾がある。西片上には宇佐八幡宮、恵美須神社が鎮座
17	御津	播磨	兵庫県たつの市御津町室津	揖保川が流れる。奈良時代の摂播五泊の一つ。他に韓泊（姫路市的形）、魚住泊（明石市井ケ島）、大輪田泊、川尻泊（尼崎市）
18	飾磨津（しかまつ）	播磨	兵庫県姫路市飾磨区宮	天満神社（恵美酒宮、飾磨区恵美酒）、天満神社（浜の宮、飾磨区須加）
19	水児船瀬	播磨	兵庫県加古川市	「賀古の船瀬」ともいう。日本最大の駅家である賀古駅と陸路接続
20	明石浦	播磨	兵庫県明石市岬町	「明石鯛」や「明石ダコ」で有名
21	大輪田泊	摂津	兵庫県神戸市兵庫区	武庫の浦（兵庫県武庫川河口付近）。旧湊川河口部説もある。奈良時代に摂播五泊の一つに指定。他に御津、韓泊、魚住泊、川尻泊
22	敏馬津	摂津	兵庫県神戸市灘区岩屋中町	西郷川河口。難波津と淡路島の中間にあった港。神功皇后凱陣時に留まった。難波津の外港
23	難波津	河内	大阪府大阪市中央区	古代大阪湾。大和川、淀川の河口。難波津東の上町台地先端から16棟の倉庫群が発掘
24	住吉津	河内	大阪府大阪市住吉区	細江川（別名・細井川）の河口の住吉の細江。神功皇后鎮座地選定の住吉大社がある

出所：フリー百科事典「ウィキペディア」をもとに筆者編集

1．3　道路と駅家と馬

古代人の人や物の長距離の輸送手段は船である。短距離の場合は人力である。この効率を高めるために道路が作られた。当初の道路は獣道（大・中型の動物＝熊、猪、鹿など）からの発展である。そして、計画的な道路が作られるようになった。ポイント毎に駅家（うまや）を作り、馬が大陸から持ち込まれ、中・長距離の移動も可能にした。

1．3．1　道路

３世紀頃を描いた「魏志倭人伝」には、道路に関することが２ヵ所記述されている。一つ目は「對海……土地山険多深林道路如禽鹿径」（読下し文：對海（馬）国は、土地山険しく深林多く、道路は禽鹿の径の如し。）であり、二つ目は「女王国……下戸與大人相逢道路逡巡入草」（読下し文：女王国では下戸（身分の低い人、一般人）は、大人（身分の高い人）と道路で相逢えば逡巡して草に入る。）である。

『日本書紀』で「道路」が現れるのは、巻第二・神代下に「天照大神之子所幸道路」、巻第三・神武天皇紀に「皆是要害之地故道路絶塞無處可通」、巻第六・垂仁天皇紀に「不知道路留連嶋浦」、また、巻第九・神功皇后紀に「求道路以至于斯土若能教臣等令通道路」など多く見られる。国家として道路は重んじられていたのがわかる。道路が日本で法的に整備されたのは、白村江の戦い（663年）で大敗した後、689年施行の飛鳥浄御原令以降である。道路は「情報伝達の迅速化」、「軍隊の大量の移動」などに必要であった。古代の道路は、「官道（かんどう）」（現在の国道）と呼ぶ。道幅は6m～12mで、両側に側溝が設けられた。

官道は五畿七道（ごきしちどう）と呼ばれた。五畿とは、難波宮、平城宮、平安宮の周辺国（山城、大和、河内、和泉、摂津の五国）、七道とは、『日本書紀』に記述されている四道将軍を拡大して区分（東海、東山、北陸、山陽、山陰、南海、西海の各道）したといわれている（図表 1.3.1 － 1 参照）。

図表 1.3.1 － 1　古代の七道の概要　(1/2)

通番	七道名	路線名	起点	終点	距離（km）	駅家数
1	東海道	東海道	平安京	常陸国府	638	37
2		東山連絡路	常陸国府	松田	116	7
3		伊勢路	鈴鹿	志摩国府	88	5
4		甲斐路	横走	甲斐国府	56	3
5		上総路	豊島	白浜	140	8
		小　計			1,038	60
6	東山道	東山道	勢多	斯波城	972	56
7		飛騨路	方県	美濃国府	125	5
8		北陸連絡路	錦織	越後国府	115	4
9		出羽路	柴田	秋田	275	12
		小　計			1,487	77
10	北陸道	北陸道	平安京	佐渡国府	525	39
11		若狭路	三尾	松原	65	2
12		能登路	深見	能登国府	47	3
		小　計			637	44
13	山陰道	山陰道	平安京	岩見国府	456	32
14		丹後路	長柄	郡部	128	4
15		隠岐路	出雲国府	隠岐国府	24	1
		小　計			608	37
16	山陽道	山陽道	平安京	大宰府	704	58
17		山陰連絡路	厚狭	小川	111	10
18		美作路	草上	美作国府	73	2
		小　計			888	70
19	南海道	南海道	山崎	伊予国府	342	23
20		土佐路	大岡	土佐国府	54	4
		小　計			396	27
21	西海道	西海道西路	大宰府	大隅国府	316	22
22		西海道東路	至津	大隅国府	421	24
23		壱岐路	大宰府	壱岐国府	100	10

(2/2)

通番	七道名	路線名	起点	終点	距離（km）	駅家数
24	西海道	肥前路	基	球磨	212	12
25		豊前路	大宰府	多米	51	3
26		豊後路	大宰府	由布	101	6
27		肥後豊後路	蚕養	三重	94	4
28		肥後日向路	佐織	児湯	150	5
		小 計			1,445	86
合 計					6,499	401

出所：フリー百科事典「ウィキペディア」をもとに筆者編集

1．3．2 駅家

官道に沿って人・馬・船などを常備した「駅家」を置いた。駅家は30里（約16km。当時の1里は約530mといわれている）毎に設けられた。駅家は、行き来する役人や外交使節が、馬を交換したり休息したりした。これを「駅制（えきせい）」という（図表1.3.2 － 1参照）。

図表1.3.2 － 1 『延喜式』巻第廿八 諸国駅家・駅馬

(1/4)

通番	道名	国名	駅数	駅馬船数	駅家名
1	畿内	山城	1	20	山埼・20疋
2		河内	3	21	楠葉、槻本、津積/各7疋
3		和泉	2	14	日部、呼唹/各7疋
4		摂津	3	38	草野、須磨/各13疋、葦屋・12疋
		小計	9	93	
5	東海道	伊勢	7	74	鈴鹿・20疋、河曲、朝明、榎撫/各10疋、市村、飯高、度会/各8疋
6		志摩	2	8	鴨部、礒部/各4疋
7		尾張	3	30	馬津、新溝、両村/各10疋
8		参河	3	30	鳥捕、山綱、渡津/各10疋
9		遠江	5	50	猪鼻、栗原、引摩、横尾、初倉/各10疋
10		駿河	6	70	小川、横田、息津、蒲原、長倉/各10疋、横走・20疋

(2/4)

通番	道名	国名	駅数	駅馬船数	駅家名
11	東海道	甲斐	3	15	水市、河口、加吉 / 各 5 疋
12		相摸	4	58	坂本・22 疋、小總、箕輪、浜田 / 各 12 疋
13		武蔵	4	40	店屋、小高、大井、豊嶋 / 各 10 疋
14		安房	2	10	白浜、川上 / 各 5 疋
15		上總	4	20	大前、藤潴、嶋穴、天羽 / 各 5 疋
16		下總	5	40	井上・10 疋、浮嶋、河曲 / 各 5 疋、茜津、於賦 / 各 10 疋
17		常陸	7	20	榛谷、曾祢 / 各 5 疋、安侯、河内、田後、山田、雄薩 / 各 2 疋
		小計	55	465	
18	東山道	近江	11	158	勢多・30 疋、岡田、甲賀 / 各 20 疋、篠原、清水、鳥篭、横川 / 各 15 疋、穴多・5 疋、和爾、三尾 / 各 7 疋、鞆結・9 疋
19		美濃	10	97	不破・13 疋、大野、方県、各務 / 各 6 疋、可児 8 疋、土岐、大井 / 各 10 疋、坂本・30 疋、武義、加茂 / 各 4 疋
20		飛騨	3	15	下留、上留、石浦 / 各 5 疋
21		信濃	15	165	阿知 30 疋、錦織、浦野、長倉 / 各 15 疋、育良、賢錐、宮田、深沢、覚志、曰理、清水 / 各 10 疋、麻績、曰理、多古、沼辺 / 各 5 疋
22		上野	5	55	坂本・15 疋、野後、群馬、佐位、新田 / 各 10 疋
23		下野	7	70	足利、三鴨、田部、衣川、新田、磐上、黒川 / 各 10 疋
24		陸奥	24	169	雄野、松田、磐瀬、葦屋、安達、湯日、岑越、伊達、篤借、柴田、小野 / 各 10 疋、名取、玉前、栖屋、黒川、色麻、玉造、栗原、磐井、白鳥、胆沢、磐基 / 各 5 疋、長有、高野 / 各 2 疋
25		出羽	11	112 (船 10)	最上・15 疋、村山、野後 / 各 10 疋、避翼 12・疋、佐芸・4 疋、遊佐・10 疋、蚶方、由理 / 各 12 疋、白谷・7 疋、飽海、秋田 / 各 10 疋。佐芸・船 10 隻
		小計	86	841	
26	北陸道	若狭	2	10	弥美、濃飯 / 各 5 疋
27		越前	8	43	松原・8 疋、鹿蒜、淑羅、丹生、朝津、阿味、足羽、三尾 / 各 5 疋
28		加賀	7	35	朝倉、潮津、安宅、比楽、田上、深見、横山 / 各 5 疋

(3/4)

通番	道名	国名	駅数	駅馬船数	駅家名
29	北陸道	能登	2	10	撰才、越蘇 / 各 5 疋
30		越中	8	43	坂本、川合、曰理、白城、磐瀬、水橋、布勢 / 各 5 疋、佐味 ･8 疋
31		越後	10	45 (船 2)	滄海 ･8 疋、鶉石、名立、水門、佐味、三嶋、多太、大家 / 各 5 疋、伊神 ･2 疋。渡戸 ･ 船 2 隻
32		佐渡	3	15	松埼、三川、雑太 / 各 5 疋
		小計	40	201	
33	山陰道	丹波	8	58	大枝、野口、小野、長柄、星角、佐治 / 各 8 疋、日出、花浪 / 各 5 疋
34		丹後	1	5	勾金 ･5 疋
35		但馬	7	50	粟鹿、郡部、養耆 / 各 8 疋、山前 ･5 疋、面治、射添 / 各 8 疋、春野 ･5 疋
36		因幡	4	32	山埼、佐尉、敷見、柏尾 / 各 8 疋
37		伯耆	5	25	笏賀、松原、清水、和奈、相見 / 各 5 疋
38		出雲	6	30	野城、黒田、完道、狭結、多仗、千酌 / 各 5 疋
39		石見	6	30	波祢、託農、樟道、江東、江西、伊甘 / 各 5 疋
		小計	37	230	
40	山陽道	播磨	9	190	明石 ･30 疋、賀古 ･40 疋、草上 ･30 疋、大市、布勢、高田、野磨 / 各 20 疋、越部、中川 / 各 5 疋
41		備前	4	74	坂長、珂磨、高月 / 各 20 疋、津高 ･14 疋
42		備中	4	80	津峴、河辺、小田、後月 / 各 20 疋
43		備後	3	60	安那、品治、者度 / 各 20 疋
44		安芸	13	260	真良、梨葉、都宇、鹿附、木綿、大山、荒山、安芸、伴部、大町、種箆、濃唹、遠管 / 各 20 疋
45		周防	8	160	石国、野口、周防、生屋、平野、勝間、八千、賀實 / 各 20 疋
46		長門	15	130	阿潭、厚狭、埴生、宅賀、臨門 / 各 20 疋、阿津、鹿野、意福、由宇、三隅、参美、垣田、阿武、宅佐、小川 / 各 3 疋
		小計	56	954	
47	南海道	紀伊	2	16	荻原、賀太 / 各 8 疋
48		淡路	3	15	由良、大野、福良 / 各 5 疋
49		阿波	2	10	石隈、郡頭 / 各 5 疋

(4/4)

通番	道名	国名	駅数	駅馬船数	駅家名
50	南海道	讃岐	6	24	引田、松本、三谿、河内、甕井、柞田 / 各 4 疋
51		伊予	6	30	大岡、山背、近井、新居、周敷、越智 / 各 5 疋
52		土佐	3	15	頭駅、吾椅、丹治川 / 各 5 疋
		小計	22	110	
53	西海道	筑前	19	185	独見、夜久 / 各 15 疋、嶋門・23 疋、津日・22 疋、席打、夷守、美野 / 各 15 疋、久爾・10 疋、佐尉、深江、比菩、額田、石瀬、長丘、把伎、広瀬、隈埼、伏見、綱別 / 各 5 疋
54		筑後	3	15	御井、葛野、狩道 / 各 5 疋
55		豊前	9	65	社埼、到津 / 各 15 疋、田河、多米、刈田、築城、下毛、宇佐、安覆 / 各 5 疋
56		豊後	9	50	小野・10 疋、荒田、石井、直入、三重、丹生、高坂、長湯、由布 / 各 5 疋
57		肥前	15	80	基肄・10 疋、切山、佐嘉、高来、磐氷、大村、賀周、逢鹿、登望、杵嶋、塩田、新分、船越、山田、野鳥 / 各 5 疋
58		肥後	16	80	大水、江田、坂本、二重、蚊槁、高原、蚕養、球磨、長崎、豊向、高屋、片野、朽網、佐職、水俣、仁主 / 各 5 疋
59		大隅	2	10	蒲生、大水 / 各 5 疋
60		薩摩	6	30	市来、英祢、網津、田後、櫟野、高来 / 各 5 疋
61		日向	16	80	長井、川辺、刈田、美弥、去飛、児湯、当磨、広田、救麻、救弐、亜椰、野後、夷守、真斫、水俣、嶋津 / 各 5 疋
62		壱岐嶋	2	10	優通、伊周 / 各 5 疋
		小計	97	605	
		合計	402	3,499 (船 12)	

出所：フリー百科事典「ウィキペディア」をもとに筆者編集

1.3.3　九州の道路と駅家

大陸との玄関である九州は「西海道」として一括りにされた。7 世紀以降、大宰府を中心に道路と海路を設け、役所の役割を果たす「郡衙（ぐんが）」

を起点に30里ごとに駅家が設けられた（図表1.3.3 － 1参照）。

大宰府から南方向には、「御井（みい）駅」（福岡県久留米市）、「葛野（かどの）駅」（福岡県筑後市）、「狩道（かりじ）駅」（福岡県みやま市）、「大水（おおむつ）駅」（熊本県玉名郡南関町）、「国府駅」（熊本県熊本市）、九州南部の「大隅駅」（鹿児島県霧島市）まで繋がっていた。

図表1.3.3 － 1　西海道各路

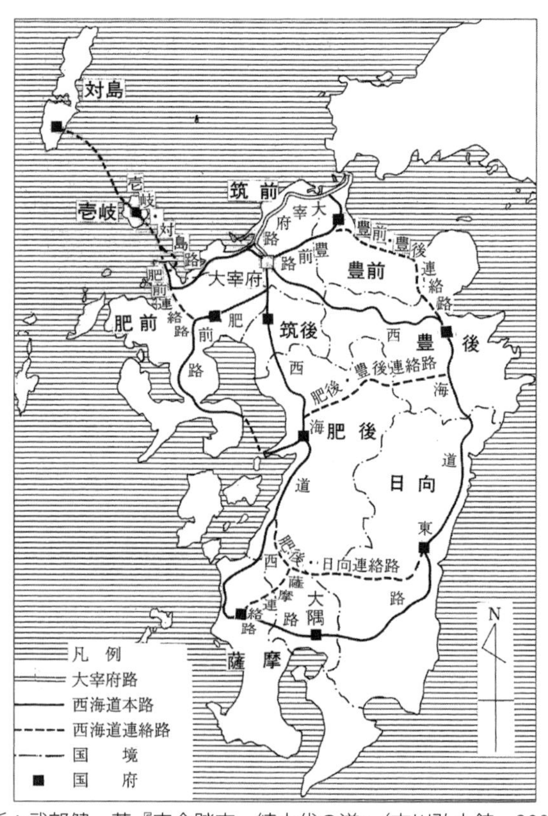

出所：武部健一著『完全踏査　続古代の道』（吉川弘文館、2005年）

1.3.4　馬

「魏志倭人伝」の38行目に「其地無牛馬」(倭地には牛馬無し) と記されている。尾崎孝宏は「日本在来馬の歴史的変遷と現状」(『鹿大史学』59巻、2012年2月1日発行、P.15～28掲載) に「近年行われるようになった馬骨の科学的分析や DNA を対象とした遺伝学的調査により、かつて縄文時代や弥生時代にウマが存在したことの論拠とされていたものが否定され、現状の認識に至ったのである。」と記述している。

『古事記』『日本書紀』には、日本武尊(ヤマトタケルノミコト)が生きた馬の皮をはいだ。また、出雲神話の神である大国主命(オオクニヌシノミコト)に馬肉を献上(けんじょう)したと記されている。

4世紀頃、朝鮮半島から体高1.35m前後の蒙古馬に近い馬が、乗馬の風習とともに伝わった。九州地方が最も早く (古墳時代前期)、馬具は池の上墳墓6号墳 (福岡県朝倉市)、老司3号石室 (福岡県福岡市) から出土した轡(くつわ)、鞍金具、鉸具等であろうといわれている (図表1.3.4－1を参照)。

図表 1.3.4 － 1　馬具の出土状況　(1/2)

通番	遺跡名	出土地	年代	馬具の出土品
1	池の上墳墓群	福岡県朝倉市甘木	4世紀後半～5世紀初頭	6号墳から轡(くつわ)、鞍金具、鉸具等出土
2	老司古墳	福岡県福岡市南区	5世紀初頭	前方後円墳。日本で最初に構築された横穴式石室がある。3号石室から、轡、鞍金具等出土
3	行者塚古墳	兵庫県加古川市山手	4世紀末～5世紀初頭	前方後円墳。金属製轡(くつわ)は畿内最古級
4	箸墓古墳周溝	奈良県桜井市箸中	4世紀	木製輪鐙(あぶみ)は畿内最古級。この出土により騎馬文化流入が従来より古く修正された
5	桜塚古墳群	大阪府豊中市南桜塚	4世紀～6世紀	御獅子塚古墳の第一主体部木棺の棺外に馬具。南天平塚古墳の木棺の両端外側に鞍など

(2/2)

通番	遺跡名	出土地	年代	馬具の出土品
6	六野原横穴墓群	宮崎県東諸県郡国富町	5世紀中頃	馬の遺骸が轡（くつわ）を口に装着（8号墓）
7	奈良井遺跡	大阪府四條畷市	5世紀中頃～6世紀中頃	6頭以上の馬の骨が発見され、周辺に馬型土製品など出土
8	近江新開古墳	滋賀県栗東町安養寺	5世紀～6世紀	鉄地金銅透彫鏡板付轡1組、金銅鉸1点、鉄板装木製鞍1点、木芯鉄板被輪鐙2組等
9	藤ノ木古墳	奈良県生駒郡斑鳩町法隆寺	6世紀第4四半期	金銅製馬具（心葉形鏡板付轡1点、円形飾金具1点、前輪・後輪の鞍金具、障泥2点、鐙2点、棘葉形杏葉17点、歩揺付尻繋飾金具46点等

出所：フリー百科事典「ウィキペディア」をもとに筆者編集

1.4　水田と集落

稲作が大陸から伝わったのは確実である。経路は南シナ海経由説、朝鮮半島経由説などがある。北部九州にはかなり早い時期に稲作が伝わった。紀元前500～1000年の頃である。同時期に鉄器も伝わった。

稲作は人を定住化させ、田作り、田植え、収穫まで集団作業が必要である。豊作を繰り返せば人が増える。集落の誕生である。その集団には指図する人も必要である。ムラオサ（村長）といわれた。

1.4.1　水田

日本列島の季節には、梅雨とそれに続くカンカン照りの夏がある。稲作に適していた。北部九州に伝えられた水田稲作技術は、一気に西日本全体に広がり、その後、短時間で日本海側の東北地方へと広がった。

人々は低地や湿地を水田に変え、住まいは竪穴住居、それとは別にもみを蓄えるための高床倉庫を建てた。

稲作に最も必要なものの一つに水路がある。作柄に直結する水路を整備し、これを維持しなければならない。ムラオサの号令で、民が力を合わせて利水や治水に努めたであろう。

都道府県別に最も古い水田遺跡を調べてみた。図表 1.4.1 － 1 である。弥生早期初頭の出土は、佐賀県の菜畑遺跡と宮崎県の坂元Ａ遺跡である。坂元Ａ遺跡が国内最古級の出土であることは余り知られていない。その次の弥生早期の出土は、福岡県の板付遺跡、大分県の大石遺跡である。弥生前期になると、瀬戸内海では、山口県、広島県、岡山県、兵庫県、香川県、徳島県、大阪府、和歌山県、奈良県、三重県と広がる。日本海側では鳥取県、石川県、青森県に広がる。

関東へは弥生中期前半の中里遺跡（神奈川県小田原市）の出土が古い。

図表 1.4.1 － 1　都道府県別・古い水田遺跡（2021 年 3 月末現在）

(1/5)

通番	都道府県名	時代区分	遺跡名	所在地	出土物等
1	北海道	（17 世紀）	―	北斗市村内	北海道水田発祥地。岩手県野田村出身の作右衛門が米 10 俵収穫の記録
2	青森県	弥生前期	砂沢	弘前市三和	水田や畦畔の跡から砂沢式土器、土偶、石器、炭化米など
3	岩手県	弥生前期	反町	奥州市江刺	水田跡 18 枚。畔で区画、水田耕作の技術体系まるごと普及
4	宮城県	弥生中期	沓形	仙台市若林区	弥生時代中期の津波被害を受けた水田跡
5	秋田県	弥生	星宮	大仙市横堀	水田跡 16 枚発見。遺物は遮光器土偶、縄文土器（注口土器甕壺）、石鏃、装身具

(2/5)

通番	都道府県名	時代区分	遺跡名	所在地	出土物等
6	山形県	古墳後期	西沼田	天童市大字矢野目	平地式建物 14 棟、高床倉庫 2 棟、河川跡、水田の畦畔（けいはん）状遺構
7	福島県	弥生中期	番匠地	いわき市内郷御厩町	弥生式土器使用。水田跡 1、溝跡 1、自然流路跡 3、溝状遺構 2
8	茨城県	古墳	豊郷条里	鹿島市	主な遺物は溝状遺構
9	栃木県	弥生中期	野沢	宇都宮市野沢町	野沢式土器（縄文土器と酷似の文様）出土。土器の中にモミつぶ跡
10	群馬県	弥生中期後半	並榎北	高崎市上並榎町	幅 5 ～ 8m の水路に堰、分水路設置
11	埼玉県	弥生後期	北島	熊谷市大字上川上	1 区画約 5m から 8m の前後方形区画を主体に計 88 筆出土
12	千葉県	弥生後期	柴野	木更津市下望陀字柴野	大小様々な区画。畦道、水路
13	東京都	古墳	伊興	足立区伊興	水辺祭祀の土師器、須恵器、勾玉等出土
14	神奈川県	弥生中期前半	中里	小田原市中里	関東最大最古の弥生遺跡。瀬戸内海東部型式土器発見、近畿地方入植者か
15	新潟県	弥生中期	西郷	新潟市江南区	炭化米 3,890 粒、動物の骨出土
16	富山県	弥生	中小泉	中新川郡上市町神田	水路に流路調整用「しがらみ」、木製農耕具出土
17	石川県	弥生以降	加茂	河北郡津幡町	弥生時代石包丁出土。日本最古（平安）触れ書「加賀郡牓示札」（重文）出土
18	福井県	弥生後期	井向	坂井市春江町	淡水湖の水を引き広大な大規模水田地帯
19	山梨県	弥生中期	江原	南アルプス市向河原（旧甲西町）江原	小区画の水田跡とそれに関連する溝跡発見。甕形土器の一部も出土

（3/5）

通番	都道府県名	時代区分	遺跡名	所在地	出土物等
20	長野県	弥生中期	川田条里	長野市若穂川田	千曲川による自然堤防背後の水田遺跡
21	岐阜県	弥生中期	柿田	可児市柿田	水路の中に木組みを芯にした堤防や堰。土器、木製農具祭祀具出土
22	静岡県	弥生後期	登呂	静岡市駿河区登呂	水田跡、井戸跡、竪穴系平地式住居・高床式倉庫の遺構検出
23	愛知県	弥生中期	伝法寺野田	一宮市丹陽町伝法寺	水田は畔によって一辺が 2 ～ 5m の小区画
24	三重県	弥生前期	納所	津市納所町	大規模遺跡。農耕に使用した木製の鍬や鋤等も多く出土
25	滋賀県	弥生中期	大中の湖南	近江八幡市安土町大中	農耕集落遺跡。竪穴住居址（方形周溝墓）3 軒、水田畦畔、柵、灌漑用水路出土
26	京都府	弥生中期	森本	向日市森本町	土器や石器、鍬や石包丁などの農具、人面付壺形土器（顔面破片）が水路跡から出土
27	大阪府	弥生前期	安満	高槻市八丁畷町など	近畿地方でいち早く米づくりを始めた大環濠集落跡。先住縄文人と共生
28	兵庫県	弥生前期	玉津田中	神戸市西区玉津町	水田跡、円形の竪穴式住居跡、掘立柱建物、溝状遺構
29	奈良県	弥生前期	旧奈良署跡地	奈良市平城京左京三条二坊	水田跡 5,500㎡検出。畔は高さ 3㎝、東西に幅 1m1 本、幅約 30㎝多数配置
30	和歌山県	弥生前期	太田・黒田	和歌山市黒田	木製の鋤が多数出土。吉野ヶ里遺跡とほぼ同時代
31	鳥取県	弥生前期	目久美	米子市目久美町	畔・水路整備、鍬、鋤、田下駄等出土
32	島根県	弥生中期	平ノ前	大田市静間町	弥生中期末～後期前葉に機能した水利施設を伴う灌漑水路検出

（4/5）

通番	都道府県名	時代区分	遺跡名	所在地	出土物等
33	岡山県	弥生前期	津島	岡山市北区いずみ町	集落と水田が全国で初めて一緒に出土。1区画は数㎡～70㎡と不揃い
34	広島県	弥生前期	大宮	福山市神辺町	流紋岩製の石包丁、へらで模様がつけられたつぼ、石斧出土
35	山口県	弥生前期	綾羅木郷	下関市綾羅木	本州最西端響灘の地域。多数の袋状竪穴群
36	徳島県	弥生前期	庄・蔵本	徳島市庄町	水田は遺跡北東部（第17･19･24･28次調査）から東の南蔵本遺跡に分布
37	香川県	弥生前期	中の池	丸亀市金倉町	集落の東部と南側に水田跡。土器、石器、木製品など多数出土
38	愛媛県	弥生の可能性	北竹ノ下Ⅰ	西条市石延	小区画水田で各区画を仕切る畦畔や水田面に残された人間の足跡等
39	高知県	弥生前期	田村	南国市田村桑ノ木	灌漑式水田稲作、土佐米の発祥地。県下最大の弥生集落跡
40	福岡県	弥生早期	板付	福岡市博多区	集落、墓地、生産地（水田）一体の遺跡。東西約80m、南北約110mの楕円形環溝
41	佐賀県	弥生早期初頭	菜畑	唐津市菜畑	18㎡余りの4枚の田。直播きで栽培と推測
42	長崎県	弥生中期初頭	四反田	佐世保市下本山町	長崎県内で初めての発見。9枚の田が出土
43	熊本県	弥生	宮地	熊本市南区	青銅器の出土豊富で、巴形銅器・貨泉・小型鏡出土。石包丁多数出土
44	大分県	弥生早期	大石	豊後大野市緒方町	縄文晩期Ⅰ式の黒色磨研土器、石包丁形石器、扁平石斧など多く出土。籾圧痕のある土器出土

(5/5)

通番	都道府県名	時代区分	遺跡名	所在地	出土物等
45	宮崎県	弥生早期初頭	坂元 A	都城市南横市町	最下層の水田層 9c 層から出土の土器から弥生早期初頭と判明。国内最古級の水田跡
46	鹿児島県	弥生後期	楠元	薩摩川内市百次町	水路・川跡発見。木製の鍬、丸木の弓、建築材など出土
47	沖縄県	中世（不明）	漢那福地川水田址	国頭郡宜野座村	グスク時代の水田。最下層から沖縄貝塚前期末葉・中期の土器

出所：「全国遺跡報告総覧」（奈良文化財研究所）、官公庁（都道府県）ホームページをもとに筆者編集

1.4.2　環濠集落

水田の拡大、米の出来不出来により、貧富の差が生まれ、土地や水をめぐる争いがおこり、有力なムラは周りのムラを従え、勢力を広げた。柵（さく）や濠（ほり）で集落の周りを囲み環濠集落を作った。

弥生時代前期から環濠集落は見られるようになる。環濠集落は稲作文化とともに大陸、朝鮮半島から伝わったと考えられる。韓国東南部にある検丹里（コムタンニ）遺跡（紀元前 1500 年～紀元前 300 年の無文土器時代。内部に住居址のある 180m × 60m の環濠集落。1990 年調査）が著名である。北部九州では貯蔵穴エリアを囲む小型環濠遺跡が多く見つかっている。

発掘された環濠集落を都府県別に見てみる。図表 1.4.2 － 1 である。最も多く発掘されているところは 36 ヵ所の福岡県である。次に 17 ヵ所の千葉県、神奈川県。16 ヵ所は埼玉県、愛知県。11 ヵ所は三重県、大阪府、佐賀県。10 ヵ所は長野県、奈良県、大分県である。これらの府県は弥生時代、古墳時代にも発展しているところである。環濠集落が発掘されていないところは、北海道、青森県、岩手県、山形県、福島県、栃木県、福井県、山梨県、沖縄県である。

図表 1.4.2 − 1　都府県別の環濠集落（2019 年 2 月現在）

(1/2)

通番	都府県名	時代区分	主な遺跡名	所在地	特徴・大きさ・出土物等	都府県合計出土数
1	宮城県	古墳前期初頭	山前	遠田郡美里町北浦	長軸 220m 以上、土器や木器は外来系	1
2	秋田県	弥生初頭	地蔵田Ｂ	秋田市四つ小屋末戸松本	4 × 50m、囲い柵 3 列検出。遠賀川系土器が出土	1
3	茨城県	弥生中期Ⅳ期	屋代Ｂ	龍ヶ崎市	集落？	1
4	群馬県	弥生中期後半	清里・庚申塚	前橋市竜見町	40 × 112m、集落	7
5	埼玉県	弥生後期	中里前原北	さいたま市	80 × 60m、集落	16
6	千葉県	弥生中期	根田代	市原市根田字代	205 × 135m、集落	17
7	東京都	弥生中期末	飛鳥山	北区	260 × 150m、集落	6
8	神奈川県	弥生中期末	朝光寺原（ちょうこうじばら）	横浜市緑区市ヶ尾町	180 × 165m、集落、掘り直しあり	17
9	新潟県	弥生後期	裏山	上越市	120 × 60m、集落	6
10	富山県	弥生後期	新堀西	富山市	集落？	1
11	石川県	弥生中期	西念・南新保	金沢市	90 × 70m、集落	7
12	長野県	弥生後期	篠ノ井	長野市	150m、集落（溝外にも住居あり）	10
13	岐阜県	弥生中期	宮塚	各務原市	60m	1
14	静岡県	弥生後期	伊場（いば）	浜松市伊場	150 × 120m、集落、環濠三重、鍵の手の突出部もつ	7
15	愛知県	弥生前期	高蔵（たかくら）	名古屋市熱田区	径 100m、中期末の大溝出土	16
16	三重県	弥生前期	大谷（おおたに）	四日市市生桑町	130m、集落、溝は 2 条ずつ掘削	11
17	滋賀県	弥生中期	下之郷（しのごう）	守山市下之郷町	300 × 220m ？、集落、三重環濠？	6
18	京都府	弥生前期	雲宮	長岡京市	120 × 100m、集落	9
19	大阪府	弥生前期～後期	池上曽根	和泉市池上町～泉大津市曽根町	1.5 × 0.6 ㎞、集落、二重環濠	11

（2/2）

通番	都府県名	時代区分	主な遺跡名	所在地	特徴・大きさ・出土物等	都府県合計出土数
20	兵庫県	弥生中期中葉～後期	加茂	川西市	800 × 400m、集落	7
21	奈良県	弥生前期～後期	唐古（からこ）・鍵（かぎ）	磯城郡田原本町	500m ？、集落、多重環濠	10
22	和歌山県	弥生前期	堅田	御坊市	120 × 100m、集落	2
23	鳥取県	弥生前期	今津岸の上	米子市	130 × 80m	9
24	島根県	弥生中期	西川津	松江市	200 × 400m、2 重環濠	8
25	岡山県	弥生前期	百聞川沢田	岡山市沢田	90 × 85m、集落	3
26	広島県	弥生前期	大宮	福山市神辺町	80m、集落	5
27	山口県	弥生中期	宮ヶ久保	山口市阿東町	130m、集落	9
28	徳島県	弥生後期	カネガ谷	鳴門市	200m ？、集落	2
29	香川県	弥生後期	旧練兵場	善通寺市	45 万㎡以上、大集落、吉野ヶ里遺跡に匹敵	6
30	愛媛県	弥生前期	姫坂	今治市町谷	100 × 70m ？	6
31	高知県	弥生前期	西見当（にしけんとう）	南国市田村西	140m の馬蹄形、集落	1
32	福岡県	弥生前期	板付	福岡市	80 × 110m	36
33	佐賀県	弥生前期～後期	吉野ヶ里	神埼郡吉野ヶ里町、神埼市	1000 × 500m、居住域伴う、突出部設営	11
34	長崎県	弥生前期～古墳	原の辻	壱岐市	750 × 300m、集落	2
35	熊本県	弥生後期	方保田東原	山鹿市	330 × 300m、集落	9
36	大分県	弥生後期	小迫辻原（おざこつじばる）	日田市	150 × 100m、方形居館あり	10
37	宮崎県	弥生中期	下郷	宮崎市	80m、集落	2
38	鹿児島県	（不明）	入来	日置市	（不明）	3
合　計						292

出所：「全国遺跡報告総覧」（奈良文化財研究所）、官公庁（都道府県）ホームページをもとに筆者編集

1.4.3 集落の変遷

弥生時代中期（紀元前２世紀）になると、近畿地方に大型環濠集落がみられる。唐古・鍵遺跡（奈良県）や池上曽根遺跡（大阪府）などである。これらの集落の中には何重もの濠があり、周辺に従えたと思われる集落が見つかっている。神殿や青銅器の工房なども出土した。

弥生時代中期末頃になると、瀬戸内海沿岸を中心に高地性集落が見られるようになる。会下山（えげのやま）遺跡（兵庫県）、古曽部（こそべ）・芝谷（しばたに）遺跡（大阪府）などである。山城のような遺跡が出土している。低地の弱小集落が危険を回避する為設けたという説、襲ってくる敵を監視する集落という説がある。大半の高地性集落は数軒の住居が出土しただけだ。狼煙台として使われたという説もある。環濠を持った高地性集落は戦いと関係する遺跡である。「魏志倭人伝」に書かれている「倭国大乱」と関係があるといわれてきたが、高地性集落（紀元０年頃）と倭国大乱（２世紀末）とは200年ほど違っている。

弥生時代後期（１～３世紀前半）に入ると、近畿地方の大型環濠集落は消滅する。

北部九州では、弥生時代後期後半（２～３世紀前半）になると大型の環濠集落が出現する。三根遺跡群（長崎県対馬）、原の辻遺跡（長崎県壱岐）、平塚川添遺跡（福岡県）、吉野ヶ里遺跡（佐賀県）などである。倭人伝に記されたクニと考えられる。しかし、古墳時代初頭（３世紀後半）に環濠集落は消滅する。

2009年に纒向遺跡（奈良県）で大型建物跡が発掘された。邪馬台国の跡地ではないかと騒がれた。３世紀前半と推定される大型の掘立柱建物（南北19.2m×東西12.4m）を中心に３棟の建物が軸線をそろえて東西に一直線に並んでいた。環濠や竪穴住居は見つかっていない。鍬よりも鋤（シャベル）が大量に出土している。農耕集落ではなく、箸墓古墳など周辺の大古墳群を築造するための「古墳造営集落」とする説がある。

発掘作業は継続している。

小迫辻原遺跡（大分県）は３～４世紀の築造で、ほぼ同じ構造の居館が３つ隣接して出土している。首長の代替わりごとに新たに造営されたのではないかと推定されている。大王の代替わりごとに宮を新たに建替える「歴代遷宮」と考えられる。

秋津遺跡（奈良県）は３世紀後半～４世紀中葉の築造で、４つの大規模な方形区画施設（東西 30m ×南北 14m）が建替えられながら南北に並んでいる。方形区画の内部には大型の掘立柱があるだけで、区画施設は２本の柱穴に挟まれた溝がめぐり特殊な構造の塀と考えられている。区画の一辺は逆Ｌ字型になっており、囲形埴輪の入口の表現に似ていることから、初期ヤマト王権（4 世紀頃）の祭祀を行った施設とみられている。

5 世紀前半の葛城氏の居館・政庁跡とされる極楽寺ヒビキ遺跡（奈良県御所市）は幅 10 ～ 20m の濠で区画され、濠の両岸は貼石で護岸され、敷地は柵で何重にも囲まれている。三輪山の南麓、長谷街道に面した脇本遺跡（奈良県桜井市）は、倭の五王・武の上表文や稲荷山古墳鉄剣の獲加多支鹵大王で有名な雄略天皇の泊瀬朝倉宮ではないかといわれている。

図表 1.4.3 － 1　集落の変遷

(1/4)

通番	時代区分・年代	遺跡名	所在地	特徴
1	弥生早期～弥生前期	板付	福岡県福岡市博多区板付2、3 丁目	御笠川と諸岡川に挟まれた旧石器、縄文、弥生や古墳～中世の遺跡もある複合遺跡。環濠東南の田端地区から甕棺墓数基が発見、細形銅剣、細形銅矛各 3 本出土
2	弥生前期～古墳前期	唐古・鍵	奈良県磯城郡田原本町	奈良盆地中央部に位置する。約 30 万㎡の規模。弥生中期前葉には周囲に環濠が巡り集落が最も繁栄した時期。弥生終末～古墳前期に大環濠が消失。大型建物の跡地、青銅器鋳造炉など工房の跡地。大型の環濠集落（拠点集落）

(2/4)

通番	時代区分・年代	遺跡名	所在地	特徴
3	弥生前期末〜中期後半	田和山	島根県松江市乃白町	三重環濠の内部に建物2棟。つぶて石、石鏃出土から山城説、祭祀拠点説等。弥生時代の遺跡では極めて珍しい硯出土
4	弥生〜古墳初期	吉野ヶ里	佐賀県神埼郡吉野ヶ里町と神埼市	「魏志倭人伝」に記されたクニ。117haの弥生時代の大規模な環壕集落跡。弥生後期に外壕と内壕の二重の環壕ができ総延長約2.5㎞の外壕が囲んでいる範囲は40 ha。主祭殿、南祭殿、斎堂出土等。古墳時代初頭に集落はほぼ消滅
5	弥生中期〜後期	原の辻	長崎県壱岐市東部の芦辺から石田	「魏志倭人伝」に記されたクニ。幡鉾川流域。銅鏡、銅鏃(どうぞく)、骨角器など出土。遺跡の中央部の台地は3条の環濠が巡る環濠集落
6	弥生中期〜古墳前期初頭	妻木晩田	鳥取県西伯郡大山町富岡・妻木・長田、米子市淀江町福岡	大山山系・孝霊山から続く丘陵（晩田山）上にあり、美保湾に接する。島根県安来市から妻木晩田遺跡までは古代出雲の中心地（弥生後期最盛期）。遺跡面積は156ha。竪穴住居395基、掘建柱建物跡502基、墳丘墓（四隅突出型墳丘墓含む）24基、環濠等出土
7	弥生中期〜後期	会下山(えげのやま)	兵庫県芦屋市三条町	芦屋市内の北方から南に傾斜する六甲山堤の西半分にある高地性集落。竪穴住居跡7ヵ所16戸、祭祀場、高床倉庫跡、土壙墓、柵跡など
8	弥生中期〜古墳初頭	平塚川添	福岡県朝倉市平塚	「魏志倭人伝」に記されたクニ。遺跡の西側には筑後川支流の小石原川、東側には筑後川支流の佐田川が流れる。17haの範囲に多重環濠、竪穴式住居跡300軒、掘立柱建物跡100軒が出土

(3/4)

通番	時代区分・年代	遺跡名	所在地	特徴
9	弥生中期	池上曽根	大阪府和泉市池上町と同泉大津市曽根町	総面積60万m²の大環濠集落。祭祀空間、首長の居館など集落の中心的建物出土。100年近くに渡って建替えを繰り返した。大量の石包丁（和歌山県紀の川流域の緑色片岩）出土。製品は1,300点、未成品は300点出土、石包丁流通拠点
10	弥生後期初頭	古曽部(こそべ)・芝谷(しばたに)	大阪府高槻市奥天神町2丁目4-1他	標高80～100mの丘陵上にある最大級の高地性環濠集落跡。丘陵の中腹に幅約5mの環濠が東西600×南北500m。100棟以上の住居、木棺墓出土。多くの土器、鉄製の斧、ヤジリなど出土
11	1～2世紀前半	観音寺山	大阪府和泉市弥生町	大型の高地性環濠集落。標高60～65mの丘の上に120軒の竪穴住居検出。サヌカイト製の石鏃、中型尖頭器、投弾など出土。軍事施設跡説
12	1～4世紀	三根	長崎県対馬市	「魏志倭人伝」に記されたクニ。三根川上流左岸に山辺（ヤンベ）遺跡がある。王都の可能性が高い遺跡
13	3世紀前半	纒向	奈良県桜井市大字辻・太田	纒向川の扇状地に広がる東西2×南北1.5㎞の大型遺跡。掘立柱建物（南北19.2×東西12.4m）を中心に3棟の建物が軸線をそろえて東西に一直線に並ぶ
14	3～4世紀	小迫辻原	大分県日田市大字小迫	古墳時代初めの3棟の豪族居館跡は日本最古。1号環濠居館は一辺47mの堀の内側に3間×2間以上の総柱建物。2号環濠居館は東西37m、南北36mの堀の内側に3間×2間の総柱建物が南北に2棟
15	3世紀後半	市の上東屋敷	福岡県久留米市合川町	豪族の居館とみられる建物と区画溝が出土。九州では大分県の小迫辻原遺跡に次ぎ2例目。一辺25mの溝に囲まれた区画の中央南側に南北約9m、東西6.5mの掘立柱高床式建物

(4/4)

通番	時代区分・年代	遺跡名	所在地	特徴
16	3世紀後半～4世紀中葉	秋津	奈良県御所市池之内・條	4つの大規模な方形区画施設（東西30m×南北14m）が建替えられながら南北に並ぶ。ヤマト王権の豪族、葛城氏の本拠地。祭祀を行った施設とみる
17	5世紀前半	極楽寺ヒビキ	奈良県御所市大字極楽寺	葛城山麓の高台上。5世紀代で最大級の大型建物跡、床面積225㎡。葛城氏本拠地の南郷遺跡群の南部に位置する。居館・政庁跡と推測。建物や塀は焼失。雄略天皇の攻撃により葛城氏が滅亡したとする『日本書紀』所伝に一致
18	5世紀後半～7世紀後半	脇本	奈良県桜井市脇本	奈良盆地の東南部、三輪山と外鎌山（忍坂山）に挟まれた泊瀬谷入口に位置する。東西約300m、南北約250 m。5世紀後半の遺構は雄略天皇の泊瀬朝倉宮跡と推定
19	5世紀第3四半期～6世紀初頭	三ツ寺	群馬県高崎市三ツ寺町	日本で最初に発見された古墳時代の首長（豪族）居館遺構。上毛野と思われる。居館跡は内側に1mの盛土、1辺が86mの方形。周囲に幅30～40mの濠がある。濠の内縁には石垣出土。敷地の内側には濠に沿って三重の柵列がある
20	6世紀前半	原之城	群馬県伊勢崎市豊城町	古墳時代の地域首長（豪族）居館遺構。東西110m、南北170m。濠の幅は北側で20m。東側に大型の竪穴建物、掘立柱建物がある

出所：フリー百科事典「ウィキペディア」をもとに筆者編集

◎コラム１　飯

飯（はん、めし）は穀類を炊いたものの総称。一般には米に水を加えて炊いたもの。飯を適当な大きさに握り固めたものは「おにぎり」「おむすび」という。

日本人はいつ頃から「おにぎり」を食べていたのか。1987年11月に「杉谷チャノバタケ遺跡」（石川県中能登町（旧鹿西町（ろくせいまち）））で日本最古（約2000年前）といわれる「おにぎり状の炭化米」が発掘された。三角形（山型）のおにぎりだ。お供え物と推測される。

6月18日は「おにぎりの日」である。2002年に旧鹿西町が制定した。6月は鹿西の「ろく（6）」、18日は米を「十」と「八」に分解して決めた（毎月18日は1978年10月に三重県が制定）という。また、「ごはんを食べよう国民運動推進委員会」は1月17日を「おむすびの日」としている。1995年1月17日の阪神大震災を忘れないようにと制定したとのこと。

神奈川県でも、大久保遺跡（平塚市北金目字大久保）、北金目塚越遺跡（平塚市真田字上ノ原）で「おにぎり」（大きいおにぎりは径5.4×10.2㎝）が発見されている。いずれも弥生時代後期のもの。炭化米6点をＤＮＡ分析したところ、温帯種のジャポニカと熱帯種のジャポニカが1：2の比率で混在していることがわかった。

図表 コラム１－１
チマキ状炭化米塊

出所：石川県埋蔵文化財センター提供

図表 コラム１－２
炭化米とおにぎり状炭化米

出所：平塚市教育委員会提供

1.5　墓制

人はいつか必ず死ぬ。動物の宿命である。祖父母・親・子・孫・ひ孫、親族、同行者の中で死者が出ると弔う。その方法は、時代と共に変化する。定住生活になると、弔う場所が一定になる。大陸からやってきた集団の影響もある。

縄文時代は、死者を屈葬（手足を折り曲げた姿勢にして埋葬、お腹の胎児の姿勢）、抱石葬（屈葬で石を抱かせて埋葬、大湯環状列石（秋田県）から出土）、伸展葬（身体全体を伸ばして埋葬）などの埋葬方法で、住居の近くに穴を掘った「土壙墓」が多かった。

弥生時代になると、甕や木棺を使って埋葬するようになった。墓はその周りに溝を掘ったり、石や壺などの副葬品を供えたり、集落の近くに集団墓を作るようになった。

古墳時代は、墓の大きさを競う造り方になっている。墓に権威付けをしているようだ。大王墓、首長墓は特に大きな造りになっている。前方後円墳を中心に、前方後方墳や弥生時代から造られた四隅突出型墳丘墓など多様化している。最も多く造られたのは前方後円墳である。身分の高い人が対象だ。

弥生時代の墓を「墳丘墓」、古墳時代の墓を「古墳」、奈良時代の墓を「墳墓」と呼ぶ。

1.5.1　墓制の変遷

（1）墓制の種類

北部九州で縄文晩期から続いた「支石墓」、同じく古墳前期頃まで北部九州にあった「甕棺墓」、「石棺墓」、主に東日本一帯から出土した「土坑墓」、弥生前期に近畿・中国地方に出現した木棺墓などがある（図表1.5.1 － 1を参照）。

図表 1.5.1 ― 1　墓制の種類

通番	時代区分	墓制	主な地域	墓の形状等
1	縄文～弥生	土坑墓	東日本	土を掘り出来た穴（土坑）に人の遺体を納める。遺骨を土器につめる再葬墓もある
2	縄文後期～晩期	石棺墓	青森県	板石を箱状に組み合わせて作られた石棺。水上遺跡（青森県西目屋村）で石棺墓 18 基出土
3	縄文晩期～弥生前期	支石墓	北部九州西部、朝鮮半島	数個の支石の上に長方形に近い天井石を載せた。下の土の中に埋葬。稲作の伝来と共に大陸より伝来
4	弥生前期～古墳前期	甕棺墓	北部九州	大型専用墓土器。フタが石や木の単棺と 2 つの甕を合わせた合口甕棺。北部九州は甕棺墓が多い
5	弥生前期～古墳後期	箱石石棺墓	北部九州→瀬戸内→関東	板石を長方形に組んで棺とする。土井ヶ浜遺跡（山口県）、吉野ヶ里遺跡（佐賀県）、金鈴塚古墳（千葉県）
6	弥生前期～後期	木棺墓、墳丘墓	近畿・中国地方、南部九州	墓の周囲を削り盛土をして墓域を区画。唐古・鍵遺跡（奈良県）
7	弥生後期（2～3 世紀前半）～古墳前期	四隅突出型墳丘墓	出雲（島根県東部）、備後北部（広島県など）、北陸	方墳の角が突き出したような墳丘。前方後円墳の原型。楯築墳丘墓、西谷墳丘墓
8	弥生後期（3 世紀）	方形周溝墓	近畿地方・西日本各地	方形の低い墳丘のまわりに溝をめぐらしたもの。首長墓

出所：フリー百科事典「ウィキペディア」をもとに筆者編集

（2）古墳出現直前の墓制

山口県「下松市史　通史編」（1989 年 11 月）に、古墳出現直前の墓制の状況が判り易く記載されている（図表 1.5.1 － 2 を参照）。要約すると下記になる。

①弥生時代終末期から古墳時代初めにかけての首長墓（推定）は、南九

州から東北地方の南に及び、その総数は416ヵ所である。

②地域別にみると下記となる。

・九州に73ヵ所あり、うち北部九州地域に61ヵ所と集中している。

・四国は37ヵ所（うち瀬戸内沿岸に24ヵ所）。

・中国地域（播磨を含める）は山陰・山陽地方を合わせて129ヵ所。うち山陽側に93ヵ所、山陰側に36ヵ所。

・畿内に属する地域（播磨をはずして丹波・紀伊を含める）に100ヵ所。

・総数に対する81.5%が畿内を含めた西日本に集中している。

・西日本では、畿内から山陽、北四国を通って北部九州に至る瀬戸内を仲立ちするメインルートの地域にその82%が集中している。この時代の倭人世界の中心はこの地域にあったことを示している。

図表1.5.1－2　古墳出現直前の墳丘墓の分布

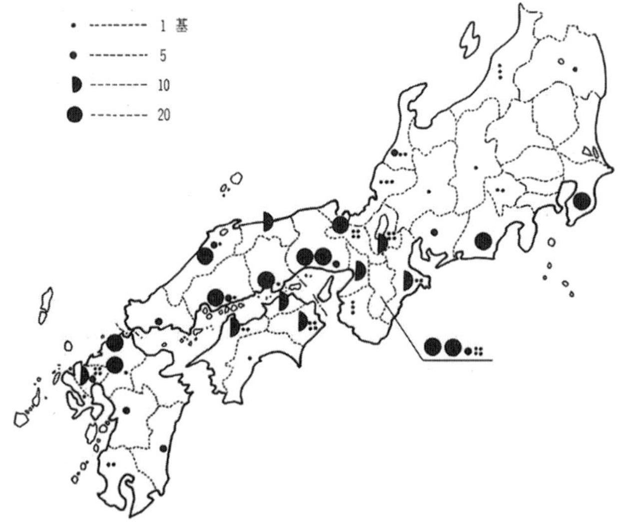

出所：山口県下松市／郷土資料・文化遺産デジタルアーカイブ「下松市史　通史編」（第一編 原始・古代の下松、第三章 都怒・周防の古代豪族たち）

（3）古墳時代の墓制

弥生時代、首長墓は地域によって形状が異なっていた。古墳時代に入ると、畿内を中心に前方後円墳の築造が始まった。

古墳時代中期には画一化された前方後円墳が全国的に広がった。古墳時代後期では、装飾古墳が九州を中心に全国に出現。同じころ、南部九州では地下式横穴墓が多く造られた（図表 1.5.1 － 3 を参照）。

古墳後期になると大型前方後円墳は全国的に規模が縮小され、円墳の群集墳が出現する。その後、前方後円墳は造られなくなる。

図表 1.5.1 － 3　古墳時代の墓制の変遷

通番	時代区分（年代）	主な地域	墓制の変遷	墓の形状等	副葬品
1	古墳前期前半	畿内中心	前方後円墳の出現	権力者等のため。ホケノ山、纒向石塚、勝山、観音塚古墳等	
2	古墳前期（3 世紀後半～4 世紀後半）	畿内・全国	前方後円墳の定型化	畿内古墳の規模拡大。見下ろす地形に立地。埴輪（家・器材）。石室は竪穴式。前方後方墳、円墳、方墳も築造	中国製鏡（後漢・魏・晋）・国産鏡（仿製鏡）、刀・腕飾類。鉄製農具・武器等。三角縁神獣鏡目立つ
3	古墳中期（4 世紀後半～5 世紀後半）	畿内・全国	前方後円墳の最盛期	畿内立地は奈良盆地から河内平野に。吉備、毛野に大型墳。埴輪（人物・動物）。石室は竪穴式→横穴式石室、舟形・長持形石棺等	武器・馬具・装身具・玉、鏡、鉄製品、須恵器。仿製（国産）鏡が主流。鉄製農具
4	古墳後期（5 世紀後半～6 世紀後半）	全国	大型前方後円墳は全国的に規模縮小	円墳の群集墳出現。装飾古墳が九州を中心に全国で出現。南部九州では地下式横穴墓出現	鉄製農機具減少、馬具の増加。須恵器・土師器など出土。九州では石人・石馬出土
5	古墳後期後半（6 世紀後半～7 世紀）	畿内・全国	上円下方墳・円墳・八角墳など小規模化	土葬→火葬	

出所：フリー百科事典「ウィキペディア」をもとに筆者編集

1．5．2　古墳の形状

古墳時代に造られた墓の「古墳」の形状を凡そ整理すると12種類になる（図表1.5.2 － 1を参照）。

図表 1.5.2 － 1　古墳の形状

(1/2)

通番	名称	平面図形	概要	古墳例
1	円墳		古墳時代を通じ全国に分布。後期に群集墳を形成	丸墓山、八幡山
2	四隅突出型墳丘墓		弥生時代から古墳時代前期。方形の四角が突出した形。西日本の日本海側に多く見られる	西谷３号
3	双方中円墳		円丘の両側に方形の突出部を持つ。比較的前期に見られる	櫛山
4	前方後方墳		前方後円墳の後円部を方形にしたもの。比較的前期に多く、東海地方に顕著に見られる	西山、 大安場１号、 山代二子塚
5	帆立貝式古墳		前方後円墳のうち、方形の突出部が著しく短いもの	三吉石塚、 野毛大塚
6	前方後円墳		古墳時代の象徴的墳形。円丘部に死者を葬り、前方に祭営む方形部。近畿中心に各地に広がる	大仙（陵）、 箸墓、 五色塚
7	柄鏡式古墳		前方部が細い長方形で後円形。後円部より前方部の高さは低い	桜井茶臼山
8	双円墳		二基の円墳を連結した形の古墳	金山

(2/2)

通番	名称	平面図形	概要	古墳例
9	方墳		円墳や前方後円墳よりも後の7世紀に現れる	山田高松（推古陵）、春日向山（用命陵）
10	上円下方墳		四角形の方墳の上に円墳を載せた構造。全国で4基。古墳時代後期7～8世紀築造	府中熊野神社、石のカラト
11	八角墳		畿内中心に大王、豪族に許された墳形	野口王墓、御廟野
12	六角墳		天皇に次ぐ位（皇太子・皇子）の人物の墓。全国で3基	マルコ山、塩野六角、奥池3号

出所：フリー百科事典「ウィキペディア」をもとに筆者編集

1.5.3　三種の古墳

首長墓に多く採用されたのは、四隅突出型墳丘墓、前方後方墳、前方後円墳である。

(1) 四隅突出型墳丘墓

主に、吉備・山陰・北陸の各地方で築造された墳墓。弥生中期後半頃に現在の広島県の三次盆地で発祥したとされている。最初の発見は、1969年の順庵原（じゅんなんばら）1号墳（島根県邑南町上亀谷）。北陸地方での最初の発見は1974年の杉谷4号墳（富山県富山市杉谷の富山大学薬学部の杉谷キャンパス近く）。

現在、日本海側を中心に約100基が確認されている。出雲（島根県東部）と伯耆（鳥取県西部）を中心にした山陰地方は弥生後期後半以降多く見られる。美作・備後の北部地域は弥生後期後葉、少し遅れて北陸地方で造られた。

(2) 前方後方墳

弥生時代後期末に、前方後方墳の祖形である前方後方形墳丘墓が造られた。方形の墳丘墓への通路が変形して突出部になり前方後方墳になったと推測される。日本列島には約300～500基の前方後方墳がある。

最古級の前方後方墳は3世紀前半の「神郷亀塚古墳」(滋賀県東近江市)。中国・四国地方に多く存在し、出雲地方の前方後方墳は古墳時代を通じて築かれた。出雲は東部に偏り、因幡、伯耆、石見などから出土した。山口県や愛媛県で発掘はなく、鳥取県は少ない。

古墳時代前期前半に東海・関東地方で前方後方墳が多く造られた。濃尾平野を中心とする地域には36基以上の前方後方墳が出土している。関東地方の出現期古墳の多くは前方後方墳である。

(3) 前方後円墳

3世紀に入ると、前方後円墳が造られ始める。日本列島に広く分布し、その数は約4,800基、あるいは約5,200基ともいわれる。

前方後円墳は円形墳丘墓の周濠を掘り残した部分で祭祀などが行われ、その後、この部分が墓(死の世界)と人間界を繋ぐ地として大型化して円墳と一体化したものと考えられている。前方後円墳の起源は各地の墳丘墓の良い所取りという説もある。棺の内外に死者とともに埋納されている副葬品の組合せは北部九州が起源といわれ、大量の鏡(数十枚以上)、剣、玉が埋納される。近畿の巨大前方後円墳(桜井茶臼山古墳や黒塚古墳など)はそれを踏襲している。また、墳丘表面を葺石で覆う築造方式は中国地方などにみられる築造方式と同じである。さらに、墳丘上に配置される特殊器台形埴輪は吉備(岡山県)が起源である。

前方後円墳の原型といわれているのが「瀬田遺跡」(奈良県橿原市)。

前方後円形の円形周溝墓（全長 26 m、直径 19 m）で 2 世紀頃のものといわれる（2016 年 5 月出土）。また、「萩原 1 号墓」（徳島県鳴門市）は 2 世紀末～ 3 世紀前半の築造で、日本最古の前方後円墳とされる。その成立に阿波地域が大きく関わっていると考えられる。

前方後円墳の最北端は角塚古墳（岩手県奥州市胆沢南都田）で 5 世紀後半～ 6 世紀初頭に築造、最南端は塚崎古墳群（鹿児島県肝属郡肝付町野崎）で 4 世紀～ 5 世紀頃の築造といわれている。

築造時期や数には幅があるものの、各都府県では数百基から 1、2 基の前方後円墳が知られており、そのうち最多は千葉県の約 720 基。離島の対馬、壱岐、隠岐などにも存在する一方で、これまでのところ淡路島では存在が確認されていない（五色塚古墳（兵庫県神戸市、4 世紀末）の葺石は淡路島の五色浜のもの）。

最も大きなものは大仙陵古墳（伝仁徳天皇陵）であり、墳墓の表面積としてはクフ王のピラミッドおよび始皇帝陵をしのぐ世界最大の墳墓である。墳丘の全長が 525 m、高さが 39.3 m、周りには三重の周濠を巡らしている。近畿地方を中心とした大型の前方後円墳は、その周りに小型の前方後円墳、円墳、方墳が寄り添うように造られている。6 世紀中頃まで畿内の大王墓は前方後円墳を作り続けた。

日本列島以外では、朝鮮半島西南部において栄山江流域を中心に前方後円形の古墳 10 数基の分布が知られる。

1.5.4　都道府県別に見た古墳の数

（1）都道府県別の古墳・横穴数

全国の古墳の数（図表 1.5.4 － 1 参照）をみると、兵庫県が 1 万 8 千基以上あり 1 番多い。2 番目は鳥取県、3 番目は京都府である。

図表 1.5.4 － 1　都道府県別の古墳・横穴数

通番	都道府県名	古墳・横穴数	ランク	通番	都道府県名	古墳・横穴数	ランク
1	北海道	0	-	25	滋賀県	897	28
2	青森県	0	-	26	京都府	13,016	3
3	岩手県	64	43	27	大阪府	3,427	13
4	宮城県	508	38	28	兵庫県	18,851	1
5	秋田県	0	-	29	奈良県	9,700	8
6	山形県	134	42	30	和歌山県	1,486	21
7	福島県	1,041	27	31	鳥取県	13,486	2
8	茨城県	1,862	20	32	島根県	2,571	17
9	栃木県	1,081	26	33	岡山県	11,810	5
10	群馬県	3,993	11	34	広島県	11,311	6
11	埼玉県	3,100	15	35	山口県	552	35
12	千葉県	12,765	4	36	徳島県	1,120	23
13	東京都	714	31	37	香川県	2,256	18
14	神奈川県	1,098	24	38	愛媛県	1,083	25
15	新潟県	632	33	39	高知県	229	40
16	富山県	216	41	40	福岡県	10,754	7
17	石川県	2,107	19	41	佐賀県	566	34
18	福井県	541	36	42	長崎県	470	39
19	山梨県	651	32	43	熊本県	1,364	22
20	長野県	2,831	16	44	大分県	893	29
21	岐阜県	5,140	10	45	宮崎県	832	30
22	静岡県	3,829	12	46	鹿児島県	529	37
23	愛知県	3,101	14	47	沖縄県	0	－
24	三重県	7,025	9		合計	159,636	

出所：『埋蔵文化財関係統計資料―平成 28 年度―』（平成 29 年 3 月、文化庁文化財部記念物課）「参考資料：平成 28 年度 周知の埋蔵文化財包蔵地数」⑧古墳・横穴の総数（現存数＋消滅）より筆者編集

（2）都府県別の最古の古墳

インターネットで、「○○○（都道府県名）、最古の古墳」（2022 年 6 月）で検索。対象とした古墳は、四隅突出型墳丘墓、前方後方墳、前方後円墳とした。同年代なら副葬品の内容を吟味、古いものを採用した。一覧表にまとめたのが、図表 1.5.4 － 2 である。

四隅突出型墳丘墓は、広島県（1 世紀頃）→島根県（3 世紀前半）→富山県（3 世紀頃）という遷移になっている。この範囲に同盟国グループが存在したと考える。

前方後方墳は、日本海北上ルートをみると、石川県（4 世紀初）・長野県（3 世紀後半）→新潟県（4 世紀中頃）・山形県（4 世紀前半）。太平洋北上ルートをみると、滋賀県（3 世紀前半）・岐阜県（2 世紀末～ 3 世紀初）・京都府（3 世紀前半頃 or 3 世紀中頃）→愛知県（3 世紀後半～ 4 世紀初頭）→三重県（4 世紀前半）・静岡県（230 年頃）→埼玉県（3 世紀中頃～ 4 世紀初）・群馬県（3 世紀後半）→栃木県（4 世紀前半）→茨城県（4 世紀後半）→宮城県（4 世紀末）となっている。ほぼ時系列に北上している。西日本西進ルートをみると、岡山県（3 世紀後半）→佐賀県（3 世紀後半）となる。

前方後円墳は、まずは、徳島県（2 世紀末～ 3 世紀前半）→兵庫県（3 世紀前半？）・奈良県（3 世紀初頭）という遷移になる。日本海北上ルートは、大阪府（3 世紀後半）→福井県（4 世紀中頃）となる。太平洋北上ルートをみると、千葉県（3 世紀中葉前後）→神奈川県（3 世紀後半）→東京都（4 世紀前半）→福島県（3 世紀末～ 4 世紀初）→岩手県（5 世紀末～ 6 世紀初）でほぼ時系列に遷移している。瀬戸内海西進ルートをみると、香川県（3 世紀後半）→愛媛県（4 世紀初）→山口県（4 世紀前半）→福岡県（3 世紀中頃）→大分県（3 世紀末）→宮崎県（3 世紀末～ 4 世紀前半）となる。福岡県は 3 世紀中頃で時系列になっていないのはどのような理由であろうか。

図表 1.5.4 － 2　都府県別の最古の古墳

(1/5)

通番	都府県名	所在地	古墳名	形状	年代	内容
1	岩手	奥州市胆沢区南都田	角塚(つのづか)古墳	前方後円墳	5 世紀末～6 世紀初	日本列島最北端の前方後円墳。円筒・人物・馬埴輪。墳丘長 46m（総長 49m 以上）
2	宮城	名取市飯野坂字山居 37	観音塚古墳	前方後方墳	4 世紀末	墳丘長 63m。畿内の桜井茶臼山古墳と同年代とされる。前期前半の築造
3	山形	川西町大字上小松	天神森古墳	前方後方墳	4 世紀前半	全長 75.5 m。三味線のバチ型をした前方部を持つ古いタイプ
4	福島	会津坂下町稲荷塚	杵ガ森古墳	前方後円墳	3 世紀末～4 世紀初	宇内青津古墳群の 1 つ。前方部バチ型を成す墳形。箸墓古墳と類似で約 6 分の 1
5	茨城	石岡市柿岡 4123	丸山古墳	前方後方墳	4 世紀後半	全長 55m。銅鏡、鉄剣、鉄槍、玉類など副葬。ヤマト王権と密接関係
6	栃木	下野市谷地賀 5	三王山南塚古墳 2 号墳	前方後方墳	4 世紀前半	墳長 50 m。三王山南塚 2 号墳→三王山南塚 1 号墳→朝日観音遺跡 1 号墳で造営
7	群馬	太田市強戸町	寺山古墳	前方後方墳	3 世紀後半	出現期古墳。金山西方域の古墳時代初期の地域発展主導した首長墓
8	埼玉	東松山市古凍根岸 1156	根岸稲荷神社古墳	前方後方墳	3 世紀中頃～4 世紀初	全長 57 m。前方部は失われている
9	千葉	市原市惣社 5-5-1	神門(ごうど) 5 号墳	前方後円墳	3 世紀中葉前後	前方後円墳で東日本最古。全長 42.6m。近畿・東海・北陸地方の系譜土器出土
10	東京	大田区田園調布 4 丁目 4 番 1 号	宝来山古墳	前方後円墳	4 世紀前半	全長 97.5m、多摩川流域最古。荏原古墳群最初の首長墓。剣、玉、鏡発掘、ヤマト王権と強い関係
11	神奈川	海老名市上今泉 4 丁目	秋葉山古墳 3 号墳	前方後円墳	3 世紀後半	全長は推定で 51m。弥生時代から古墳時代への過渡期の築造

(2/5)

通番	都府県名	所在地	古墳名	形状	年代	内容
12	新潟	新潟市西蒲区福井	山谷古墳	前方後方墳	4 世紀中頃	全長 37m。日本海沿岸部。菖蒲塚古墳に先行。能登半島政治勢力と結ぶ首長墓
13	富山	富山市婦中町長沢	六治古塚墳墓	四隅突出型墳丘墓	3 世紀頃	羽根丘陵、一辺 24.5m。向野塚古墳、富崎千里 9 号墳、勅使塚古墳、王塚古墳（全て前方後方墳）と首長墓続く
14	石川	七尾市中島町上町	上町マンダラ古墳群	前方後方墳	4 世紀初	熊木川西岸の丘陵端部に 2 基立地する。能登地域では最古・最北端に位置する
15	福井	吉田郡永平寺町松岡志比堺	手繰ケ城山古墳	前方後円墳	4 世紀中頃	全長 129 m。越前地方で最古の前方後円墳。約 150 基の松岡古墳群にある。葺石と埴輪がある
16	山梨	甲府市下向山町	小平沢古墳	前方後方墳	3 世紀後半～4 世紀前半	全長 45m。米倉山古墳群の 1 基。東海地方から技術伝播。斜縁二神二獣鏡、勾玉、土師器片出土
17	長野	松本市並柳	弘法山古墳	前方後方墳	3 世紀後半	全長 66m。東日本最古級前方後方墳。埋葬者は東海地方と関連がある
18	岐阜	大野町上磯	笹山古墳	前方後方墳	2 世紀末～3 世紀初	全長 50 ～ 60 m。濃尾平野にある前方後方墳として最古級の可能性
19	静岡	沼津市東熊堂	高尾山古墳	前方後方墳	230 年頃築造、250 年頃埋葬	全長 62 m。東日本では最古級、最大級の古墳。初期国家形成過程の古墳文化形成解明のための重要遺跡
20	愛知	犬山市北白山平 7	東之宮古墳	前方後方墳	3 世紀後半～4 世紀初頭	全長 72 m。前方後方墳では愛知県で最古・最大の古墳。邇和(にわ)地域を治めていた首長墓
21	三重	松阪市嬉野須賀町西山 526	西山古墳	前方後方墳	4 世紀前半	全長 43.6 m。中村川と雲出川の合流地。墳丘に葺石・埴輪の出土は無い

（3/5）

通番	都府県名	所在地	古墳名	形状	年代	内容
22	滋賀	東近江市長勝寺町	神郷亀塚古墳	前方後方墳	3世紀前半	全長36.5m。国内最古級前方後方墳。古墳西側に弥生後期の湖東中心集落の斗西・中沢・法堂寺遺跡がある
23	京都	城陽市寺田大谷	柴ヶ原12号墳	前方後方墳	3世紀前半頃or3世紀中頃	全長40～50m。久津川古墳群の近くに芝ヶ原古墳群がある。南山城では椿井大塚山古墳に先行する首長墓
24	大阪	柏原市旭ヶ丘	玉手山9号墳	前方後円墳	3世紀後半	全長64.6m。初期の埴輪と考えられる円筒埴輪出土。築造は9号墳→3号墳→1号墳→7号墳で終える
25	兵庫	姫路市勝原区丁(よろ)	瓢塚(ひさごづか)古墳	前方後円墳	3世紀前半？	全長98.8m。揖保川平野の東縁部に築造。墳形は畿内の大王墓と類似
26	奈良	桜井市太田字石塚	纒向石塚古墳	前方後円墳	3世紀初頭	全長96m。纒向遺跡内最古古墳。弥生後期最終末期から古墳時代初頭の土器出土。弧文円板（吉備系祭祀用遺物）出土
27	和歌山	和歌山市秋月	秋月古墳	前方後円墳	4世紀初	後世に破壊され、地上に墳丘としては存在しない埋没古墳
28	鳥取	南部町浅井・宮前	浅井11号墳	前方後円墳	3世紀末～4世紀初め	全長45m。山陰最古の前方後円墳か。後円部に長さ5.5m、幅0.8m竪穴式石室。画文帯神獣鏡出土
29	島根	出雲市大津町字西谷	西谷3号墓	四隅突出型墳丘墓	3世紀前半	斐伊川、神戸川が流れる。首長墓の第1主体、その脇に家族被葬の第4主体。吉備の特殊器台・特殊壺出土
30	岡山	岡山市中区湯迫・四御神	備前車塚古墳	前方後方墳	3世紀後半	全長48m。吉備地方の同古墳最古。中国製銅鏡は福岡など出土と同笵

（4/5）

通番	都府県名	所在地	古墳名	形状	年代	内容
31	広島	庄原市高町・宮内町	佐田谷1号墓	四隅突出型墳丘墓	1世紀頃	首長墓出現の弥生中期から後期の墳丘築造と埋葬の関係、埋葬施設の配置等の変遷が同一墳墓群でわかる。吉備系の土器使用
32	山口	周南市本陣町	竹島御家老屋敷古墳	前方後円墳	4世紀前半	全長56 m。魏の「正始元年銘三角縁階段式神獣鏡」と呉の「劉氏作神人車馬画像鏡」出土。同じ古墳から魏と呉の鏡の出土唯一
33	徳島	鳴門市大麻（おおあさ）町萩原字山の下	萩原2号墓	前方後円墳	2世紀末～3世紀前半	全長26.5 m。日本最古の前方後円墳とされる。前方後円墳の成立に阿波地域が大きく関わる
34	香川	さぬき市前山2600	丸井古墳	前方後円墳	3世紀後半	全長29 m。1981年発見の香川県最古の前方後円墳。呉の画文帯環状乳神獣鏡が出土
35	愛媛	西予市宇和町岩木	笠置峠古墳	前方後円墳	4世紀初	全長45 m。西南四国最古前方後円墳。宇和盆地首長墓、しゃもじ形。葺石有
36	高知	宿毛市平田町戸内	平田曽我山古墳	前方後円墳	5世紀前半	全長110 m。高知県唯一の前方後円墳。発見時は工事のため大部分削り取られた状態だった
37	福岡	福岡市博多区	那珂八幡古墳	前方後円墳	3世紀中頃	全長86 m。九州では最古級の前方後円墳。北部九州最初のモデル。前方後円墳普及の過程を知る貴重な古墳
38	佐賀	鳥栖市永吉町赤坂805	赤坂古墳	前方後方墳	3世紀後半	全長24 m。古墳の出現期の築造。古式土師器の二重口縁壺・小型壺・小型器台などが出土
39	長崎	雲仙市吾妻町本村名字大塚	守山大塚古墳	前方後円墳	4世紀前半	全長70 m。出土した土器片から4世紀前半想定。宮崎康平著書『まぼろしの邪馬台国』で紹介

(5/5)

通番	都府県名	所在地	古墳名	形状	年代	内容
40	熊本	宇土市栗崎町城の越	城ノ越古墳	前方後円墳	3 世紀後半	全長 43 m。熊本県最古の前方後円墳。三角縁珠文帯四神四獣鏡
41	大分	宇佐市高森字赤塚	赤塚古墳	前方後円墳	3 世紀末	全長 57m。九州最古級の前方後円墳。川部・高森古墳群。葺石・埴輪無し。箱式石棺から銅鏡 5 面（三角縁神獣鏡）、京都出土と同笵。ヤマト王権と関係大
42	宮崎	宮崎市大字跡江	生目 1 号墳	前方後円墳	3 世紀末～4 世紀前半	全長 136 m。箸墓古墳の半分の大きさに設計。葺石有り
43	鹿児島	東串良町新川西	唐仁（とうじん）大塚古墳	前方後円墳	4 世紀末	全長 140 m。唐仁古墳群 130 基の 1 号墳（大塚）。その後 100 号墳（役所塚）→ 16 号墳（薬師堂塚）

出所：公共団体ホームページをもとに筆者編集

1.5.5　埴輪

埴輪は古墳の墳丘上や外堤などに立て並べられた素焼の置物である。死者を弔うために置いたといわれている。3 世紀後半から 6 世紀後半にかけて、前方後円墳とともに作られ、前方後円墳の消滅とともに姿を消した。

吉備地方（岡山県と広島県東部一帯）の墳丘墓から出土した特殊器台と特殊壺が起源とされる。3 世紀後半の前方後円墳である都月坂 1 号墳（岡山県岡山市）から最古の円筒埴輪である都月型円筒埴輪が出土した。この埴輪の分布は備中から近江までに及んでいる。同時期の権現山 51 号墳（兵庫県たつの市）では後方部石槨そばから都月型円筒埴輪が、石槨から三角縁神獣鏡が 5 面出土した。吉備地方の首長がヤマト王権の成立に深く参画、または、吉備勢力が東遷してヤマト王権を建てたという説もある。

『日本書紀』の垂仁天皇32年の条に、野見宿禰が日葉酢媛命の陵墓へ殉死者を埋める代わりに土で作った人馬を立てることを提案したところ、天皇が喜びその通りにしたとする記述がある。「埴輪」という名も書いてある。これが埴輪作りの始まりとされる。しかし、人身御供（殉死者）の代わりに埴輪が誕生したというのは、野見宿禰の後裔を称し、古墳造営や葬儀を職掌としていた土師氏が後世に創作した伝承と考えられる。

4世紀になると、形象埴輪と呼ばれる家形、器財形（武器、威儀具、舟ほか)、動物埴輪（鶏などの鳥、犬、馬ほか)、人物（兵士、女性）などの埴輪が出現した。埴輪は前方後円墳の広がりとともに全国に広がった。図表1.5.5 － 1、図表1.5.5 － 2参照。

畿内では6世紀中頃になると、埴輪は作られなくなっていく。東日本では引き続き埴輪の生産が続けられた。生出塚埴輪窯跡（埼玉県鴻巣市）は東日本最大級の埴輪生産遺跡である。

図表1.5.5 － 1　埴輪の分類

分類	内容
円筒埴輪	円筒（最も基本的な土管形)、朝顔形埴輪、鰭付円筒埴輪、壺形埴輪など
形象埴輪	家形埴輪、器財埴輪、動物埴輪、人物埴輪

出所：フリー百科事典「ウィキペディア」をもとに筆者編集

図表 1.5.5 － 2　埴輪の変遷

年代	内容
3 世紀後半頃～ 4 世紀前半頃	後円部頂中央部に家・蓋・盾・靫・鶏などの形象埴輪。周辺に円筒埴輪が配列
4 世紀後半頃	造出が前方後円墳や大型円（方）墳に敷設され、そこに形象埴輪が配列
5 世紀中頃～ 6 世紀中頃	二重周濠の中堤に多様な造形の形象埴輪群（埴輪群像）配置、人物埴輪・馬形埴輪現る

出所：フリー百科事典「ウィキペディア」をもとに筆者編集

今城塚古墳（大阪府高槻市郡家新町）は全長約 190m の前方後円墳である。6 世紀前半の築造といわれ、被葬者は継体天皇という説が有力である。家、人物、動物など 200 点以上の形象埴輪が整然と並んでいる（図表 1.5.5 － 3 参照）。

図表 1.5.5 － 3　今城塚古墳埴輪祭祀場

出所：高槻市立今城塚古代歴史館

1.5.6　古墳時代の終焉

ヤマト王権は、権力の象徴としての巨大な古墳を必要としたため、大王から地方豪族まで巨大古墳を築造したが、継体天皇の時代以降、徐々に大王を中心とする中央集権制が進んでいくと、権力の象徴としての古墳を作る意味が次第に薄れ、古墳は姿を消し始める。

593年に推古天皇の摂政に就任した聖徳太子が、冠位十二階や十七条憲法などの法を整備したことがきっかけで、畿内では7世紀初めまでには巨大な前方後円墳の築造は終わった。その後、小規模な方墳・円墳が主流となった。7世紀中頃には中国の思想が導入され、大王は天下八方の支配者にふさわしい形である八角墳に葬られるようになった。

大化2年（646年）に薄葬令（はくそうれい）が発布された。身分に応じて墳墓の規模などを制限した勅令である。大化の改新の一環とされる。中国の故事に倣い、民衆の犠牲を軽減するため、王臣と庶民の身分に応じて作ってよい陵墓を制限し、人馬の殉死殉葬を禁止し、天皇の陵にかける時間を7日以内に制限するというものだ。墳陵は小型簡素化され、前方後円墳の造営がなくなり、古墳時代は事実上の終わりとなる。

7世紀末には仏教の思想による火葬が導入され、707年に崩御した文武天皇が火葬の後に八角墓に葬られたのを最後に古墳の築造は終了する。

なお、小野妹子（生誕不明、6世紀中頃～7世紀初、607年遣隋使の大使）の墓と伝えられる塚が大阪府南河内郡太子町の科長神社南側にある。華道家元の池坊家が管理されている。毎年6月30日に墓前祭が営まれているという。また、小野妹子の生誕地とされる滋賀県大津市にある小野妹子公園内の史跡・唐臼山古墳（からうすやまこふん）（7世紀前半）を小野妹子の墓とする説がある。同古墳の南側にあった古墳は妹子の父の墓といわれている。

2．出土物・書物を知る

発掘調査は考古学という学問の範疇である。NHKのETV特集『反骨の考古学者　ROKUJI』（2019年7月6日）をみた。森本六爾（1903～1936年）の一生を描いた番組だった。「考古学の鬼」といわれ、後継者（弟子）は藤森栄一（1911～1973年、元長野県考古学会会長、藤森栄一賞設けられる）、小林行雄（1911～1989年、元京都大学名誉教授、「遠賀川式」土器の名付け親）、杉原荘介（1913～1983年、明治大学元史学地理学科長、静岡県登呂遺跡発掘調査で中心的役割）など多彩である。

森本六爾は、松本清張の短編小説「断碑（だんぴ）」（角川新書『風雪』（1956年11月5日刊）の巻頭に収録）の主人公である「木村卓治」のモデルとなっている。森本六爾は甕棺の研究、銅鐸の型式分類、弥生期に稲作開始を提唱（中山平次郎、山内清男、鳥居龍蔵などの先行研究者の成果の応用といわれる）などを行った。

発掘調査での出土物には、土器、銅鐸、銅鏡、鉄器などがある。また、書物に関連するものとして、硯、木簡も出土する。

当時の様子を知るための手段は、先人が書き残した書物も重要である。日本では、現存する最古の歴史書『古事記』、日本の正史である『日本書紀』などがある。

中国、朝鮮半島には日本に比較にならないほど歴史書は多く残されている。特に中国の古代国史の『三国志』には、日本列島の当時のありさまが具体的に記述されている。朝鮮半島、中国の書物については「3．朝鮮半島と中国と東アジアを知る」で記す。

2．1　土器

土器は、粘土を焼いて作った器（うつわ）で、古代の土器は縄文土器と弥生土器に分けられる。

2．1．1　縄文土器

縄文土器の使用用途は、食べ物の調理や加工、盛り付け、祭祀用が考えられる。黒く焼かれた煮沸痕のある土器が出土している。

縄文土器は明治10年（1877年）、米国生物学者モース（Edward Sylvester Morse）が横浜から新橋に向かう汽車の中から大森貝塚を見つけ、その中から出土した。報告書の中で縄目文様の土器を「Cord Marked Pottery」と記した。その訳が「縄文式」となった。初めての縄文式土器発見の糸口となった大森貝塚は、JR京浜東北線の大森駅の近くにあり、現在は大森貝塚遺跡庭園として整備され、線路脇に記念碑が建っている。

1975年、佐原真（1932～2002年、大阪府出身、国立歴史民俗博物館名誉教授）は土器の名称に「式」を使うことの不合理を説き、「縄文土器」の名称を使うことを提唱し、以後、一般化した。

（1）縄文土器の年代別推移

日本列島最古の土器は大平山元（おおだいやまもと）Ⅰ（いち）遺跡（いせき）（青森県外ヶ浜町）の16,500年前（暦年較正年代法による）の無文土器（文様の無いもの）といわれている。同時期には後野遺跡（茨城県ひたちなか市）、寺尾遺跡（神奈川県綾瀬市）、上黒岩岩陰遺跡（愛媛県久万高原町美川）などがある。縄文土器の時代別推移は図表2.1.1－1に、時代別分類で見ると図表2.1.1－2になる。

図表 2.1.1 － 1　縄文土器の時代別推移

図表 2.1.1 － 2　縄文土器の時代別分類

時代区分	西暦	特徴
草創期	BC13000 ～ BC9000	丸底で深い形をしている。粘土をひも状にして付けた文様（隆起線紋土器）
早期	BC9000 ～ BC5000	草創期のものと比べて先端が尖っている（尖底深鉢土器）。地面に先端を差し込んで使う
前期	BC5000 ～ BC3000	平底になり安定する形。「縄の紋様」が鮮明になり口の部分も豪華。関東地方などで広まった
中期	BC3000 ～ BC2000	装飾が豪華に。大型化。火焔土器
後期	BC2000 ～ BC1000	小型化、実用化。デザインが洗練される。注口土器
晩期	BC1000 ～ BC300	さらに小型化、かつ芸術性の高い土器。弥生時代への移行は地域により相当異なる

※上記の年代は AMS（加速器質量分析）法による。現在も精度の高い推定は難しい
出所：フリー百科事典「ウィキペディア」をもとに筆者編集

（2）縄文土器の地域性

縄文土器は、地域により特徴が異なる。縄文時代後期中葉では一般的に図表 2.1.1 － 3 の特徴がある。地域性マップを図表 2.1.1 － 4 に記す。

図表 2.1.1 － 3　縄文時代後期中葉の土器の地域別の特徴

通番	地域	胴部	口縁部
1	東北	直線的に細く開く	頂部は 3 点
2	関東	直線的に開く	頂部は 3 点
3	関西	膨らんでいる	頂部は 4 点
4	中・四国	膨らんでいる	頂部は 4 点
5	九州	かなり膨らんでいる	頂部は 4 点

出所：『岡山大学埋蔵文化財調査研究センター報』（№ 54、2015 年）より筆者編集

図表 2.1.1 − 4　縄文時代後期中葉の土器の地域性

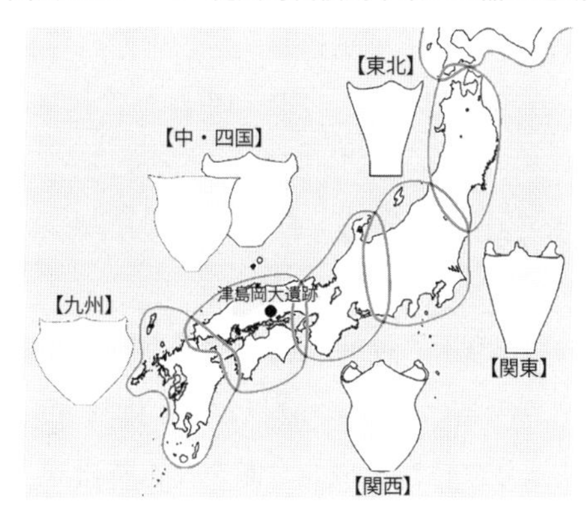

出所：『岡山大学埋蔵文化財調査研究センター報』（№ 54、2015 年）

2．1．2　弥生土器

弥生土器は縄文土器と比べ、文様による装飾が少なく、均整のとれた形をしている。使用用途は、縄文土器と同様に、食べ物の調理や加工、盛り付け、祭祀用が考えられる。同一地域で長い期間出土している土器は時代別の特徴が見てとれ、編年（時代別分類）を作ることができる。代表的な出土地域として、遠賀川（福岡県）、吉野ヶ里（佐賀県）、纒向（まきむく）（奈良県）があげられる。

（1）弥生土器の発見

明治 17 年（1884 年）、東京府本郷区向ヶ丘弥生町 2 番地（現東京都文京区弥生 2 丁目）の向ヶ丘貝塚で貝や縄文土器とともに口縁を除いた壺が出土した。発見者は、学士院会員・海軍中将造兵総監の有坂鉊蔵、理学博士の坪井正五郎、白井光太郎である。

発見地は明治 22 年（1889 年）に坪井正五郎が『東洋学芸誌』で報告した。大正 12 年（1923 年）に発見者の有坂鉊蔵が記録を残している。向ヶ丘（岡）貝塚の正確な位置は長い間不明であったが、1975 年に東京大学文学部考古学研究室が本郷キャンパスの一角の工学部9号館の近くで遺構の一部を確認し、その周辺であることがほぼ確定的となった。1976年に「弥生二丁目遺跡」として国の史跡に指定された。

（2）北部九州の弥生土器

①遠賀川式土器

日本列島で最初に出現した弥生土器は北部九州であるといわれている。一般的には遠賀川式土器という。小林行雄が1937年に九州から近畿地方まで分布する共通した特徴を持つ土器を「遠賀川式土器」と名付けた。

遠賀川の水源は福岡県嘉麻市の馬見山（標高978m)。飯塚市、直方市、中間市などを通って北九州市西部、遠賀郡芦屋町、そして響灘へ注ぐ。現在までに発掘された遠賀川式土器の分布をみると、南は南西諸島（鹿児島県・沖縄県)、北は太平洋側では愛知県、日本海側では青森県までの範囲におよんでいる。東北各地などで出土したものは遠賀川系土器とも呼ぶ。

日本列島最古の水稲耕作遺跡である菜畑遺跡（佐賀県唐津市菜畑）で出土した土器は縄文晩期終末の特徴を持つ刻目突帯文土器である「山ノ寺式土器」である。弥生時代前期早期の夜臼遺跡（福岡県糟屋郡新宮町）で出土したのが図表2.1.2－1の「夜臼式土器」（煮沸用の土器では甕の口縁部と胴部に突帯文がある）で、刻目突帯文土器である。その後、日本で2番目に古い水稲耕作跡がある板付遺跡（福岡県福岡市博多区板付）で図表2.1.2－2の「板付土器」が発掘された。同土器は弥生土器の特徴である口縁端部がゆるく外反している。

なお、夜臼式土器（縄文系人使用）と板付式土器（弥生系人使用）は並行して使用されていたことが判っている。2種の土器が併存したということは、縄文系と弥生系の人々は共存していたことになる。遠賀川式土器は板付式土器を含む、西日本の前期弥生土器の総称である。遠賀川系土器は弥生時代水田遺跡の分布域とほぼ重なっている。

北部九州では、板付式以降は、掘ノ越式、須玖式、高三潴式、下大隈式、西新式へと変遷していく。古墳時代（3世紀中頃～）に入ると土師器が利用される。

図表 2.1.2 － 1　夜臼Ⅱ式土器

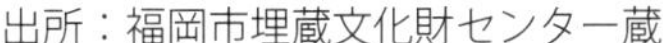

出所：福岡市埋蔵文化財センター蔵

図表 2.1.2 － 2　板付Ⅰ式土器

出所：福岡市埋蔵文化財センター蔵

②吉野ヶ里遺跡出土の土器

吉野ヶ里遺跡から大量に出土した土器は時代別に分類できるという。図表 2.1.2 － 3 に示す。

図表 2.1.2 － 3　吉野ヶ里遺跡の時代別土器　(1/2)

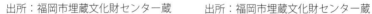

順番	時代区分	西暦	出土土器
1	弥生前期	紀元前 5 世紀～ 紀元前 2 世紀	
2	弥生中期	紀元前2世紀～ 紀元1世紀	

(2/2)

順番	時代区分	西暦	出土土器
3	弥生後期	1世紀～3世紀前半	

出所：『弥生時代の吉野ヶ里』（佐賀県教育委員会、2006 年）

（3）近畿の弥生土器

近畿地方で最も古い弥生土器は讃良郡条里遺跡（大阪府四條畷市、第二京阪道路）の発掘調査で出土した。当時、大阪平野に広がっていた河内潟のほとりに位置していた四條畷市は、船を使った交通の要衝にあった。近畿地方で最初に稲作技術が伝わったという。

近畿地方の土器で船橋式土器と纒向式土器は編年表が作られたことで知られる。

①船橋式土器

船橋遺跡は大阪府柏原市古町と藤井寺市船橋に属する複合遺跡。18 世紀初めに縄文時代以降の遺物が出土。

縄文時代晩期の船橋式土器（図表 2.1.2 － 4 参照)、須恵器出現前後の土器、奈良時代の土器などから土器畿内編年（図表 2.1.4 － 1 参照）が作成された。

図表 2.1.2 － 4　船橋遺跡出土土器

出所：『大阪歴史博物館　研究紀要』（第 17 号、2019 年、71 p）

②纒向（まきむく）式土器

纒向遺跡（奈良県桜井市）は三輪山の北西麓一帯にある弥生時代終末期（3世紀）から古墳時代前期にかけての集落遺跡である。発掘調査を担当した奈良県立橿原考古学研究所の石野博信と豊岡卓之が出土した弥生土器と土師器を分類、整理して編年表を作成した（項2.1.4（2）参照）。年代順に第一様式から第五様式に区分される。

纒向遺跡には、箸墓古墳などの6つの古墳が分布する。

2.1.3　土師器と須恵器

弥生土器の流れを汲み、古墳時代から奈良・平安時代まで生産されたものを「土師器」という。庄内式土器（大阪府豊中市出土）、布留式土器（奈良県天理市布留遺跡出土）は土師器に含まれる。

古墳時代の5世紀前半から平安時代にかけて生産された陶質土器（炻器）を「須恵器」という。青灰色で硬い。同時期の土師器とは色と質ではっきりと区別できる。

（1）土師器－庄内式土器

1934年頃、豊中市立庄内小学校の校舎を建設しているとき発掘された。3世紀前半（西暦200～250年）頃、近畿地方でつくられた土器である。

庄内式土器（図表2.1.3－1参照）は北部九州ではかなり広い地域に分布している。一方、近畿地方では大阪府豊中市、八尾市近辺と奈良県の天理市から櫻井市近辺と限られて分布している。庄内式土器は北部九州から近畿に伝播したとする説がある。また、当時最も発達した土器文化をもった吉備地方（現在の岡山県）からもたらされたという説もある。

庄内式土器は大型古墳からの出土例はない。古墳出現以前の土器であると推定できる。

図表 2.1.3 − 1　庄内式土器

出所：大阪府豊中市教育委員会

（2）土師器－布留式土器

布留式土器（図表 2.1.3 − 2 参照）は、布留遺跡（奈良県天理市）から出土した土器。布留遺跡は物部氏の本拠地であった集落遺跡と言われている。初期ヤマト王権の拠点とされる纒向遺跡の北方にあり、東側には物部氏が祭祀を司った石上神宮がある。

図表 2.1.3 − 2 布留式土器

出所：天理大学附属天理参考館蔵

（3）須恵器

須恵器（図表 2.1.3 − 3 参照）の起源は朝鮮半島南部の伽耶地域で、5 世紀に朝鮮半島南部から伝わったといわれる。初期の須恵器は朝鮮半島のものとよく似ている。須恵器は土師器とは全く異なる方法（ろくろを使用）により窯で焼く。日本最古の須恵器生産は福岡県朝倉市の朝倉窯跡群（5世紀初頭〜中頃）とされる。

図表 2.1.3 − 3　陶邑窯跡群 TK247 窯出土須恵器

出所：大阪府堺市文化財課提供

2．1．4　土器編年

土器編年（へんねん）（Chronology）とは、土器の出土順の年表のことをいう。ギリシャやエジプトで出土するミケーネ土器の編年が知られている。型式学的研究法ともいう。

ここでは３つの編年表を掲載する。土器の時代区分がそれぞれ異なり、土器の名称、分類も異なり判りにくい。

（1）柳田康雄の土器編年表

柳田康雄（1943年〜、国学院大学教授）は、『九州弥生文化の研究』（学生社、2002年3月発行）で紀元前4世紀頃からを弥生時代として、九州では夜臼式、板付式、紀元後3世紀頃に土師器が出土するとしている。畿内では、弥生時代初めに船橋式、その後、第一様式〜第五様式、古墳時代に庄内式、布留式と並行して、纏向１式〜５式としている（図表 2.1.4 − 1参照）。

図表 2.1.4 － 1　土器の北部九州と畿内の編年表

西暦	時代区分		北部九州編年	畿内編年
BC 400	縄文	晩期	山ノ寺式	
300	弥生	前期	夜臼式　1 2 板付Ⅰ式　3	船橋式　1 2
200			板付Ⅱ式　4 5	第一様式　1 2
100		中期	城ノ越式　1 2 3	3 第二様式
AD　1			須玖式　4 5	第三様式
100 200 300		後期	高三潴式　1 2 3 下大隈式　4 5 （西新式）	第四様式 第五様式 纒向１式
	古墳	前期	西新式　土師器　1a 1b Ⅱ a Ⅱ b Ⅲ a	土師器 庄内式　纒向２式 纒向３式 布留式　纒向（新） 纒向４式 纒向５式
400		中期	須恵器	須恵器

出所：『九州弥生文化の研究』（柳田康雄著、学生社、2002 年）をもとに著者編集

（2）纒向編年

纒向編年は、近畿の土器型式の弥生Ｖ様式－庄内式－布留式に対応する編年で、近畿地方の編年の一つの基準として長らく使われてきた。しかし、1999 年に、層位資料を精査した上で、石野博信・豊岡卓之両氏は新たな纒向編年を発表。この新編年は基本的には旧編年を否定すると

いうような性格のものではなく、旧編年をさらに細分化したものだが、その区分は大きく変更されている。また、～式が～類という表現に替えられた。しかし、分類の仕方が恣意的とか機械的といわれている。時代の初めと終わりを設定して、その間をほぼ等分にしている（図表2.1.4－2参照）。

図表 2.1.4 － 2　弥生土器編年表（纒向旧・新編年）

西暦	纒向旧編年		纒向新編年		近畿編年	土器の特色	主な出土古墳	「魏志倭人伝」
180	1式	古	1類	前	弥生V様式	後の長頸壺と小形長頸壺の流行		卑弥呼即位
				後		小形器台・小形丸底鉢出土		
		新	2類	前		庄内大和形甕出土		
210	2式	古		中	庄内式		纒向石塚古墳	
				後				
			3類	前				
		中		中		庄内大和形甕出土	纒向勝山古墳	
				後		高杯の杯底面の水平化		卑弥呼遣使
		新	4類	前		小形器台の定式化、外面ハケ調整の庄内大和形甕	ホケノ山古墳	卑弥呼死
250	3式	古		中			中山大塚古墳、東田大塚・纒向矢塚古墳	
		新		後	（布留0式）	口縁端部の肥厚した布留式甕出土		台与遣使
280	4式	古	5類		布留1式	小形精製土器一式の完成	箸中山古墳	
				前葉後			桜井茶臼山古墳	
		新		中葉前				
				中葉後			黒塚古墳	
340	5式	古			布留2式	奈良盆地での小若江北式段階		
		新				小形精製土器一式退（布留式設定資料段階）	椿井大塚山古墳	

出所：フリー百科事典「ウィキペディア」をもとに筆者編集

（3）広域編年

『考古調査ハンドブック 12』に広域編年表が掲載されている（年代の記載なし）。北部九州、備前・備中、大阪平野中部、濃尾平野、東相模・南武蔵に分類した土器の編年表を図表 2.1.4 － 3 に記す。

図表 2.1.4 － 3　広域編年表

北部九州	備前・備中	大阪平野中部	濃尾平野	東相模・南武蔵
	早期 1		西之山式	安行 III d 式
夜臼式	早期 2		五貫森式	大洞 C_2 式（新）
	早期 3	縄文晩期後半 -1		
板付 I 式	早期 4			千網式
	前期 I	縄文晩期後半 -2	馬見塚式	
板付 II 式	前期 II	前期 -1	貝殻山南式	
		前期 -2	西志賀式	境木式
	前期 III	前期 -3		堂山式（古）
城ノ越式	中期 I	中期前半 -1	朝日式	堂山式（新）
須玖 I 式（古）		中期前半 -2		平沢式
須玖 I 式（新）		中期前半 -3	貝田町 1･2 式	遊ヶ崎式
	中期 II			子の神式
須玖 II 式（古）		中期後半 -1	貝田町 3 式	
須玖 II 式（新）	中期 III	中期後半 -2	高蔵式	宮ノ台式
高三瀦式	後期 I	後期 -1	八王子古宮式	
	後期 II	後期 -2		
下大隈式	後期 III	後期 -3	山中式	久ヶ原式／弥生町式
西新式	終末期		廻間 I 式	

出所：『考古調査ハンドブック 12』（ニューサイエンス社、2015 年）をもとに筆者編集

2．2　銅鐸

銅鐸は、釣鐘型の青銅器である。つり手（鈕）と振り子（舌）をそなえ紋様を有する鐘である。中国では鐘のことを「鐸」と呼ぶ。数え方は「個」ではなく「口」を使う。

紀元前400年頃から紀元200年頃の約500～600年間に製作、使用された。製作した人は中国の戦国時代に大陸を追われ、北部九州、西日本地方の日本海側に土着した渡来人と思われる。北部九州では、銅鐸（小銅鐸）とともに甕棺によって死者を埋葬する風習を早くから併せ持っていた。吉野ヶ里遺跡から銅鐸が出土した。この銅鐸は島根県の木幡家伝世銅鐸と同じ鋳型で作られていたことが判明した。

『扶桑略記』の天智天皇7年（668年）条に「滋賀県大津市に崇福寺を建立する際、宝鐸が発見された」が最も古い記録である。天智朝の記事を詳細に記しているはずの記紀には、なぜかこの記事に触れていない。一体、なぜだろうか。

『続日本紀』(797年編纂) 和銅6年（713年）には「大和国（奈良県）宇陀郡長岡で銅鐸発見」の記載があり、「銅鐸」という名が記されている。「大倭國宇太郡波坂郷人大初位上村君東人得銅鐸於長岡野地而獻之高三尺口徑一尺其制異常音協律呂勅所司蔵之」（翻訳：大倭宇太郡波坂郷の人、大初位上村君東人、銅鐸を長岡野の地に得て献る。高さ三尺、口径一尺、その制、常に異にして、音、律呂に協う。所司に勅して蔵めしめたまふ。）とある。

銅鐸は、関東、北陸、東海、近畿の各地方、西日本、北部九州で630口（2016年現在、ホームページの検索をもとに筆者集計）が出土している。銅鐸とはどんなものか。なぜ、廃れたのか、なぜ、記紀に記されていないのか、調査分析した結果を記す。

2.2.1　銅鐸の分類

銅鐸は「文様」（銅鐸の表面に付いている図形）と「鈕」（つまみ）で分類するのが一般的である。

（1）文様による分類

文様では大きく３つに分けられる。横帯文、袈裟襷文、流水文である。概要と主な出土地を図表 2.2.1 － 1 に示す。

図表 2.2.1 － 1　銅鐸の文様による分類

通番	文様銘	概要	主な出土地
1	横帯文	横方向の区画帯を用いる	荒神谷遺跡（島根県出雲市）1口・国宝
2	袈裟襷文	縦横に区画帯をめぐらせる	桜ヶ丘遺跡（兵庫県神戸市灘区）10口・国宝、伝讃岐国出土（東京国立博物館蔵）1口・国宝
		「突線袈裟襷文」は鈕と組み合わせた名称。突線とは太線が縦横に交差したもの。突線は突線鈕式ともいう	矢野遺跡（徳島県徳島市国府町）1口・重文
3	流水文	平行直線紋を屈曲反転したもの	桜ヶ丘遺跡（兵庫県神戸市灘区）3口・国宝
		「突線流水文」がある	高塚遺跡（岡山県岡山市）1口・重文

出所：フリー百科事典「ウィキペディア」をもとに筆者編集

（2）鈕による分類

鈕は大きく４つに分けられる。菱環鈕式、外縁付鈕式、外縁付内縁付鈕＝扁平鈕式、突線鈕式である。図表 2.2.1 － 2 を参照。

図表 2.2.1 － 2　銅鐸の鈕による分類

<table>
<tr><th>通番</th><th>鈕名</th><th>形式</th><th>鋳型</th><th>時代区分</th><th>概要</th></tr>
<tr><td rowspan="2">1</td><td rowspan="2">菱環鈕式（りょうかんちゅうしき）</td><td>1式</td><td rowspan="5">石製鋳型</td><td rowspan="2">弥生前期</td><td rowspan="2">最古段階。面形が菱形の素環状</td></tr>
<tr><td>2式</td></tr>
<tr><td rowspan="2">2</td><td rowspan="2">外縁付鈕式（がいえんつきちゅうしき）</td><td>1式</td><td rowspan="4">弥生中期</td><td>外縁にも装飾がつくもの</td></tr>
<tr><td>2式</td><td rowspan="3">菱環部の外縁と内縁に装飾をもつもの</td></tr>
<tr><td rowspan="2">3</td><td rowspan="2">外縁付内縁付鈕＝扁平（へんぺい）鈕式（ちゅうしき）</td><td>古段階</td></tr>
<tr><td>新段階</td><td rowspan="6">土製鋳型</td></tr>
<tr><td rowspan="5">4</td><td rowspan="5">突線鈕式（とっせんちゅうしき）</td><td>1式</td><td rowspan="5">弥生中期</td><td rowspan="5">最新段階。紋様の輪郭を著しく太い線＝突線（とっせん）で画するもの</td></tr>
<tr><td>2式</td></tr>
<tr><td>3式</td></tr>
<tr><td>4式</td></tr>
<tr><td>5式</td></tr>
</table>

出所：兵庫県南あわじ市ホームページをもとに筆者編集
https://www.city.minamiawaji.hyogo.jp/uploaded/attachment/301003.pdf

（3）地域別の分類

近畿式と三遠式の銅鐸について図表 2.2.1 － 3 に整理した。

図表 2.2.1 － 3　銅鐸の地域別特徴による分類

通番	分類	概要	分布
1	近畿式	鈕の頂に双頭渦紋（そうとうかもん）をつけ、身の区画帯を斜格子紋で飾ることなどの特徴。畿内で大型化、2 世紀頃に盛んにつくられた	近畿一帯を中心として、東は遠江（とおとうみ）、西は四国東半、北は山陰地方まで一応の限界分布。例外的に伊勢湾東部・琵琶湖東岸・京都府北部の日本海岸に分布
2	三遠式（さんえんしき）	鈕の頂に飾耳がなく、身の横帯には綾杉紋を採用することなどを特徴とし、近畿式銅鐸にやや遅れて成立。絵画銅鐸が残り、内面突帯に摩滅痕跡が認められる。2 世紀頃に盛んにつくられた	東は信濃（しなの）・遠江、西は濃尾（のうび）平野に一応の限界分布。例外的に伊勢湾東部・琵琶湖東岸・京都府北部の日本海岸に分布

出所：フリー百科事典「ウィキペディア」をもとに筆者編集

2.2.2　銅鐸の出土状況

都道府県別に銅鐸の出土状況を見てみる（図表2.2.2 − 1参照）。1番多いのは兵庫県の111口（うち淡路島65口）である。2番目は島根県56口（うち加茂岩倉遺跡39口）、同じく愛知県56口、4番目は大阪府、徳島県、それぞれ42口である。北海道、東北、北関東、中・南部九州、沖縄県では出上していない。

図表2.2.2 − 1　都道府県別の銅鐸の出土数（2016年末現在）

通番	都道府県名	出土数	ランク	通番	都道府県名	出土数	ランク
1	北海道	−	−	26	京都府	14	12
2	青森県	−	−	27	大阪府	42	4
3	岩手県	−	−	28	兵庫県	111	1
4	宮城県	−	−	29	奈良県	24	10
5	秋田県	−	−	30	和歌山県	41	6
6	山形県	−	−	31	鳥取県	19	13
7	福島県	−	−	32	島根県	56	2
8	茨城県	−	−	33	岡山県	27	9
9	栃木県	−	−	34	広島県	3	20
10	群馬県	−	−	35	山口県	−	−
11	埼玉県	3	20	36	徳島県	42	4
12	千葉県	7	17	37	香川県	21	11
13	東京都	2	23	38	愛媛県	2	23
14	神奈川県	3	20	39	高知県	12	14
15	新潟県	−	−	40	福岡県	5	19
16	富山県	−	−	41	佐賀県	2	23
17	石川県	2	23	42	長崎県	−	−
18	福井県	12	14	43	熊本県	−	−
19	山梨県	−		44	大分県	−	−
20	長野県	7	17	45	宮崎県	−	−
21	岐阜県	8	16	46	鹿児島県	−	−
22	静岡県	40	8	47	沖縄県	−	−
23	愛知県	56	2	-	不明	8	−
24	三重県	20	12	合計		630	−
25	滋賀県	41	6				

出所：フリー百科事典「ウィキペディア」をもとに筆者編集

2.2.3　銅鐸の消滅

2015年4月に、淡路島（兵庫県南あわじ市）で銅鐸7口（1号は菱環鈕式、2～7号は外縁付鈕式）が見つかった。翌年10月にこのうち2口が加茂岩倉遺跡（島根県雲南市）出土の銅鐸と同笵（どうはん）（同じ鋳型で作られた）であると発表された。加茂岩倉遺跡で出土した銅鐸39口のうち26口は北陸や近畿などに同笵のものがあったという。2017年6月、淡路島の銅鐸は紀元前4～前2世紀前半に埋められたことが判った。付着していた植物片を放射性炭素年代測定で鑑定した結果という。淡路島の銅鐸は1号が1世紀、2号以降が2～3世紀に埋められたと言われていた。それが150年以上も前に埋められていたと修正されたのだ。

『日本書紀』巻第一 神代上の「国生み」に「先以淡路洲爲胞 意所不快 故名之曰淡路洲」（翻訳：まず（最初）淡路洲がエナ（胎盤）として生まれたが、不快のものだった。そこで名付けて淡路洲（吾恥島）という。）とある。この内容は、西から来た集団が瀬戸内海を通って淡路島に上陸、淡路島を拠点に近畿地方を征服する過程を神話化したと思う。西から来た集団は、いわゆる三種の神器（「鏡」「剣」「勾玉」）を祀る北部九州の集団（多くの墳墓から三種のセットが出土）であった。よって、淡路の先住者の祀る「銅鐸」を埋めたのではないかと思う。まずは最初の淡路で先住者に対して、時間をかけて「銅鐸」→「三種の神器」への洗脳がおこなわれたと思う。

1世紀頃の高塚遺跡（岡山県岡山市）で2口の銅鐸が出土し、一つは土に埋められたもの、他の一つは破壊された破片であった。1世紀後半～2世紀中頃の大福遺跡（奈良県桜井市）でも銅鐸片が見つかった。銅鐸片は5.9cm × 4.6cm、厚さ2mm程。銅鐸の鐸身部分の一部で、壊されたときについた歪みがあるという（2008年4月、奈良県立橿原考古学研究所発表）。

1世紀末頃から大型化する。突線紐式4式が主である。近畿式、三遠式ともに、大型銅鐸の出土がある。

3世紀初め頃の脇本遺跡（奈良県桜井市）では、銅鐸の破片や銅くず、鋳型などが捨てられた状態で出土した。不要になった銅鐸をリサイクルして、別の青銅器を鋳造した小規模な生産工房とみられるという（2007年12月6日、奈良県立橿原考古学研究所発表）。

滋賀県野洲市のホームページの「銅鐸の謎を探る」の最後に「野洲市大岩山1962年4号鐸は故意に双頭渦紋が裁断されています。近畿式銅鐸の終焉には、故意に壊されて破棄されたものや、飾耳を裁断して銅鐸を否定するような行為が行われています。銅鐸が前世の共同体を象徴する祭器であり、新たに台頭した権力者にとっては、邪魔な異物となったのです。」で締めくくっている。

3世紀頃、近畿圏を中心とした銅鐸文化が突然消滅した。西から来た集団が銅鐸信仰を否定して、三種の神器信仰に変わったのだ。

2.3　銅鏡

銅鏡は、銅・錫・鉛を溶かしたものを鋳型に流し込み製作（鋳造）する。中国では約4,000年前から化粧道具の一つとして用いられた。日本には楽浪郡の設置後、多く持ち込まれ、権威の象徴として用いられた。

鏡は太陽の光を反射する。姿見という実用性もある。魔除け、依り代（神霊が寄り付く）の機能を果たしていたとも言われている。通信手段としても利用されたという。さらに、政治的に利用されていた可能性がある。

紀元前1世紀～紀元1世紀には青銅器が国産化、首長の権力が大きくなり北部九州には鏡、剣、玉の3点セット（三種の神器）の副葬が多数みられる。

銅鏡は弥生時代中期以降から古墳時代までの遺跡から4,000面以上が発掘されている。

2.3.1 銅鏡の部分名称

鋼鏡は鏡面と鏡背からなり、鏡背をみることで製作時期が判る。鏡背の中央に突起があるがこれを「鈕（ちゅう）」と呼ぶ。紐を通すことができる。鈕から外へ向かって「鈕座」、「内区」、「外区」、「縁部」と名付けられている。銘文があればそれを「銘帯」と呼ぶ。銘帯に年号を記したものもある。銅鏡の部分名称を図表 2.3.1 － 1 に記す。

図表 2.3.1 － 1　銅鏡の部分名称

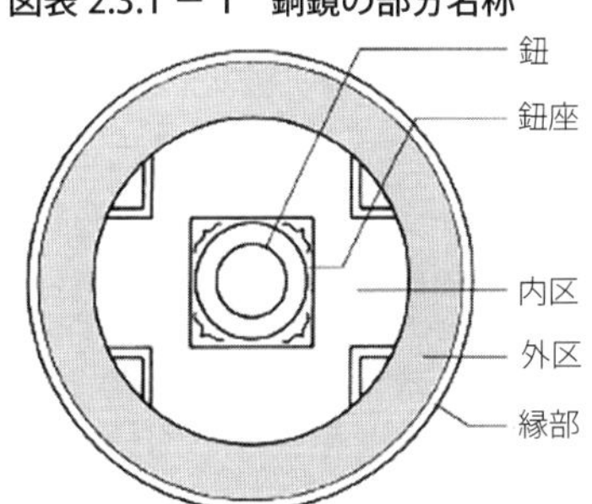

出所：伊都国歴史博物館案内パンフレット

2.3.2 銅鏡の分類

銅鏡を分類する。鏡背の文様によって 11 の分類に分かれる。図表 2.3.2 － 1 に記す。主な銅鏡を図表 2.3.2 － 2 に記す。

図表 2.3.2 － 1　銅鏡の分類　(1/2)

通番	鏡名	概要	主な出土地
1	連弧文鏡（れんこもん）	前漢で数多く作られた	玄界灘沿岸地域の主に甕棺から出土
2	多鈕細文鏡（たちゅうさいもん）	鏡の裏面に紐を通す鈕（ちゅう）が 2、3 個ある。朝鮮半島の出土が多い	弥生時代中期頃の遺跡から出土。九州から近畿、中部地方まで広い範囲で出土
3	方格規矩鏡（ほうかくきく）	前漢の終わりから王莽（おうもう）の新を経て、後漢まで鋳造された銅鏡	大田南五号墳（京都府京丹後市）出土、紀年銘鏡では最古と推定（魏の年号「青龍 3 年」（235 年））

(2/2)

通番	鏡名	概要	主な出土地
4	内行花文鏡（ないこうかもん）	中国の後漢代の銅鏡。弥生～古墳時代の遺跡から出土。鏡背中央の鈕座の周りに基本8つの連弧を内向きに一巡する文様	多数。初期は北部九州出土中心。三雲南小路遺跡31面、有田・平原遺跡8面
5	大型内行花文鏡	直径46.5cmは漢時代寸法「二尺」。円周は「八咫」。鏡背に文様のみで銘字無し	平原遺跡（福岡県糸島市）から5面出土
6	画文帯神獣鏡（がもんたいしんじゅう）	縁が平ら（平縁式）で、三角縁神獣鏡の名の由来の三角縁式とは異なる。方格規矩鏡よりも後代に製造と考えられ中国では3世紀頃、日本でも3世紀後半の古墳から出土	中国は約80面出土。日本は約150面。畿内地域中心に出土。和泉黄金塚古墳（大阪府和泉市）出土鏡は半時計回りに「景初三年、陳是作詺、詺之保子宜孫」と記銘
7	直弧文鏡（ちょっこもん）	古墳時代に日本で製作された銅鏡（仿製鏡）。内行花文鏡の影響を受けていると推測。四葉座型の鈕座を除いて全ての図像を直線と弧で象ったもの	新山古墳（4世紀中葉、奈良県北葛城郡広陵町、第25代武烈天皇大塚陵墓参考地、前方後方墳）から3面の出土例があるだけの大変希少な図像の鏡
8	平縁神獣鏡（へいえん）	鏡の縁の断面が平たい。呉の製作。江南地方出土の環状乳神獣鏡、重列式神獣鏡、対置式神獣鏡、同向式神獣鏡、求心式神獣鏡の類	桜井茶臼山古墳から破片
9	斜縁神獣鏡（しゃえん）	半三角縁と呼ばれる	大和天神山古墳から斜縁変形神獣鏡2面、桜井茶臼山古墳から斜縁二神二獣鏡破片
10	三角縁神獣鏡（さんかくえんしんじゅう）（三角縁神獣鏡（さんかくぶちしんじゅう））	縁の断面が三角形で内区に西王母、東王父と神獣が半肉彫で描画。20㎝以上の大型鏡が多い。中国では神獣鏡でない三角縁銅鏡が紹興近辺で出土（2～3世紀）。朝鮮半島では出土無し	4世紀以降の古墳から540面以上出土
11	人物画像鏡	人物が描かれている（5～6世紀）	1面。隅田八幡神社（和歌山県橋本市）48字の金石文（国宝）

出所：インターネットの各銅鏡ホームページをもとに筆者編集

図表 2.3.2 − 2　主な銅鏡

（1）三角縁神獣鏡

出所：ウィキペディア（東京国立博物館展示）

（2）内行花文鏡 11 号鏡
（平原方形周溝墓出土）

出所：糸島市ホームページより
「国（文化庁）保管」

2.3.3　銅鏡の副葬

北部九州では、須玖岡本遺跡（福岡県春日市）30 面以上（一部散逸）、三雲南小路遺跡（福岡県糸島市）57 面（1 号甕棺 35 面、2 号甕棺 22 面）という大量の鏡を出土した。墳墓に銅鏡を副葬するという風習は古墳時代には全国に広まった。

桜井茶臼山古墳（奈良県桜井市）81 面、椿井大塚山古墳 36 面、新山古墳（奈良県広陵町）34 面、黒塚古墳 34 面、佐味田宝塚古墳 30 面、大和天神山古墳 23 面、御旅山古墳（大阪府羽曳野市）22 面、紫金山古墳（大阪府茨木市）12 面、鶴山丸山古墳（岡山県備前市）30 面、備前車塚古墳（岡山県岡山市）13 面、東之宮古墳（愛知県犬山市）11 面などの大量副葬がある。

2.3.4　銅鏡の年代推移（編年）

中国銅鏡の日本列島への流入の年代は、漢鏡の製作年代の順序を反映している。岡村秀典（京都大学教授）の研究によれば、漢鏡の出土件数は漢鏡 6 期までは圧倒的に北部九州が多く、漢鏡 7 期の第一段階、すなわち2世紀後半頃になって北部九州と近畿地方との出土件数が均衡してくるという。古墳時代前期に「三国西晋鏡」が流入する段階では鏡保有の中心地は近畿地方へ移動する。

銅鏡の編年（国立歴史民俗博物館）を図表2.3.4 − 1に、北部九州の主な漢鏡の変遷を図表2.3.4 − 2に、近畿地方の主な国産鏡の変遷を図表2.3.4 − 3に記す。

図表 2.3.4 − 1　銅鏡の編年（国立歴史民俗博物館）

時代区分	年代	漢鏡分類	概要
弥生中期	紀元前2世紀前半	漢鏡1期	戦国の伝統を引く龍文を主題とした蟠螭文鏡を創出した段階
	紀元前2世紀後半	漢鏡2期	変形した龍文表現をもつ螭龍文鏡などが出現し新たに草葉文鏡が出現した段階
	紀元前1世紀前葉〜中葉	漢鏡3期	文字を主要な文様とする異体字銘帯鏡、日光鏡（小型鏡）を創出した段階
弥生後期	紀元前1世紀後葉〜紀元50年頃	漢鏡4期	動物図像を細線で表現した方格規矩四神鏡や細線式獣帯鏡を創出した段階。破砕行為発生。紀元前1世紀後葉から紀元1世紀前葉、弥生時代後期の前半
	1世紀中葉〜後葉	漢鏡5期	内行花文鏡、盤龍鏡、画象鏡が出現した段階。大型鏡や中型鏡が存在。破砕行為継続、小形仿製鏡の生産継続。1世紀中葉から後葉、弥生時代後期中頃〜後半
	2世紀前半	漢鏡6期	夔鳳鏡や神獣鏡が出現。北部九州で鏡片・破鏡増。土器編年の庄内式期に重なる
	2世紀後半	漢鏡7期	新たな鏡式の創出はない。夔鳳鏡や神獣鏡などが新たな段階。北部九州で鏡片・破鏡継続増。土器編年の庄内式期に重なる
古墳前期	3世紀以後	創作模倣鏡（国産鏡）	新たな鏡の創出はない。方格規矩四神鏡や神獣鏡など漢鏡を模倣した鏡がみえる。土器編年の布留式期に重なる

出所：『国立歴史民俗博物館研究報告』（第185集、2014年、「日本列島における中国鏡の分配システムの変革と画期」［森下1998a］［車崎2002］）をもとに筆者編集

図表 2.3.4 − 2　北部九州の主な漢鏡の変遷　(1/2)

時代区分・年代	銅鏡区分	遺跡名	所在地	銅鏡出土品等
弥生前期末〜中期後半	漢鏡1期	吉武高木遺跡	福岡県福岡市西区吉武	3号木棺墓：銅鏡1面、甕棺墓・木棺墓：多鈕細文鏡1面
弥生中期	漢鏡2期〜3期	須玖岡本D地点甕棺	福岡県春日市岡本	甕棺墓、土壙墓（合せ口甕棺）：前漢鏡30面以上、漢鏡2期の草葉文鏡と漢鏡3期の異体字銘帯鏡・星雲文鏡
	漢鏡3期	三雲南小路1号甕棺	福岡県糸島市三雲	1号甕棺：前漢鏡35面（内行花文清白鏡1面）、漢鏡2期以前の羽状地文鏡と彩画鏡と漢鏡3期の異体字銘帯鏡
		三雲南小路2号甕棺	福岡県糸島市三雲	2号甕棺：前漢鏡22面、漢鏡3期の異体字銘帯鏡と星雲文鏡
		東小田峯遺跡	福岡県朝倉郡筑前町	甕棺墓：前漢連弧文昭明鏡1面、10号甕棺：前漢鏡2面
		立岩遺跡群	福岡県飯塚市立岩、川島	堀田遺跡10号甕棺：前漢鏡6面、漢鏡3期の異体字銘帯鏡、28号甕棺：前漢鏡1面、34号甕棺：前漢鏡1面、35号甕棺：前漢鏡1面、39号甕棺：前漢鏡1面 ※1、2世紀頃に衰退
弥生後期	漢鏡4期	井原鑓溝遺跡	福岡県糸島市井原字鑓溝	甕棺：大半が漢鏡4期後漢方格規矩鏡21面
	漢鏡4期〜5期	平原1号墓	福岡県糸島市有田	漢鏡4期の雲気禽獣文鏡と方格規矩四神鏡、漢鏡5期の方格規矩四神鏡と内行花文鏡で構成。中心は漢鏡5期の鏡（評価が分かれる大型内行花文鏡を除く）
		桜馬場遺跡	佐賀県唐津市桜馬場	漢鏡4期の方格規矩四神鏡2面、漢鏡5期の内行花文鏡
	漢鏡5期	中原遺跡（前方後円墳）	佐賀県唐津市大字中原	漢鏡5期の方格規矩四神鏡と内行花文鏡が各1面。方形周溝墓。規模も構造・形態もともに平原1号墓とほぼ同じ

(2/2)

時代区分・年代	銅鏡区分	遺跡名	所在地	銅鏡出土品等
2世紀	漢鏡6期	馬場山遺跡	福岡県北九州市八幡西区	甕棺墓、木棺墓:小型仿製内行花文鏡2面、石棺墓:方格規矩鏡1面、内行花文双頭龍文鏡1面
	漢鏡7期	原田遺跡（遠賀川上流）	福岡県嘉麻市	石蓋土壙墓:内行花文鏡1（君宜高官銘、後漢鏡後半）、箱式石棺:単夔文鏡（長生宜子銘、後漢鏡後半）
		宮原遺跡	福岡県田川郡香春町	箱式石棺4:舶載大型鏡1、仿製小型内行花文鏡1面、内行花文鏡2面（大小各1、後漢鏡後半）
3世紀中葉	国産鏡	平原遺跡方形墳丘墓	福岡県糸島市有田曽根「平原歴史公園」	棺外:方格規矩鏡32面、内行花文鏡7面（「長宜子孫」「大宜子孫」銘入各1、仿製5）、虺龍文鏡1面（全て破砕発見）
		石塚山古墳	福岡県京都郡苅田町	畿内型前方後円墳九州最古、石室:三角縁神獣鏡14面（黒塚古墳、椿井大塚山古墳と同笵）
		原口古墳（前方後円墳）	福岡県筑紫野市武蔵3丁目	三角縁神獣鏡3面（石塚山古墳、椿井大塚山古墳などと同笵関係）
3世紀後半		祇園山古墳（方墳）	福岡県久留米市御井	画文帯神獣鏡片1面
		津古生掛古墳	福岡県小郡市	方格規矩鳥文鏡1面
		銚子塚古墳（前方後円墳）	福岡県糸島市二丈田中	頭部両脇:方格規矩四神鏡1面、内行花文鏡（長宜子孫銘）1面、後漢鏡1面、左右:仿製三角縁神獣鏡各4面
4世紀末～5世紀前半		老司古墳（前方後円墳）	福岡県福岡市南区老司	第1号石室:方格規矩鏡1面、第2号石室:変形文鏡1面、第3号石室:方格規矩四神鏡1面、方格規矩鏡2面、内行花文鏡1面、重圏文鏡1面、三角縁神獣鏡片1面、仿製内行花文鏡2面

出所:フリー百科事典「ウィキペディア」をもとに筆者編集

図表 2.3.4 － 3　近畿地方の主な国産鏡の変遷

年代	遺跡名	所在地	銅鏡出土品等
3 世紀初頭	石塚古墳（前方後円墳）	奈良県桜井市太田	一部土器から 3 世紀中葉以降
3 世紀前半	勝山古墳（柄鏡式前方後円墳）	奈良県桜井市東田	庄内式の古い時期の土器（3 世紀前半）、年輪年代法で 3 世紀初め
3 世紀中葉	ホケノ山古墳（帆立貝形前方後円墳）	奈良県桜井市箸中	木槨内 : 画文帯同向式神獣鏡 1 面（足元）、鏡片 23 面（半肉彫り神獣鏡、内行花文鏡等）
3 世紀後半～4 世紀初頭	中山大塚古墳（前方後円墳）	奈良県天理市中山町大塚	石室 : 二仙四獣鏡片 2 面
	箸墓古墳（前方後円墳）	奈良県桜井市箸中	布留 0 式土器（280 年頃）、C14 年代測定で 240 ～ 260 年と国立歴史民俗博物館発表
4 世紀前半	天神山古墳（前方後円墳）	奈良県天理市柳本町天神	内行花文鏡 4 面、方格規矩四神鏡 6 面、画文帯神獣鏡 4 面、三角縁変形神獣鏡 2 面、獣形鏡 3 面、画像鏡 2 面、獣帯鏡 1 面、人物鳥獣鏡 1 面
4 世紀中葉	椿井大塚山古墳（前方後円墳）	京都府木津川市山城町椿井	内行花文鏡 2 面、方格規矩四神鏡 1 面、画文帯神獣鏡 1 面、三角縁神獣鏡 32 面
	メスリ山古墳（前方後円墳）	奈良県桜井市高田字メスリ	石室主室：内行花文鏡 2 面、神獣鏡片 1 面
4 世紀末～5 世紀前半	新山古墳（前方後方墳）	奈良県北葛城郡広陵町大塚	銅鏡 34 面＝内行花文鏡、三角縁神獣鏡、画文帯環状乳神獣鏡、画文帯神獣鏡、仿製方格規矩鏡、三神三獣獣帯鏡、鼉龍鏡、直弧文鏡等
5 世紀前半	佐味田宝塚古墳（前方後円墳）	奈良県北葛城郡河合町佐味田	銅鏡 26 面＝方格規矩四神鏡、画像鏡、仿製家屋文鏡、獣帯鏡、三角縁神獣鏡、流雲文四神鏡、鼉龍鏡、獣形鏡等

出所 : フリー百科事典「ウィキペディア」をもとに筆者編集

2.3.5　紀年銘鏡

中国の年号（紀年）を記した銅鏡が全国で14面出土している。魏の年号を記した鏡が10面、呉の鏡が2面、晋が1面、南斉が1面である。

魏の景初三年の三角縁神獣鏡が神原神社古墳（島根県）と和泉黄金塚古墳（大阪府）から出土、景初四年（非実在年）の斜縁盤龍鏡が（伝）持田旧48号墳（宮崎県）と広峯15号墳（京都府）から出土、正始元年の三角縁神獣鏡が竹島御家老屋敷古墳（山口県）、森尾古墳（兵庫県）、柴崎蟹沢古墳（群馬県）から出土している。図表2.3.5－1に記す。

一時、卑弥呼が受領した鏡ではないかと話題になったが反対論も多く、結論は出ていない。

図表2.3.5－1　紀年銘鏡　(1/2)

通番	中国名	紀年銘	西暦	鏡名称	出土地		出土年
					遺跡名	所在地	
1	魏	青龍三年	235	方格規矩四神鏡	大田南5号墳（古墳時代前期方墳）	京都府京丹後市弥栄町和田野	1994
2					安満宮山古墳	大阪府高槻市	1997
3					（出土地不明）		－
4		景初三年	239	三角縁神獣鏡	神原神社古墳	島根県雲南市加茂町神原	1972
5				平縁（画文帯同向式）神獣鏡	和泉黄金塚古墳（古墳時代前期前方後円墳）	大阪府和泉市上代町	1951
6		景初四年（非実在年）	240	斜縁盤龍鏡	（伝）持田旧48号墳	宮崎県西都市（児湯郡高鍋町）	1986
7					広峯15号墳	京都府福知山市天田	1986
8		正始元年	240	三角縁神獣鏡	竹島御家老屋敷古墳	山口県周南市大字富田字竹島	1888
9					森尾古墳	兵庫県豊岡市森尾字市尾	1917
10					柴崎蟹沢古墳	群馬県高崎市柴崎町	－

(2/2)

通番	中国名	紀年銘	西暦	鏡名称	出土地		出土年
					遺跡名	所在地	
11	呉	赤烏元年	238	平縁（対置式）神獣鏡	鳥居原狐塚古墳	山梨県西八代郡市川三郷町	－
12		赤烏七年	244	平縁（対置式）神獣鏡	安倉高塚古墳	兵庫県宝塚市	－
13	晋	元康？年	291～299	平縁神獣鏡	（伝）上狛古墳	京都府木津川市	－
14	南斉	建武五年	498	画文帯神獣鏡	（出土地不明）		－

出所：筆者銅鏡データベースをもとに編集

2.3.6　三角縁神獣鏡

三角縁神獣鏡は既に540面を超えて出土している。三角縁神獣鏡は、三角縁盤龍鏡、二神二獣鏡、三神三獣鏡などを合わせて呼んでいる。

「魏志倭人伝」に景初三年（239年）に魏の皇帝が卑弥呼に銅鏡百枚を下賜したと書かれている。それゆえ、三角縁神獣鏡は卑弥呼の鏡といわれている。

1953年、椿井大塚山古墳（京都府相楽郡高麗村（現・木津川市））から三角縁神獣鏡が出土すると、小林行雄（元京都大学名誉教授）は同型の鏡が日本各地の古墳から出土している事実に着目し、ヤマト王権が卑弥呼に下賜された神獣鏡を各地の豪族に与えたとする古代政権成立過程を提唱した。

三角縁神獣鏡は、紀年の有無、銘文が異なる、など多くのなぞがある。また、黒塚古墳では一度に33面出土、同笵鏡（同一鋳型製）が多くつくられたと考えられる。さらに、中国では、三角縁神獣鏡がいまだ出土していない（2015年に中国で発見された三角縁神獣鏡は出土地が不明確）。

魏から下賜されたとすれば年代的には平原遺跡から多数出土している方格規矩四神鏡、内行花文鏡、画文帯神獣鏡のいずれかに類似したものであろうと言われている。

三角縁神獣鏡が卑弥呼の鏡か否かの結論は、まだ出ていない。「三角縁神獣鏡は卑弥呼の鏡か」を図表 2.3.6 － 1 にまとめた。

図表 2.3.6 － 1　三角縁神獣鏡は卑弥呼の鏡か

通番	項目	卑弥呼の鏡とする説	卑弥呼の鏡の否定説
1	墳墓の時期	近年の年輪年代学により古墳時代の開始は3世紀に繰り上がるという説がある	三角縁神獣鏡は4世紀以降の古墳から540面以上出土。邪馬台国の時代の3世紀の墳墓からは1面も出土していない。年代が合わない
2	中国での出土	－	三角縁神獣鏡は中国では1面も出土しておらず、中国の鏡ではないと中国の学者が述べている
3	実在しない中国の年号	景初は本来4年まで存在したが、魏晋革命に関連して紀年が改められ、本来の景初4年は正史では景初3年として記録された	実在しない中国の年号の銘が入った鏡がある
4	漢代らしからぬ銘文	－	三角縁神獣鏡の銘文は韻が踏まれていない。漢代を代表する方格規矩四神鏡の銘文は押韻がなされている。三角縁神獣鏡は中国鋳造とは考えにくい

出所：フリー百科事典「ウィキペディア」をもとに筆者編集

2．3．7　国産鏡（仿製鏡）

弥生時代後半から古墳時代に中国鏡を模倣して国産鏡（仿製鏡）がつくられた。特に、古墳時代には神獣鏡、内行花文鏡、画像鏡などが多くつくられた。中国鏡の単純な模倣銅鏡以外に国内独自の直弧文鏡や家屋文鏡などの銅鏡がつくられた。墓への副葬品としての出土が多い。

舶載鏡（中国で製作され日本に伝来したもの）とされたヘボソ塚古墳

（兵庫県神戸市）の銅鏡と仿製鏡とされた鶴山丸山古墳（岡山県備前市）などからの3枚が、2015年の精密3次元形状計測によって同鋳型であることが判明した。また、同じく舶載鏡とされた筒野古墳（三重県松阪市）の銅鏡と仿製鏡とされた造山1号墳（島根県安来市）の銅鏡も同鋳型と判明した。

2.3.8　都道府県別の出土状況

古墳時代以前の遺跡から出土された銅鏡を都道府県別に集計する。飛鳥時代や平安時代以降の遺跡から出土した銅鏡は対象外とする。

都道府県別の出土数を見てみる（図表2.3.8 − 1）。1番多いのは福岡県の267面である。2位は奈良県の230面、3位は岡山県の96面、4位は京都府の67面、5位は大阪府の54面である。北海道、青森県、秋田県、山形県、沖縄県からは出土がない。

なお、北海道厚真町のヲチャラセナイ遺跡出土の北海道最古の銅鏡は遺跡の築造が13世紀、秋田県仙北郡美郷町の内村遺跡出土の銅鏡は平安時代中葉から後葉にかけての瑞花双鳥八陵鏡、山形県鶴岡市羽黒町の鏡池出土の銅鏡500面は平安時代から江戸時代に作成されたものなので、集計対象から外れる。

図表 2.3.8 － 1　都道府県別の銅鏡出土数（2021 年末現在）

通番	都道府県名	出土数	ランク	通番	都道府県名	出土数	ランク
1	北海道	－	－	26	京都府	67	4
2	青森県	－	－	27	大阪府	54	5
3	岩手県	1	39	28	兵庫県	37	7
4	宮城県	4	26	29	奈良県	230	2
5	秋田県	－	－	30	和歌山県	3	31
6	山形県	－	－	31	鳥取県	16	12
7	福島県	2	35	32	島根県	6	23
8	茨城県	6	23	33	岡山県	96	3
9	栃木県	1	39	34	広島県	4	26
10	群馬県	12	15	35	山口県	21	10
11	埼玉県	8	20	36	徳島県	4	26
12	千葉県	2	35	37	香川県	8	20
13	東京都	2	35	38	愛媛県	4	26
14	神奈川県	12	15	39	高知県	4	26
15	新潟県	2	35	40	福岡県	267	1
16	富山県	5	25	41	佐賀県	53	6
17	石川県	3	31	42	長崎県	8	20
18	福井県	3	31	43	熊本県	17	11
19	山梨県	3	31	44	大分県	29	8
20	長野県	1	39	45	宮崎県	11	18
21	岐阜県	15	14	46	鹿児島県	1	39
22	静岡県	12	15	47	沖縄県	－	－
23	愛知県	29	8	-	不明	5	－
24	三重県	16	12	合計		1,093	－
25	滋賀県	9	19				

出所：筆者銅鏡データベースをもとに編集

2．4　鉄器

鉄は農耕の道具、武器作成に重要な素材である。現在も製鉄は国の基幹産業である。鉄を制するものは天下を制するともいう。

2．4．1　鉄とは

鉄は砂鉄や鉄鉱石などから製錬する。この過程を「製鉄」という。製錬した鉄は目的に合わせて加工する必要がある。これを「鍛冶（かじ）」という。最近の説では、鍛冶遺跡は1世紀以降に現れ、精錬遺跡は3世紀以降に現れている。

鉄器はケラ（素鉄塊）や鉄挺（てってい）などからつくる。当初はこれらを朝鮮半島から輸入したと考えられる。なぜなら、『三国志』の魏書東夷伝弁辰条に「国出鉄韓濊倭皆従取之諸市買皆用鉄如中国用銭又以供給二郡」（翻訳：国には鉄が出て、韓、濊、倭がみな、従ってこれを取っている。諸の市買ではみな中国が銭を用いるように、鉄を用いる。また 二郡（楽浪・帯方）にも供給している。）とある。

古い製鉄法に「たたら製鉄」がある。炉に空気を送り込むのに使われる鞴（ふいご）が「踏鞴（たたら）」と呼ばれていた。砂鉄や鉄鉱石を粘土製の炉で木炭を用いて比較的低温で還元して、純度の高い鉄を生産できる。4～5世紀に、大陸から鞴が伝来し、炉の火力が高められるようになると次第に炉は大型化し、鉄の生産量は増加していった。

『日本書紀』の神武天皇条に天皇の后は媛踏鞴五十鈴姫命（ひめたたらいすずのひめのみこと）と書かれている。この「踏鞴」は「踏みふいご」を指す。后は出雲の神、事代主命（ことしろぬしのみこと）の娘と言われている。出雲は鉄の主要産地である。初代天皇の后は「鉄」と関連があった。

2.4.2　大陸からの流入

弥生時代中期中頃になると鉄器は急速に普及する。稲作の生産性が上がり、低湿地の灌漑や排水が行われた。北部九州の墓から楽浪系の遺物（鏡、銭貨、鉄剣、鉄刀、刀子、銅製品など）が多数出土している。

朝鮮半島南部の三韓時代（1～5世紀）の製鉄遺構は、弁韓の地である洛東江（らくとうこう）流域及び辰韓の地である慶州の周辺で見つかっているが、年代的には現在の金海市周辺が最も古く、一帯の遺跡からは鉄挺の先行形態である「板状鉄斧」が出土している。板状鉄斧から鉄挺に移り変わったのは4世紀中頃とされる。

韓国最大の川である洛東江に接する金海市は、韓国最大の穀倉地帯で秋になると周辺一帯が実った稲穂で「金の海」の様に見えたことからその名がついたという。金海市の中心部に位置する鳳凰台付近、金官伽耶の中心地である。当時はその近くまで海岸線が入り込んでいたとみられる。鳳凰台遺跡は規模も大きく、防衛設備も発掘されている。金官伽耶の支配階級の集団住居址の可能性が高いといわれている。

金海市付近には金海良洞里遺跡、金海大成洞（だいてそんどん）遺跡、東莱福泉洞遺跡などがある。これらの遺跡の発掘調査の結果、狗邪韓国の都があった金海良洞里遺跡から日本系土器が出土した。北部九州のものが中心であったという。一方、金海大成洞遺跡から出土するものは近畿地方のものという。倭の交渉相手は、狗邪韓国時代は北部九州のクニで、金官伽耶時代になると近畿のクニに変わったということがわかる。

伽耶文化を特徴づける出土遺物は、陶質土器と鉄挺と呼ばれる延べ板をはじめとする特定鉄器などである。これらの遺物が金海地方の遺跡から大量に発掘されたことから金官伽耶の始まりは3世紀末頃といわれているが532年に新羅に破れてその歴史を終えた。

日本最古の鉄器は、石崎曲り田遺跡（福岡県糸島市二丈町）で見つかった。鍛造した板状鉄器（3 × 15cm、厚さ4mm）である。弥生時代最古の土器（夜臼（ゆうす）Ⅰ式段階）と同じ層から出土したとのことである。板状鉄斧の頭の部分と考えられている。紀元前4世紀頃のものという。糸島市の西端、邪馬台国時代の末盧国と伊都国の境界付近にある稲作開始時期の集落遺跡である。今宿バイパスの建設に伴い、1980年に福岡県教育委員会によって調査された。

紀元前3世紀のものでは、吉野ヶ里遺跡（佐賀県神埼市、吉野ヶ里町）から鉄斧、今川遺跡（福岡県福津市）から鉄鏃、斎藤山遺跡（熊本県玉名市）から鉄斧が出土した。この時期は北部九州と西部瀬戸内を中心に出土している。中国地方の日本海側、福井県に広がるのは紀元前後、東部瀬戸内、近畿に大量の鉄器が出土するのは3世紀である。紀元前4〜同1世紀頃の鉄器の主な出土状況を図表2.4.2－1に記す。

図表2.4.2－1　紀元前4〜同1世紀頃の鉄器の主な出土　(1/2)

通番	年代	遺跡名	所在地	出土品
1	紀元前4〜3世紀	石崎曲り田遺跡	福岡県糸島市二丈町	日本最古の板状鉄斧発見。1979年調査。竪穴住居30棟、支石墓1基、弥生時代前期の甕棺墓8基など発掘
2	紀元前3世紀	吉野ヶ里遺跡	佐賀県神埼市、吉野ヶ里町	鉄斧（Ⅴ区竪穴住居）、鉄鎌、ヤリガンナ、鋤先、摘み鎌等の農工具が大部分を占める。鉄剣や鉄鏃などの武器も出土
3		前田山遺跡	福岡県行橋市	袋状鉄斧
4		今川遺跡	福岡県福津市	鉄鏃
5		斎藤山遺跡	熊本県玉名市	鋳造鉄斧。急斜面の貝層から出土
6		下七見遺跡	山口県下関市	鉄塊
7		吉田遺跡	兵庫県神戸市	板状鉄製品1、棒状鉄製品3
8	紀元前3世紀〜紀元前1世紀	四箇（しか）船石遺跡	福岡県福岡市早良区	鉄鎌1・柄（SC09号住居跡）

(2/2)

通番	年代	遺跡名	所在地	出土品
9	紀元前2世紀	下稗田遺跡	福岡県行橋市	板状鉄斧2、鋳造鉄斧
10		一ノ口遺跡	福岡県小郡市	板状鉄斧2、鉄鎌1、不明鉄器4
11	紀元前2世紀	綾羅木郷(あやらぎごう)遺跡	山口県下関市綾羅木	環濠集落と思われる環濠や多数の貯蔵穴。その貯蔵穴から土器や石器、板状鉄斧、ノミ、やりがんな等出土。鋳型の材料となる硅砂を産出。1969年に国の史跡
12	紀元前2世紀前後～紀元前1世紀前後	扇谷遺跡	京都府京丹後市峰山町	近畿地方最古の板状鉄斧、鉄滓が周濠から出土。日本最古という高地性環濠集落跡。環濠は最大幅6m、最大深さ4mが二重、内濠延長850m。陶塤、菅玉、鉄製品、ガラス塊、紡錘車など。市指定史跡

出所：『国立歴史民俗博物館研究報告』（第185集、2014年、表1「弥生早～中期前半に比定されている鉄器の出土状況」［設楽2004］）、『弥生時代鉄器総覧』［川越2000］をもとに筆者編集

2.4.3　鉄鏡と銘文入り鉄剣

ダンワラ古墳（大分県日田市日高町）の石棺の中から鉄鏡の金銀錯嵌(きんぎんさくがん)珠竜文鉄鏡(しゅりゅうもんてっきょう)が1933年に出土した（図表2.4.3－1参照）。鉄鏡は後漢～三国時代のものといわれている。この鏡が出土した日田市は、東洋最大規模といわれた鯛生金山をはじめ15の金山があった。金の精製に必要な水銀は大分県内で採掘されていた（『豊後国風土記』（720～740年））。金銀を象嵌した鉄鏡は日本国内では他に出土していない（発見から調査まで30年経過）。

中国の三国時代の曹操（155～220年）の墓「曹操高陵」から出土（2009年）した鉄鏡（直径21cm）の発掘に携わった中国・河南省文物考古研究院の潘偉斌(ハンイヒン)は「金錯や銀錯が施される鏡は王宮関係に限られる。この鏡は国宝級の貴重なものであり、公式なルートで日本に伝わったと考えられる。邪馬台国の女王・卑弥呼がもらった銅鏡百枚の一枚である可能性が高い。倭人伝が「銅鏡」と表現したのは、鏡の総称として用い

たのだろう。そこに鉄鏡が含まれても不自然ではない」とする見解を明らかにした（『佐賀新聞ニュース』2020年1月3日）。

図表 2.4.3 － 1　ダンワラ古墳出土の鉄鏡

通番	項目	内容
1	出土地	大分県日田市日高町 東寺 ダンワラ古墳（竪穴式古式古墳） ※ 1933 年消滅
2	鉄鏡の大きさ	直径 21.3㎝、厚さ 2.5mm
3	材質	鉄（99%）
4	装飾	金（金 84%、銀 5%、水銀 11%）、銀（銀 97%、錫 2%、鉛 0.7%、銅 0.3%）、宝玉
5	文様	竜や多くの文様が約 0.4mm の細い金線で装飾。金、銀、石玉が象嵌。盤の外側は金のうずまき文様、蕨手文の縁
6	文字	中央部に金で「長宜●孫（●は欠落）」とある。「長宜子孫（ちょうぎしそん）」と推測。中国の秦・漢時代に流行、女性に対して使われた「子孫繁栄」を意味する

出所：フリー百科事典「ウィキペディア」をもとに筆者編集

銘文入りの鉄剣が九州から関東の各地で出土している（図表 2.4.3 － 2 参照）。江田船山古墳（熊本県玉名郡和水町（旧菊水町））出土の銀錯銘大刀の銘文は「ワカタケル大王（雄略天皇）の時代にムリテが典曹という文書を司る役所に仕えていた。八月に大鉄釜で丹念に作られためでたい大刀である。この刀を持つ者は、長寿であって、子孫まで栄えて治めることがうまくいく」。大刀を作ったのは伊太□（ワ）で、銘文を書いたのが張安である。また、1978 年に稲荷山古墳（埼玉県行田市）で出土した鉄剣に「治天下獲□□□鹵大王」と書かれてあり、獲加多支鹵大王（ワカタケル大王）と読むことが出来る。『宋書』倭国伝にある、倭王武の「自昔祖禰 躬擐甲冑 跋渉山川 不遑寧處 東征毛人五十五國 西服衆夷六十六國」（東は毛人を征すること五十五国、西は衆夷を服すること六十六国）との関係性が推測される。

石上神宮（奈良県天理市、ヤマト王権の武器庫）に七支刀（図表 2.4.3－2

の通番1を参照）が保管されている。表面に「泰□（判読不明）四年」とあり、これを「泰和」と読むと、東晋の年号「太和」（西暦366～371年）にあてる説がある。西暦369年に製作されたことになる。『日本書紀』の神功皇后摂政52年条に、百済から「七枝刀」が献上されたとある。干支二巡分（120年）繰り上げる説をとると372年（製作年の3年後）となり、これと符合する。『百済記』では「職麻那那加比跪」と表記され、369年に倭国の千熊長彦が新羅を伐った。この事蹟に対して百済肖古王が倭国に七支刀を贈った、とある。

図表2.4.3－2　鉄剣の出土状況　（1/2）

通番	年代	遺跡名 出土品	所在地	出土品銘文
1	369年 （泰和 （太和） 4年）	（伝） 石上神宮七支刀	奈良県 天理市	表面：泰□四年□月十六日丙午正陽造百錬□七支刀□辟百兵宜供供（異体字、尸二大）王□□□□作 <表面解読>泰始4年夏の中月なる5月、最も夏なる日の16日、火徳の旺んなる丙午の日の正午刻に、百度鍛えたる鋼の七支刀を造る。恭謹の徳ある侯王に栄えあれ、寿命を長くし大吉の福祥あらんこと 裏面：先世（異体字、口人）来未有此刀百済□世□奇生聖（異体字、音又は晋の上に点）故為（異体字、尸二大）王旨造□□□世 <裏面解読>先代以来未だ此（七支刀）のごとき刀はなかった。百済王世子は奇しくも生れながらにして聖徳があった。そこで倭王の為に嘗めて造った。後世に伝示せんかな
2	4世紀 後半頃 築造	東大寺 山古墳 鉄剣	奈良県 天理市	「中平□□　五月丙午　造作支刀　百練清剛　上応星宿　□□□□」 ※中平は霊帝治世184～189年の年号
3	5世紀 中葉	稲荷台 1号墳 鉄剣	千葉県 市原市	表面：「王賜□□敬□（安）」 裏面：「此廷□□□□」
4	471年 説（531 年説）	稲荷山 古墳 金象嵌 鉄剣	埼玉県 行田市	表面：辛亥年七月中記乎獲居臣上祖名意富比垝其児多加利足尼其児名弖已加利獲居其児名多加披次獲居其児名多沙鬼獲居其児名半弖比 裏面：其児名加差披余其児名乎獲居臣世々為杖刀人首奉事来至今獲加多支鹵大王寺在斯鬼宮時吾左治天下令作此百練利刀記吾奉事根原也

(2/2)

通番	年代	遺跡名 出土品	所在地	出土品銘文
5	5世紀 ～ 6世紀 初頭	江田船山古墳 銀錯銘大刀	熊本県 玉名郡 和水町	治天下獲□□□鹵大王世奉事典曹人名无利弖八月中用大鉄釜并四尺廷刀八十練九十振三寸上好刊刀服此刀者長寿子孫洋々得□恩也不失其所統作刀者名伊太和書者張安也
6	6世紀	岡田山 1号墳 鉄剣	島根県 松江市 大草町	「各田阝臣」の四字。額田部臣は出雲臣と同族であり、その地域の部民の管理者であったと考えられている
7	570年	元岡G 6号墳 大刀	福岡県 福岡市	「大歳庚寅正月六日庚寅日時作刀凡十二果□」 解読：570年1月6日、寅年、寅月、寅日、寅が3つ重なる縁起のよい日に12回（＝何度も）刀を叩き鍛えてすばらしい刀を作った。※正月は別名「建寅月」という
8	608年	箕谷2号墳 鉄剣	兵庫県 養父市 八鹿町	「戊辰年五月□」 「戊辰（ぼしん）年」は608年と推定

出所：フリー百科事典「ウィキペディア」をもとに筆者編集

2.4.4 鉄の加工

鉄の加工は鍛冶職人が行う。鍛冶の工程は「製錬→精錬鍛冶→鍛錬鍛冶」である。鍛冶炉が必要となる。

初期の鍛冶遺跡（鉄器工房）は北部九州、中国地方でかなりの数が出土している。赤井手遺跡（福岡県春日市）は1世紀のものと言われ、33号住居跡と5号土坑は鉄器生産に関連する遺構である。33号住居跡は平面長方形に近い竪穴式住居跡で、内部に掘られた穴の壁面には高熱をうけた焼痕があるとのことだ。

北部九州では、弥生時代中期中葉（紀元前1世紀）から後半（1世紀）にかけて鉄器が普及。近畿・中部地方は弥生時代後期後半（3世紀）に石器から鉄器への転換がほぼ完了したといわれている。鉄器の全国的な普及は地域差が大きい（図表2.4.4 － 1参照）。

図表 2.4.4 − 1　1 〜 3 世紀頃の鍛冶工房の主な出土

通番	年代	遺跡名	所在地	出土品
1	1 世紀	赤井手遺跡	福岡県春日市弥生7丁目	33 号住居跡は平面長方形に近い竪穴式住居跡で内部に掘られた穴の壁面には高熱をうけた焼痕。住居内から鉄素材、鉄鏃の未成品など出土。5 号土坑も鉄器生産遺構
2	2 〜 3 世紀	カラカミ遺跡	長崎県壱岐市勝本町	鉄の地上炉。一大（支）国の都の「原の辻遺跡」から 6km に位置。鉄製銛（もり）、釣針、鎌、鉄鏃（てつぞく）、槍鉋など出土。「周」の刻字のある弥生後期の土器片出土。国内最古級の漢字記載土器
3	2 〜 3 世紀	五斗長垣内遺跡（ごっさかいと）	兵庫県淡路市黒谷1395-3番地	全国最大規模の鉄器工房。巨大な鉄器鍛冶工房跡。23 棟の竪穴建物跡の 12 棟で鉄器製造。100 点以上の鉄製品、多数の石製鍛冶工具類など発見

出所：フリー百科事典「ウィキペディア」をもとに筆者編集

2.4.5　製鉄

鉄を製錬することを製鉄という。国内で製鉄が始まったのは、弥生時代後期後半（2 〜 3 世紀）といわれている。備後地方の小丸遺跡（広島県、1995 年発見）がそれだ。同時期と思われる博多遺跡群（福岡県）からも製鉄遺構が出ている。

5 世紀半ばでは大成遺跡（広島県）がある。大規模な鍛冶集団跡が見つかった。6 世紀前半ではカナクロ谷遺跡（広島県）、今佐屋山遺跡（島根県）が見つかった。6 世紀後半の遠所遺跡（京都府、丹後半島山間部）では多数の製鉄、鍛冶炉が形成されていた（図表 2.4.5 − 1 参照）。

図表 2.4.5 − 1　製鉄の遺跡　(1/2)

通番	年代	遺跡名	所在地	出土品
1	2 〜 3 世紀	小丸遺跡	広島県三原市八幡町	最古の製鉄遺構。日本のタタラ製鉄は 5 〜 6 世紀から始まるとされていたものを数百年早めた。1995 年出土
2	3 世紀後半	博多遺跡群	福岡県福岡市	専用羽口ー蒲鉾型羽口と鉄器。高温雰囲気加熱が出来る鍛冶炉を有する

(2/2)

通番	年代	遺跡名	所在地	出土品
3	5 世紀半ば	大成遺跡	広島県庄原市三日市町大成	大規模鍛冶集団。鉄滓、鞴羽口、鉄斧、砥石など出土。5 世紀中葉の段階で精錬鍛冶が行われていた。1987 年 6 月～ 12 月調査
4	5 世紀末～6 世紀末	遠所（えんじょ）遺跡	京都府京丹後市	国内最古の砂鉄原料のたたら式製鉄炉跡。コンビナート形成。製鉄炉 8 基、鍛冶炉 12 基、炭窯 198 基など。1989 年発掘調査
5	6 世紀	カナクロ谷製鉄遺跡	広島県世羅町	製鉄遺跡、 2 基の製鉄炉。1973 年、鉄滓（てつさい）出土
6	6 世紀前半または 6 世紀後半	今佐屋山遺跡	島根県邑智郡邑南町市木 6420-10	砂鉄系箱形炉の製鉄遺跡。丘陵地斜面部の苫地長さ 6m、幅 2.5m の中央部に 45cm 四方の焼け土部に正方形状の箱形炉 1 基。隣接して竪穴式住居跡三棟が出土。1989 年発見
7	6 世紀中頃	千引カナクロ谷遺跡	岡山県総社市奥坂	原料は鉄鉱石。箱形炉。鉄溶解炉 4 基、炭焼窯 2 基を発見

出所：『国立歴史民俗博物館研究報告』（第 185 集、2014 年、表 1 「弥生早～中期前半に比定されている鉄器の出土状況」［設楽 2004］）、『弥生時代鉄器総覧』［川越 2000］ より筆者編集

2.5　書物

弥生・古墳時代を知るには、先人が書き残した関連書物を読むことが初めの第一歩である。現存する日本の最も古い書物は、『古事記』、『日本書紀』といわれている。しかし、『古事記』は 712 年、『日本書紀』は 720 年に編纂されたものである。散逸してしまったが、620 年編纂の『天皇記』、681 年編纂の『帝紀』が存在していたことは知られている。

最近、「木簡」が注目されている。先人が書き残した「書物」といってもよい。遺跡から多くの木簡が出土している。これからも新事実に繋がる木簡が発掘されるに違いない。

弥生時代に西日本で広く文字が使われていた可能性を示す遺物の発見が相次いでいる。福岡県など各地で硯の可能性がある石製品が次々と出

土しているのに加え、文字のような痕跡がある土器や石製品も見つかっている。研究者の見解が分かれる資料もあるが、弥生時代中期後半か、さらにそれ以前から日本でも外交や交易で文字が使われていたという見方が強まっている。

2.5.1　硯

弥生時代の硯が注目されている。九州では2016年、三雲・井原遺跡（福岡県糸島市）で硯とみられる板石が見つかった。2019年2月、柳田康雄（国学院大学客員教授）により、潤地頭給（うるうじとうきゅう）遺跡（福岡県糸島市）と中原遺跡（佐賀県唐津市）で、硯の未製品や石鋸（いしのこ）が確認された。東小田峯（ひがしおだみね）遺跡（福岡県筑前町）では、弥生中期後半（紀元前1世紀後半）の墨をすりつぶす研石（けんせき）の未製品を見つけた。2020年にも柳田教授は下稗田遺跡（福岡県行橋市）で弥生時代中期前半（紀元前2世紀）とする硯も発見したという。北部九州の人々は文字を使い、中国と直接交渉していたと推定できる。入れ墨や絵画に使われたという説もある。

2001年、西谷正（九州大学名誉教授）らが、弥生時代前期末～中期後半の田和山遺跡（島根県松江市、2022年3月に神後田遺跡が追加指定され現名称は「田和山・神後田遺跡」）で出土（1997年）した石製品の破片を「硯ではないか」と指摘された。その後、2020年に同石の表面に黒い線があり国内最古の文字の可能性が高いと発表された（福岡市埋蔵文化財センター 久住猛雄ほか）。松江市は奈良県立橿原考古学研究所に調査を依頼。2022年9月に分析（ラマン分光分析）結果が発表され「油性ペンのインク」と結論づけた。それを受けて、松江市埋蔵文化財調査課では「出土品の識別情報を書いた紙のインクがうつった可能性がある」と発表した。すでに、2022年7月に橿原考古学研究所の岡見知紀主任研究員は、田和山遺跡、比恵遺跡群（福岡市博多区博多駅南）、西新町遺跡（福岡市早良区）で出土した硯とされる板石に付いた黒い物質を調査、すすの粒は確認できず墨ではないと断定していた。

中国の前漢～後漢時代（紀元前 206 ～紀元 220 年）、朝鮮半島の楽浪郡（紀元前 108 ～紀元 313 年）の遺跡では、薄い板石を木製の台にはめた硯が墓の副葬品などとして出土している。

2.5.2 木簡

木簡（文字を書いた木片）の特徴の一つは、削って書き直したり再利用したりすることができるという点である。そのため当時の文具には筆、墨、硯に加えて小刀が含まれていた。書き直しが容易ということは、反面、改竄の痕跡が残りにくいということでもあった。木簡は紙の普及によってその使命を終える。

1988 ～ 1989 年にかけて平城京跡で「長屋王家木簡」及び「二条大路木簡」が大量に発見された。出土点数は両者あわせて 10 万点を超え、それまでに全国で出土した木簡の点数に匹敵するものであった。2018 年現在、木簡の出土は 38 万点を超える。

『日本書紀』のなかにある「大化改新詔」（646 年）に記述されている「郡司」は後世の役職との説があったが、1966 年以降に発見された藤原宮出土の荷札木簡によって、701 年の大宝律令制定により、行政単位の「こおり」の表記は「評」から「郡」に変わったことが確認された。福岡市西区の九州大学移転用地内の元岡・桑原遺跡群の発掘調査で、「大寶（宝）元年」（701 年）の木簡が出土した。年号が記載されたものとしては国内最古である。

また、韓国では南部の咸安の城山山城（新羅の山城）から大量の荷札木簡が出土した。日本で出土する木簡ときわめてよく似ている。

木簡年代別出土数一覧を図表 2.5.2 － 1 に、木簡の主な出土一覧を図表 2.5.2 － 2 に記す。

今後は古墳時代の遺跡でも木簡が見つかる可能性がある。

図表 2.5.2 － 1　木簡年代別出土数一覧

項番	年代	出土数	備考
1	平城京遷都以前（～ 708 年）	4 万 5 千点	付札（つけふだ）や帳簿が中心
2	平城京（710 ～ 784 年）	30 万点	荷札や文書が増え、文書から生じる削屑が多くなる
3	長岡京（784 ～ 794 年）	9,800 点以上	
4	平安京（794 年～）	4 千～ 5 千点	荷札、削屑の出土減る

出所：奈良文化財研究所等

図表 2.5.2 － 2　木簡の主な出土一覧

(1/2)

項番	遺跡名	所在地	年代	概要
1	山田寺跡	奈良県桜井市	641 年以前	日本最古級の木簡、習書木簡の削屑
2	難波宮跡	大阪府大阪市中央区	戊申年（648 年）	年代を記した最古の木簡
3	難波宮跡	大阪府大阪市中央区	640 ～ 650 年と推定（造営（完成652年））	万葉仮名の和歌「皮留久佐乃皮斯（はるくさのはじ）米之刀斯（めのとし）」書かれる
4	三条九ノ坪遺跡	兵庫県芦屋市	壬子年（652 年）	壬子年と記した木簡
5	飛鳥京跡苑池遺構	奈良県高市郡明日香村岡	丙寅年（666 年）	確実な日本最古の木簡
6	国分松本遺跡	福岡県太宰府市	685 ～ 701 年と推定	行政単位の「嶋評」や冠位を表す「進大弐」、名前は「建部身麻呂」他 16 人分。他に身分など戸籍の内容を記録（日本最古）
7	元岡・桑原遺跡群	福岡市西区	7 ～ 8 世紀	「里長」（7 次出土）
8	井相田 C 遺跡	福岡市博多区	8 世紀	「月十四」・「十六日」・「押勝」（2 次出土）

(2/2)

項番	遺跡名	所在地	年代	概要
9	鴻臚館跡	福岡市中央区	8 世紀	「天寒」(5 次出土)
10	元岡・桑原遺跡群	福岡市西区	8 世紀	「計帳」「嶋郡赤敷里」「大宝元年」「建部根足」「道塞」「献上」「登志郷」(20 次出土)
11	下月隈C 7 次遺跡	福岡市博多区	8 世紀	「皇后宮職」
12	金武青木A遺跡	福岡市西区	8 世紀	「物部嶋足」「公浄足」「月七日」「足」「七月十九日」「延暦十年」

出所：項番 6 ～ 12 は福岡市埋蔵文化財センター蔵、他はフリー百科事典「ウィキペディア」をもとに筆者編集

2.5.3　六国史と散逸した書物

日本の正史といわれるものは、六国史（『日本書紀』・『続日本紀』・『日本後紀』・『続日本後紀』・『日本文徳天皇実録』・『日本三代実録』）である。それ以前の書物に、散逸した『天皇記』、『帝紀』、『上宮記』がある。

現存する日本最古の歴史書は『古事記』である。図表 2.5.3 － 1 参照。

図表 2.5.3 － 1　日本の主な古書一覧

(1/2)

項番	書名	編纂時期	撰者・編纂者等
1	天皇記	推古天皇 28 年 (620 年)	聖徳太子と蘇我馬子が編纂したとされる歴史書。『日本書紀』の推古 28 年是歳条に「皇太子・嶋大臣共に議りて『天皇記』及び『国記』、臣連伴造国造百八十部併せて公民等の本記を録す」とある
2	帝紀	天武天皇 10 年 (681 年)	天智天皇 2 子の川島皇子と忍壁皇子が勅命により編纂し皇室の系譜の伝承を記した。天武天皇が稗田阿礼に暗誦させたといい、のちに記紀の基本史料となったという
3	上宮記	7 世紀頃	『日本書紀』や『古事記』よりも成立が古い。鎌倉時代後期まで伝存していたがその後は散逸し『釈日本紀』・『聖徳太子平氏伝雑勘文』に逸文を残すのみ
4	古事記	和銅 5 年 (712 年)	日本最古の歴史書。天武天皇の命で稗田阿礼が「誦習」していた帝皇日継（天皇の系譜）と先代旧辞（伝承）を太朝臣安萬侶（おほのあそみやすまろ）が編纂。元明天皇に献上された。『古事記』の原本は現存せず幾つかの写本が伝わる

(2/2)

項番	書名	編纂時期	撰者・編纂者等
5	日本書紀	養老4年（720年）	日本に伝存する最古の正史。681年編纂開始。舎人親王らの撰。藤原不比等の影響大。神代から持統天皇の時代までを扱う。漢文・編年体をとる。全30巻。系図1巻が付属したが失われた。書紀「応神紀」と「三国史記」とが干支で記述された年月と事績との対比から、実年代とは干支2周分（120年）ずれて一致することを本居宣長、那珂通世らが指摘。神功皇后を中国史に現れる卑弥呼に比定するためか
6	続日本紀	延暦16年（797年）	勅撰史書、菅野真道らが作成。六国史の第二書。文武天皇元年（697年）から桓武天皇の延暦10年（791年）まで95年間の歴史を扱い、全40巻から成る。奈良時代の基本史料。編年体、漢文表記

出所：フリー百科事典「ウィキペディア」をもとに筆者編集

2.5.4 『日本書紀』に記述されている「魏志倭人伝」

『日本書紀』の神功皇后紀に「魏志倭人伝」が引用されている。「卅九年、是年也太歳己未。魏志云「明帝景初三年六月、倭女王、遣大夫難斗米等、詣郡、求詣天子朝獻。太守鄧夏、遣吏將送詣京都也」」。「明帝景初三年六月…朝献」と記載。倭人伝の紹興版は「景初二年六月…朝献」である。景初2年は魏が遼東半島の公孫氏と戦い楽浪・帯方を接収した。戦争が終わった景初3年に朝献するのが妥当。『日本書紀』の方が正しい。また、「卌年。魏志云「正始元年、遣建忠校尉梯携等、奉詔書印綬、詣倭國也」」。「卌三年。魏志云「正始四年、倭王復遣使大夫伊聲者掖耶約等八人上獻」」の記述もある。

さらに、「六十六年。是年、晉武帝泰初二年。晉起居注云「武帝泰初二年十月、倭女王遣重譯貢獻」」とある。これは、六十六年に、晋の起居注の泰初（書紀編者の誤記。正しくは泰始）2年（266年）の記事の引用であり、「倭の女王」が貢献したとある。倭人伝では「台与」である。

神功皇后は、「六十九年夏四月辛酉朔丁丑、皇太后崩於稚櫻宮。時年一百歳。冬十月戊午朔壬申、葬狹城盾列陵。是日、追尊皇太后、曰氣長足姫尊。是年也、太歳己丑」とあり、269年に100歳で亡くなったとある。

◎コラム２　酒

「魏志倭人伝」の 44 行目に「喪主哭泣他人就歌舞飲酒（喪主は哭泣し、他の人は「歌舞飲酒」する)、同 53 行目に「人性嗜酒（人の性、酒を嗜む)」とあり、この時代（200 ～ 250 年頃）には日本列島の人はお酒を飲んでいたのがわかる。

国内での酒造りは稲作とともに始まった。酒はどのように作られてきたか。初めは土器の甕に入れていた米が雨水と空気中の菌等が混ざり合い、自然発生的に出来たといわれる。その後、口の中に米の飯を入れ、噛んで酒船や壺にはき出し、米や雑穀のでんぷんを糖化して発酵させたという。酒を醸造することを「醸す（かもす）」というが、その「醸む（かむ）」と「噛む（かむ）」は同音である。口で噛む役目は、若い女性が選ばれる。古代の「母長家族制」のもとでは、一家の長は女性であり、子育て、食料の管理、配分、祭りの日の酒造りなどは全て女性の役目。だから結婚も男が妻の家に通うという形をとっていた。お酒を造る現場監督のことを「杜氏」というが、この杜氏という言葉は刀自（とじ）という言葉からきている。刀自とは老母、主婦、年長けた夫人という意味。 女将さんを「おかみさん」というが、その語源に「噛み」という説もある。

5 世紀頃、渡来人の中に須須許理（すすこり）（醸造技術者）がいて、酒糀（さけこうじ）（「糀」は日本で作られた国字、米にコウジカビが「花が咲くように生える様子」から生まれた漢字）を使った新たな醸造技術が導入された。味酒（うましさけ）が造れるようになり、今の日本酒造りの原形（①精米、②吸水、③蒸し、④麹づくり、⑤発酵、⑥絞り、の順）ができたといわれている。この作り方は昔も今も変わらない。

諸国『正税帳』(730 年）には、古酒（ふるさけ）、浄酒（すみざけ）、濁酒（にごれるさけ、どぶろく)、白酒（しろさけ）、辛酒（からざけ）が、『万葉集』(752 年）に黒酒（くろき）、白酒（しろき）などの名が見え、酒の種類が増えていく。古文書に書かれている「酒」に関する主な記述について、図表コラム２－１に記す。

「日本酒の日」は 10 月 1 日である。十二支の 10 番目は「酉」である。酉の字は壺の形を表す象形文字で、実は酒を意味している。新穀が実る月は古くから 10 月といわれている。酒造家の中では今でも 10 月 1 日を「酒の元旦」として祝う風習が残っている。酒造年度は明治の酒税法創設以来 10 月～ 9 月である。

日本酒発祥の地は、インターネットで調べると９ヵ所ある。日向の「都萬（つま）神社」、出雲の「佐香（さか）神社」、大和の「大神（おおみわ）神社」などである。主な発祥地を図表コラム２－２に記す。

図表 コラム２－１　古文書の「酒」に関する主な記述

通番	書名	年代	概要
1	魏志倭人伝	200～250 年頃	「酒を嗜む」、「喪に当たって弔問客が「歌舞飲酒」をする風習がある」
2	日本書紀	神代	素戔嗚尊（すさのおのみこと）が八岐大蛇（やまたのおろち）を退治するために造った「八醞酒（やしおおりのさけ）」（八度醸す酒、毒酒（あしきさけ）とも）
3	日本書紀	神武天皇	壬生の川に御神酒甕（おみきかめ）を沈めて国の平定を占った
4	日本書紀	景行天皇	「醇酒（じゅんしゅ）」（濃厚な濁酒）を沢山飲ませ熊襲タケルを殺した
5	日本書紀	仲哀天皇	船上で食事をし、皇后が鯛に酒を注いだ。鯛が酒に酔って浮かび漁人は魚を得て喜んだ
6	日本書紀	応神天皇	国樔人（くずびと）（奈良県中部吉野郡の人）が天皇に醴酒（れいしゅ）（甘酒）を奉る
7	大隅国風土記	713 年頃	口嚼（くちかみ）の酒。男女が水と米を用意して生米を噛んでは容器に吐き戻し、一晩以上の時間をおいて酒の香りがし始めたら全員で飲む
8	常陸国風土記	715 年	久茲の味酒（あじさけ）
9	播磨国風土記	716 年頃	携行食の干し飯が水に濡れてカビが生えたので、それを用いて酒を造らせた

出所：日本酒造組合中央会の日本酒歴史年表

図表 コラム２－２　日本酒の主な発祥地　(1/2)

通番	日本酒の発祥地	所在地	時代区分・年代	概略
1	都萬（つま）神社	宮崎県西都市大字妻１	弥生時代	『日本書紀』に祭神の木花咲耶姫命が３人の子を産んだ時、母乳がわりに甘酒で育てたとの伝説。酒元という集落が近くにある。米をもとに造った酒の日本最古

(2/2)

通番	日本酒の発祥地	所在地	時代区分・年代	概略
2	佐香(さか)(佐加)社	島根県平田市小境町108	弥生時代	『出雲国風土記』に佐香の河内に百八十神等集い坐して、御厨立て給いて、酒を醸させ給いき。即ち百八十日喜讌して解散坐しき。故、佐香という。祭神は久斯之神(くすのかみ)。松尾神社ともいう
3	大神神社(おおみわ)	奈良県桜井市三輪1422	弥生時代	ヤマト王権の神事に用いられる酒を醸す役割を担う。神に供える酒という意味の「神酒」は「ミキ」、「ミワ」と呼ぶ。ミワは三輪山のこと。酒蔵の軒先に新酒が造られた合図として掲げられる「酒林」は三輪山の杉の葉でつくる
4	松尾大社	京都府京都市西京区嵐山宮町3	300～400年頃	祭神は大山咋神。全国に20以上ある松尾神社の総本山。秦氏が大山咋神のご神威を仰ぎこの地の開拓を行った。「日本第一醸造祖神」。「お酒の資料館」が有る
5	酒垂神社	兵庫県豊岡市法花寺725	白鳳3年(675年)	この地を治めていた郡司・物部韓国連久々比命が贄田(神供用の稲を穫る田)に酒所を定め、そこに酒解子神ら三柱の酒造神を祀って醸酒し、これを祖神に供えて五穀豊穣を祈願
6	庭田神社	兵庫県宍粟市一宮町能倉1286	700年頃	『播磨国風土記』に「神様にお供えしたご飯にカビが生えてきたのでそれでお酒を作って神様に献上し宴を行った」と記載
7	梅宮大社	京都府京都市右京区梅津フケノ川町	奈良時代(伝承)	酒造の守護神「酒解神(さけとけのかみ)」を祀る。酒解神は「大山祇神」のこと。木花咲耶姫命が「彦火々出見尊」を出産した際に酒を造って祝った
8	正暦寺	奈良県奈良市菩提山町157	15世紀半ば	「日本清酒発祥之地」の碑がある。15世紀半ば、醸造した清酒「菩提泉(ぼだいせん)」を販売した記録が残る。2000年10月建立

出所：フリー百科事典「ウィキペディア」をもとに筆者編集

同姓の縁があり小澤酒造（東京都青梅市、設立：元禄15年（1702年））を2010年8月に訪問した。酒造りの歴史を教わった。ブランド名は「澤乃井」。純米酒を中心に機会ある毎に飲んでいる。

3．朝鮮半島と中国と東アジアを知る

日本列島の北西側には、朝鮮半島があり、その半島はアジア大陸に含まれる。アジア大陸で最も古い国家といわれる中国は日本列島との関係が大変に深い。

縄文時代の日本列島は、生活する小集団が広く分散していたため大きな争いはなかったと思われる。弥生時代に入ると、中国、朝鮮半島から未開のユートピアを目指して何度となく集団で渡来してきた。渡来人は、稲作、鉄、織物などを携え、在来人を驚かせた。東アジアの台湾、ベトナム、タイも中国との関連が深かった。

朝鮮半島、中国、東アジア（台湾、ベトナム、タイを対象）についての古代に関する書物、出土品などを見てみたい。

3.1　朝鮮半島

朝鮮半島はユーラシア大陸の東端に位置し、東西約350km、南北約1,000kmで、「三千里半島（朝鮮の1里は約400m、よって約1,200km）」といわれ、それが国土領域を表す愛称となった。

東側を日本海、西側を黄海、南側は対馬海峡西水道（朝鮮海峡）である。今、北端は中華人民共和国及びロシア連邦と接する。西海岸と南海岸に3,300の島嶼（とうしょ）がある。

3.1.1　朝鮮の古代史概観

『三国志』の魏志韓伝には「韓は帯方郡の南にあり、東西は海で限られ、南は倭と境を接して、広さは縦横四千里ばかり。馬韓、辰韓、弁韓の種族がいた。」とある。3世紀頃の朝鮮半島は、西北部は中国の漢や魏などの郡が置かれた。この頃、朝鮮半島の国は8ヵ国あったという（図表3.1.1 − 1参照）。

北部・東北部には夫余系民族、南部には韓人と倭人がいた。4世紀頃に北部で高句麗が興り夫余族の高句麗人が、南西部に百済が興り夫余族と韓族が、南東部に新羅と伽耶が興り韓族の新羅人と伽耶人がいた。朝鮮半島は4世紀末になると、高句麗、百済、新羅、伽耶の4ヵ国になった（図表3.1.1 − 2、図表3.1.1 − 3参照）。

歴史推移を知るために韓国古代の年表を図表3.1.1 − 4に記す。

図表3.1.1 − 1　朝鮮半島の国（2～3世紀頃）

(1/2)

通番	国名	位置	戸数	概　要
1	夫余（ふよ）	長城の北、玄菟郡から一千里、南は高句麗、東は挹婁、西は鮮卑と接す	八万戸	宮室・倉庫・牢獄など建築物がある。山や丘が多く、湿地が広がる。五穀を植えるのに適す。五果(桃・李・杏・栗・棗)は成長せず。人は大柄で勇猛であり、つつしみ深く、誠実な性格で他国への侵入略奪は行わない。領域二千里
2	高句麗（こうくり）	遼東郡の東一千里、南は朝鮮・濊貊、東は沃沮、北は夫余と接す	三万戸	高山や峡谷が多く、平原や沢地はない。山や谷の地形を利用して住居を構え、谷川の水で生活をする。丸都（がんと）山のふもとに都を置き領域二千里
3	東沃沮（ひがしよくそ）	高句麗の東、北は挹婁・夫余、南は濊貊と接す	五千戸	統一的な主君はなく、代々邑落ごとにそれぞれ首領がいる。その言葉は高句麗とほぼ同じ。地形は東北がせばまり、西南にひらけ領域千里
4	挹婁（ゆうろう）	夫余の東北千余里、大海に面し南は北沃沮と接す	―	土地は険しく山地が多い。人々の形貌は夫余に似ているが言葉は夫余や高句麗と違う。五穀や牛・馬・麻布などを産す
5	濊（わい）	南は辰韓と、北は高句麗・沃沮と接し、東は大海の岸	二万戸	箕子が来て八条の教えを定めた。漢代以来、候邑君、三老という官がいる。高句麗と同種族。正始6年(245年)楽浪太守の劉茂と帯方太守の弓遵は領東の濊を攻撃

(2/2)

通番	国名	位置	戸数	概　要
6	馬韓 (後の百済)	三韓のうち西部に位置	十万余戸	穀物を植え養蚕を知り綿や布を作る。月支国（辰王、宮廷置く）、爰襄国、牟水国、桑外国、小石索国、大石索国、優休牟涿国、臣濆沽国、伯済国、速盧不斯国など五十余国。大きな国は一万余家、小さな国で数千家
7	辰韓 (後の新羅)	馬韓の東方に位置	辰韓、弁辰と合わせて四、五万戸	秦の難民に馬韓がその東部の土地を割いて与えた。秦の言葉と似た点がある。もと六国、後に十二国
8	弁韓、弁辰 (後の伽耶)	馬韓の南方に位置		十二国からなり、それぞれ王がいる。瀆盧（とくろ）国は倭と境界を接している

出所：『正史　三国志４　烏丸鮮卑東夷伝　魏書Ⅳ』（ちくま学芸文庫、p442 ～ 467）

図表 3.1.1 － 2　朝鮮半島（4 世紀末頃）

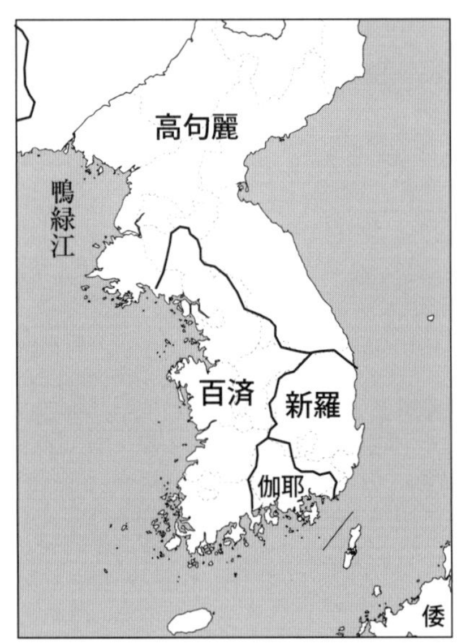

出所：フリー百科事典「ウィキペディア」をもとに筆者作成

図表 3.1.1 － 3　朝鮮半島の国（4 世紀末頃）

通番	国名	存続期間	概　要
1	高句麗（こうくり）	BC37 ～ 668	391 年に即位した広開土王（好太王、在位：391 ～ 412 年）の功績は高く広開土王碑に記されている。395 年に北西の稗麗を侵攻、396 年に百済を攻め、百済王を臣従させ 58 城邑 700 村を奪った。398 年に東北の粛慎を侵攻、朝貢させた。誓約を破って倭と和通した百済を再度攻撃、平壌を攻めた
2	百済（くだら）（はくさい）	BC18 ～ 660	馬韓のなかの伯済国を母体として漢城（今のソウル）を中心に成立。第 17 代の阿莘王（あしんおう）(生年不詳～ 405 年) の在位は 392 ～ 405 年。『三国史記』百済本紀・阿莘王紀の分注には別名の阿芳王が伝えられ、『日本書紀』では阿花王（あくえおう）と記載（『日本書紀』応神天皇 3 年（272 年）是歳条。120 年の誤差がある）
3	新羅（しらぎ）（しんら、しるら）(統一新羅含む)	BC57 ～ 892	辰韓 12 国のうち「斯盧（しろ）」(さろ) が発展した。503 年「新羅」国号 (記録は 4 世紀の第 17 代奈勿王から)。『万葉集』で「新羅奇」、『出雲風土記』で「志羅紀」と表記。『三国史記』「新羅本紀」に建国初期から度々倭人侵入、戦い繰り返すと記録。2011 年に発見された「職貢図新羅題記」に「或屬倭（或る時は倭に属していた）」とある
4	伽耶（かや）	42 ～ 562	加羅（から）、加羅諸国（からしょこく）ともいう。414 年に高句麗が建立した広開土王碑文にある「任那加羅」が史料初見。朝鮮半島の中南部の洛東江流域を中心として散在した小国家群

出所：フリー百科事典「ウィキペディア」をもとに筆者編集

図表 3.1.1 － 4　朝鮮半島の古代年表（～ 503）

(1/3)

西　暦	内　容
BC 2333	檀君が建国したとされている。いわゆる檀君紀元
BC 11 世紀	殷が滅ぶ。箕子が朝鮮国を建国したとされる時期
BC 3 世紀	燕が遼東方面に進出
BC 195	衛満が朝鮮国を建国
BC 128	漢、蒼海都を設置（BC126 に廃止）
BC 109	漢の武帝が朝鮮国を攻撃
BC 108	朝鮮国滅ぶ。漢が楽浪・臨屯・真番 3 郡を設置

(2/3)

西　暦	内　容
BC 107	漢、玄菟郡を設置
BC 82	漢、臨屯・真番 2 郡を廃止し、一部の県を玄菟・楽浪郡に移管
BC 75	漢、玄菟郡を後退させる（第 2 玄菟郡）。先端を楽浪郡に移管
BC 57	新羅、伝説上の建国
BC 37	高句麗、伝説上の建国
BC 18	百済、伝説上の建国、温祚が百済建国
5	漢城（現、ソウル）に都を置く
12	漢の王莽、高句麗王を殺し、国号を下句麗と改める
28	百済、多婁王 (在位 :28 ～ 77)
30	後漢、楽浪郡東部都尉を廃止。濊(わい)族邑落首長を県侯に楽浪郡で王調らが反乱
77	百済、己婁王 (在位 :77 ～ 128)
105	後漢、玄菟郡をさらに西方に移す（第 3 玄菟郡）
105	このころ、高句麗、沃沮・濊(わい)を支配下に置く
128	百済、蓋婁王 (在位 :128 ～ 166)、肖古王 (在位 :166 ～ 214)
204	このころ、公孫氏、楽浪郡から帯方郡を分置す
209	このころ、高句麗、国内へ遷都す
214	百済、仇首王 (在位 :214 ～ 234)
234	百済、古爾王 (在位 :234 ～ 286)
238	魏、楽浪郡・帯方郡を獲得
244	魏、高句麗王都へ侵攻
246	韓の数十国、帯方郡に対して決起、太守を戦死させる
260	百済、16 官等、公服を制定
262	百済、律令を頒布
286	百済、責稽王 (在位 :286 ～ 298)、汾西王 (在位 :298 ～ 304)
304	百済、比流王 (在位 :304 ～ 344)
313 ～ 314	慕容氏、楽浪郡を遼東方面に僑置す。楽浪郡、帯方郡の機能失う
343	慕容氏、高句麗王都へ侵攻
344	百済、契王 (在位 :344 ～ 346)、近肖古王即位 (在位 :346 ～ 375)
369	高句麗、百済を攻め、雉壌の戦いで敗北。百済、王世子、倭へ遣使。七支刀を贈る (372 年説あり)
371	百済、高句麗の平壌城を攻め、高句麗故国原王死す

(3/3)

西　暦	内　容
372	高句麗に仏教が伝わる（小獣林王の時代に前秦から伝来）。百済、東晋に遣使。百済王余句（近肖古王）鎮東将軍領楽浪太守
375	肖門寺・伊弗蘭寺など建立
377	新羅、高句麗とともに前秦に遣使する
384	百済、枕流王 (在位 :384 ～ 385) 、百済に東晋から高僧の摩羅難陀が仏教伝える
391	高句麗、広開土王即位
392	阿莘王（阿華王）が仏教を信仰せよの命を国内に布告
396	高句麗の広開土王、百済を討つ
400	高句麗、新羅の倭の兵を金官国まで追撃する
404	高句麗の広開土王、倭と海で戦う
410	高句麗、東夫餘を攻撃。領土化
414	高句麗、広開土王碑を建てる
427	高句麗、平壌へ遷都する
475	高句麗、百済の首都・漢城を攻め落とし、蓋鹵王を殺す。百済、熊津で再興する。百済、熊津城に遷都
479	大伽耶、南斉に遣使する
503	新羅、正式な国号とす

出所：フリー百科事典「ウィキペディア」をもとに筆者編集

3.1.2　『三国志』「魏志東夷伝」韓伝

「韓伝」の冒頭には、「韓在帯方之南 東西以海爲限 南與倭接 方可四千里」（翻訳：韓は帯方の南に在り。東西は海をもって限りとなし、南は倭と接する。方4千里ばかり）とある。

3.1.3　好太王（広開土王）碑

好太王（こうたいおう）（374 ～ 412年）は、高句麗の第19代の王（在位：391 ～ 412年）。姓は高、諱は談徳（だんとく）（タムドク）。領土を大きく拡大、高句麗を中興した。好太王碑文によれば正式な諡は「國岡上廣開土境平安好太王」といい、韓国では広開土王または広開土大王と呼ばれる。在位中に「永楽」年号を使用したので永楽大王とも呼ばれる。

好太王碑は1880年に、現在の中国吉林省通化市集安市で発見された。碑文に甲寅年九月廿九日乙酉（414年10月29日）に好太王の功績を称えるため、子の長寿王が建立したとある。石碑は高さ約6.3m、幅約1.5mの角柱状で、その四面に約1,800文字が漢文で刻まれている。うち約200字は風化等で判読不能である。発見の翌年に関月山によって拓本が作成された。付近にある将軍塚・太王陵は王の墓地に比定されている。

資料の乏しい4世紀に半島での倭の動向を記した貴重な資料である。碑文には、強国であった「倭」を打ち破った高句麗国の広開土王の武勲について詳しく記述している。ヤマト王権は朝鮮半島に進出していたことがわかる。図表3.1.3－1に倭に関係する碑文を掲げる。

なお、碑文では好太王の即位を辛卯年（391年）とするなど、干支年が後世の文献資料（『三国史』『三国遺事』では壬辰年（392年）とする）の紀年との間に1年のずれがある。また、『三国史』の新羅紀では、「実聖王元年（402年）に倭国と通好す。奈勿王子未斯欣を質となす」と新羅が倭へ人質を送った記録があり碑文の内容とほぼ一致する。

1884年1月、日本陸軍砲兵大尉の酒匂景信は好太王碑の拓本を持ち帰った（「酒匂本」）。1963年、北朝鮮内で碑文の改竄論争が起き、同国の調査団が現地で調査を実施した結果、改竄とは言えないという結論を出した。また、2005年、酒匂本以前に作成された墨本が中国で発見され、その内容は酒匂本と同一であった。

図表3.1.3－1　好太王碑の倭に関係する碑文

(1/2)

西　暦	内　容
391年	倭が百残(百済の蔑称)と新羅を「臣民」とした
396年	広開土王みずから倭の「臣民」となった百残を討った
397年	百済の阿莘王は王子腆支を人質として倭に送り通好する

(2/2)

西　暦	内　容
399年	百済は先年の誓いを破って倭と和通。そこで王は百済を討つため平壌に出向いた。そのとき新羅からの使いが「多くの倭人が新羅に侵入し、王を倭の臣下としたので高句麗王の救援をお願いしたい」と願い出たので大王は救援することにした
400年	5万の兵を派遣して新羅を救援。新羅王都に多くいた倭軍が退却、これを追って任那・加羅に迫った。ところが安羅軍などが逆をついて新羅の王都を占領した
402年	新羅は奈勿尼師今の王子、未斯欣を人質として倭に送り国交を結んだ
404年	倭の水軍が帯方地方（現在の黄海道地方）に侵入、これを討って大敗させた

出所：フリー百科事典「ウィキペディア」をもとに筆者編集

3.1.4　中原高句麗碑と集安高句麗碑

（1）中原高句麗碑（ちゅうげんこうくり）

1978年に大韓民国忠清北道中原郡（現在の忠州市。1995年改称）中央塔面龍田里で中原高句麗碑が発見された。1979年に5世紀前半の高句麗の碑石であることが判明、後に韓国の国宝第205号に指定された。高さ2.03m、幅0.55mの石柱で四面に刻字されたもの。高句麗が征服した新羅人に読ませるため新羅語の表記になっている。文面には「高句麗王と新羅寐錦（王）は高句麗王を兄とする兄弟とし、高句麗が新羅領内で人夫を徴発した」と書かれている。

（2）集安高句麗碑

2012年に中国吉林省で「集安高句麗碑」が発見された。広開土大王（374～412年）の時期に建てられたものである。この碑は広開土大王が父親の故国壌王（？～391年）の墓の千秋塚に建てたもの。広開土大王の子の長寿王（394～491年）が建てた広開土大王碑より建立年が早い。碑石に刻まれた218字の中で判読した文字は156字。祖先王のために石碑を建てたとある。

3.1.5　朝鮮半島の墳墓と出土品

釜山は対馬から約50km。博多から対馬までは147kmだから、約3分の１の距離である。

その釜山にある釜山市立福泉博物館（釜山広域市東莱区福泉路）には、馬具や須恵器など福泉洞古墳群から出土した遺物が展示されている（注1）。日本で出土する伽耶（かや）に関する出土物や日本に起源を持つとみられる土器なども展示されている。日本の古墳から出土する装飾品や土器、武具、馬具とそっくりなモノが並んでいる。

韓国の南西部の全羅南道・全羅北道には、前方後円墳とよく似た「長鼓墳」が集中して出土した。

注１：https://www.visitbusan.net/ja/index.do?menuCd=DOM_000000401001001000&uc_seq=419&lang_cd=ja

（１）福泉洞古墳群

福泉洞古墳群（注2）は韓国の慶尚南道釜山広域市の東来区福泉洞にある。4～7世紀代に造られた。古墳約100基が発掘されている。伽耶の中心地であった。福泉洞古墳出土の金冠は、福岡市立博物館、佐賀県立博物館に似たものが展示されている。倭が鉄を入手した金官伽耶国は釜山にあった。

注2：福泉博物館 / https://museum.busan.go.kr/jpn/bcmexhibit02

（2）全羅南道・全羅北道の長鼓墳

全羅南道・全羅北道に長鼓墳（日本でいう「前方後円墳」）が十数基ある。

月桂洞1号墳（光州広域市光山区月渓洞748-2番地）は墳丘長36.6m（推定復元45.3m）、高さ4.9m（推定復元6.1m）の長鼓墳である。6世紀前半の築造といわれている。日本列島で作られたといわれる須恵器（MT15型式（須恵器編年480年頃）の提瓶）が出土した。墳丘の外形は、市ノ山古墳（大阪府藤井寺市）や桂川天神山古墳（福岡県嘉穂郡桂川町）との類似が指摘されている。

同2号墳は1号墳の北東50mのところにある。墳丘長28m（推定復元34.5m）、高さ2.9m（推定復元3.5m）の長鼓墳である。1号墳と同様に6世紀前半の築造といわれている（注3）。墳丘の外形は、岡ミサンザイ古墳（大阪府藤井寺市）や上ん山古墳（福岡県北九州市）との類似が指摘されている。

長鼓墳は日本の前方後円墳とよく似た構造であるため、「4～6世紀に日本が朝鮮半島南部を支配した『任那日本府説』を裏付けるか」といわれている。

注3：https:// 光州月桂洞古[illegible]群 /ja.wikipedia.org/wiki/%E5%85%89%E5%B7%9E%E6%9C%88%E6%A1%82%E6[illegible]4%9E%E5%8F%A4%E5%A2%B3%E7%BE%A4

3．1．6　日本列島との関連

3世紀、『三国志』「東夷伝」韓伝に「蘇塗を立て、大木を建て以て鈴鼓（鈴や鼓）を懸け、鬼神に事う。」とある。蘇塗は、アジール（聖域）の入口に境界神として竿の先端に木製の鳥をつけたもの。作家の松本清張は「神籬」と同じものと指摘している。

4世紀、日本列島の出土物によって、伽耶から鉄を輸入していたことが確認されている。日本列島で発掘された鉄板は伽耶の鉄板と全く同じ形態である。武具・馬具も同様に伽耶と同じ形態である。

鉄製品が日本列島で広まった5世紀を前後して、金官伽耶の王墓が金海から消えてしまう点が指摘されている。金官伽耶の滅亡と、北部九州地方、山陰地方（特に出雲を中心とした地方）への突然の製鉄技術の移入がある。4世紀末、伽耶は百済と同盟して高句麗と戦っている。また洛東江流域では台頭する新羅による緊張感が諸国を支配していた。韓半島南部の多くの地方で支配者達の墳墓が営まれ、伽耶の滅亡も明確な歴史的事実となっているのに、金海地域には王墓と見られる支配者層の墓群が確認されない。

5世紀頃、奈良県の明日香地方の高市郡、今来郡に多くの百済人が定住した。そこに、豪族の「蘇我氏」もいた。蘇我氏は百済との関係が深い。欽明13年（552年）から始まった蘇我稲目（仏教推進派）と物部尾輿（仏教反対派）の崇仏論争、用明2年（587年）には蘇我馬子（仏教推進派）と物部守屋（仏教反対派）との間で「丁未の乱」（皇位継承問題の対立）がおこった。蘇我氏が勝利して、物部氏は歴史の表舞台から消え去った。馬子は百済に使いを送り、僧侶、大工・瓦工、露盤（塔に載せるもの）工人らが来日。606年に法興寺（飛鳥寺）を完成させた。最初の住職は高句麗の恵慈と百済の慧聡であった。

3．2　中国

中国はエジプトなどと共に古く、5千年以上の歴史があるといわれている。文書も数多く残されている。

中国の「正史」は24史（『史記』、『漢書』、『後漢書』、『三国志』、『晋書』、『宋書』、『南斉書』、『梁書』、『陳書』、『魏書』、『北斉書』、『周書』、『隋書』、『南史』、『北史』、『旧唐書』、『新唐書』、『旧五代史』、新『五代史』、『宋史』、『遼史』、『金史』、『元史』、『明史』）ある。『新元史』、『清史稿』を加えて25史あるいは26史と呼ぶ。

この中の『後漢書』、『三国志』、『晋書』、『宋書』、『南斉書』、『梁書』、『隋書』、『南史』、『北史』、『旧唐書』、『新唐書』などには日本列島に関連する記述がある。特に、『三国志』（撰者：陳寿（ちんじゅ）（233～297年））にある「魏書」の「東夷伝」の中の「倭人伝」には詳しく記述されている。

3．2．1　中国の古代史概観

日本列島の弥生時代である3世紀の中国は三国時代（図表3.2.1-1参照）といわれ、魏、蜀（蜀漢）、呉が覇権を争っていた。漢（後漢、25～220年）によって統一されていたが、黄巾の乱（184年）によって民衆の反乱がおこり、内乱状態となった。魏（220～265年）は華北に曹

図表3.2.1－1　3世紀の中国

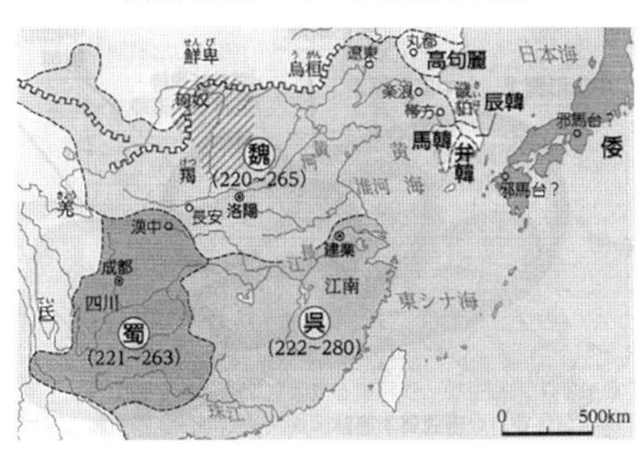

出所：『最新 日本史図表』（第一学習社、2017年）

丕が建てた。都は洛陽（現在の洛陽市）。蜀（221 ～ 263 年）は巴蜀（益州、現在の四川省・湖北省一帯・雲南省の一部）に劉備が建てた。都は成都（現在の成都市）。呉（222 ～ 280 年）は長江以南の揚州・荊州・交州に孫権が建てた。都は建業（現在の南京市）。

中国の夏王朝以降の国名一覧を図表 3.2.1 － 2 に記す。

図表 3.2.1 － 2　中国の古代国名一覧

<table>
<tr><th colspan="2">時代／国名</th><th>西暦</th><th>概要</th></tr>
<tr><td colspan="2">夏</td><td>BC2100</td><td>禹が興し都を陽城とす</td></tr>
<tr><td colspan="2">殷（商）</td><td>BC1600</td><td>湯王が殷を興し、都を亳とす
紂王が商を興し、都を殷とす</td></tr>
<tr><td colspan="2">周（西周）</td><td>BC1027</td><td>武王が興し都を鎬京（西安）とす</td></tr>
<tr><td>春秋時代</td><td>東周</td><td>BC770</td><td>平王が興し都を落邑（洛陽）とす</td></tr>
<tr><td colspan="2">戦国時代</td><td>BC403</td><td>韓・魏・趙が諸侯となる</td></tr>
<tr><td colspan="2">秦</td><td>BC221</td><td>始皇帝が興し都を咸陽とす</td></tr>
<tr><td colspan="2">漢（前漢）</td><td>BC202</td><td>高祖（劉邦）が興し都を長安とす</td></tr>
<tr><td colspan="2">新</td><td>AD8</td><td>王莽が興し都を長安とす</td></tr>
<tr><td colspan="2" rowspan="4">後漢</td><td>23</td><td>光武帝（劉秀）が興し都を洛陽とす</td></tr>
<tr><td>184</td><td>黄巾の乱が起こる</td></tr>
<tr><td>200</td><td>官渡の戦い、曹操が華北地方制圧</td></tr>
<tr><td>208</td><td>赤壁の戦い</td></tr>
<tr><td rowspan="4">三国時代</td><td>魏</td><td>220</td><td>後漢滅亡、曹丕が興し都を洛陽とす</td></tr>
<tr><td>蜀</td><td>221</td><td>劉備が四川に興し都を成都とす</td></tr>
<tr><td>呉</td><td>222</td><td>孫権が江南に興し都を南京とす</td></tr>
<tr><td>晋（西晋）</td><td>265</td><td>武帝（司馬炎）が興し都を洛陽とす</td></tr>
<tr><td>五胡十六国時代</td><td>西晋</td><td>304</td><td>恵帝が興し都を洛陽とす</td></tr>
<tr><td>南北朝時代</td><td>北魏</td><td>439</td><td>太武帝が興し都を平城とす</td></tr>
<tr><td colspan="2">隋</td><td>581</td><td>文帝（楊堅）が興し都を長安とす</td></tr>
<tr><td colspan="2">唐</td><td>618</td><td>高祖（李淵）が興し都を長安とす</td></tr>
</table>

出所：フリー百科事典「ウィキペディア」をもとに筆者編集

3.2.2　日本列島に関連する国史

日本列島に関連する主な国史を図表3.2.2 − 1に記す。特に、『三国志』に書かれている日本列島に関連する内容は、国史の中で最も詳細で、他の国史もこれをベースに記載されているといわれている。

現存する『三国志』は、南宋紹興年間（1131 〜 1162年）に刊行された「紹興本」（魏志30巻（蜀志、呉志欠落）が中国上海商務印書館に保管）、南宋紹熙年間（1190 〜 1194年）に刊行された「紹熙本」などである。歳月をかけて転写を繰り返しているだけに、誤字、脱字が想定される。紹興本では「對馬国」「都支国」、紹熙本では「對海国」「郡支国」とある。

『三国志』の中の「東夷伝」は全9条（国）からなり、「夫余」、「高句麗」、「東沃沮」、「挹婁」、「濊」、「馬韓」、「辰韓」、「弁辰」の順に記され、最後の条に「倭人伝」がある。

倭人伝は約2,000字。魏の出先機関のあった朝鮮の帯方郡（ソウル付近）の使者が倭に赴き、239 〜 248年の9年間の報告が基になっている（松本清張）という。晋の史官である魚豢は『魏略』にその内容を記載した。成立年代は魏末（260年）〜晋初（270年）年間、最も新しい記述は『三国志』「賈逵伝注」に引く甘露2年（266年）である。

倭人伝の構成を見ると、①倭の概要、②郡から倭への行程、③邪馬台国と女王、④狗奴国、⑤倭の風俗、産物、自然、社会、歴史、政治、⑥外交記録、⑦狗奴国との交戦、⑧卑弥呼の死去と後継者の台与、となっている。

「東夷伝」の中の他の条と比較すると、倭人伝は他と比べて記述が多い。また、高句麗は「性格が荒く気短で好んで侵入略奪を働く」、挹婁は「不潔で無規律である」に対して、倭人は「盗みもせず、訴訟沙汰も少なく、婦人たちの身持ちもしっかりとし、嫉妬することもない」と高く評価している。

「東夷伝」に記された国々のなかで倭以外は、魏から金印紫綬を賜ったという記載が無い。北方の大国・烏丸は「銅印」、倭国は金印を賜っていた大国・匈奴と同格の扱いを受けていた。また、各国の戸数は、夫余8万戸、高句麗3万戸、東沃沮5,000戸、挹婁（戸数記載なし。人数は多くないとある）、濊2万戸、韓10万戸に対して、倭は15万余戸と記載されている。魏は倭を東夷中最大の国と見ていた。

『日本書紀』（720年完成）と倭人伝の記述に一部年代の違いがある。例えば、神功皇后紀に「明帝景初3年6月・・・朝献」と記載、紹興本は「景初2年6月・・・朝献」とある。景初2年は魏が遼東半島の公孫氏と戦い楽浪・帯方を接収した。戦争が終わった景初3年に朝献するのが妥当。『日本書紀』の方が正しい。

なお、太宰府天満宮（福岡県太宰府市）は『翰苑』（7世紀に張楚金作、後に雍公叡が注を付けた）の第30巻及び叙文を所有している（国宝）。このなかに『魏略』の倭人伝の記述があり「邪馬嘉国」とある。

図表 3.2.2 － 1　日本列島に関連する主な中国の古代国史　(1/2)

項番	書名	編纂時期	撰者・編纂者	日本の呼称
1	漢書	4世紀 後漢	班彪、班固、班昭が編。前漢の歴史を記録した正史。班固が計100巻を撰	倭
2	後漢書	430年頃 宋	宋の范曄（398~445）、晋の司馬彪の編。本紀、列伝は范曄の撰、志は司馬彪の続漢書から取る。倭伝掲載	倭、 倭奴国
3	三国志	3世紀 晋	西晋時代の官吏の陳寿(233~297)が著した歴史書。漢滅亡の後、天下を三分した三国(魏・呉・蜀)に関する史書。魏志30巻、呉志20巻、蜀志15巻の3部構成。魏の文帝の黄初元年から晋の武帝の太康元年にいたる間(220~280)の魏・蜀・呉の三国鼎立時代の歴史書。晋が天下を統一したころ太康年間（280~289）に全65巻を陳寿が撰述。魏志巻最後の烏丸鮮卑東夷伝のなかに「倭人伝」掲載	倭人

(2/2)

項番	書名	編纂時期	撰者・編纂者	日本の呼称
4	晋書（しんじょ）	648 年 唐	房玄齢（ぼうげんれい）（578~648）、李延寿（りえんじゅ）らの編。西晋と東晋の正史。唐の太宗の命による。四夷伝（東夷条）に倭人掲載	倭人
5	宋書（そうしょ）	488 年 梁	沈約（しんやく）（441~513）撰。南朝宋の正史、梁の沈約が斉の武帝の勅による。「巻九十七　列傳第五十七　夷蠻　倭國」がある	倭国
6	南斉書（なんせいしょ）	530 年頃 梁	蕭子顕（しょうしけん）（489~537）編。南朝の斉の史書。列伝 第三十九 蛮 東南夷に倭国掲載	倭国
7	梁 書（りょうしょ）	636 年 唐	姚思廉（ようしれん）（？ ~637）、魏徴（ぎちょう）編。南朝梁 4 代の事跡の史書。「諸夷傳（東夷条）倭國」がある	倭国
8	隋書（ずいしょ）	636 年、 656 年 唐	魏徴（ぎちょう）（580~643）らの撰。特に「経籍志」が名高い。太宗の勅による。「倭国伝」掲載	倭国
9	南史（なんし）	659 年 唐	李延寿（りえんじゅ）の編。宋・南斉・梁・陳の 4 史を要約し、南朝 4 代 170 年間の事跡を記した史書。倭国伝を掲載	倭国
10	北史（ほくし）	659 年 唐	李延寿の編。北朝の魏・斉・周・隋の歴史を一つにまとめたもの。東夷伝倭国を掲載	倭国
11	旧唐書（くとうじょ）	945 年 後晋	劉昫（りょうく）（887~946）の編。唐代の正史のひとつ。「巻一九九上　東夷伝　倭國　日本」に日本記載	倭国・ 日本
12	新唐書（しんとうじょ）	1060 年 宋	宋祁（そうき）（998~1061）、欧陽修他の編。『旧唐書』の欠を補い補修したもの。「巻二百二十 列傳第一百四十五 東夷　日本」に日本記載	日本

出所：フリー百科事典「ウィキペディア」をもとに筆者編集

3.2.3　日本列島関連の記述

中国は日本列島をどう見ていたのだろうか。「倭」の位置、「倭」への旅程、「倭」との交渉について見てみる。

(1) 中国から見た「倭」の位置

図表3.2.3－1に中国歴史書での「倭」の位置について記す。

図表3.2.3－1　中国歴史書での「倭」の位置

(1/3)

項番	書名	内　容
1	漢書	樂浪海中有倭人 分爲百餘國 以歲時來獻見云 **<翻訳>**楽浪海中に倭人あり。分かれて百余国。歳時（年ごと）に朝貢していたという
2	後漢書	倭在韓東南大海中 依山島爲居 凡百餘國 自武帝滅朝鮮 使驛通於漢者三十許國 國皆稱王 丗丗傳統 其大倭王居邪馬臺國（案今名邪摩惟音之訛也）樂浪郡徼 去其國萬二千里 去其西北界拘邪韓國七千餘里 其地大較在會稽東冶之東 與朱崖 儋耳相近 故其法俗多同・・・自女王國東度海千餘里至拘奴國　雖皆倭種而不屬女王 **<翻訳>**倭は韓東南大海の中に在り。山島に依り居をなす。およそ百余国。武帝、朝鮮を滅してより使駅を漢に通ずるは三十許国。国はみな王を称す。世世、統を伝う。その大倭王は邪馬臺国に居す（今名を案ずるに邪摩惟音の訛なり）。楽浪郡境その国を去ること万二千里、その西北界、狗邪韓国を去ること七千余里なり。その地はおおむね会稽東冶の東に在り。朱崖、儋耳と相近く、故に、法俗、多くは同じくす。・・・女王国より東、海を渡って千余里で拘奴国に至る。みな倭種であるが女王には属していない
3	三国志 魏志 倭人伝	南至邪馬壹国女王之所・・・倭人在帯方東南大海之中 依山島爲國邑 舊百餘國 漢時有朝見者 今使譯所通三十國・・・自郡至女王國萬二千餘里・・・計其道里 當在會稽 東治之東・・・女王國東渡海千餘里 復有國 皆倭種 **<翻訳>**南至る邪馬壹国、女王之所・・・倭人は、（朝鮮の）帯方（郡）の東南の大海の中に在り、山島に依りて国邑を為している。旧は百余国から成り立っていた。漢の時代の頃、朝見する者有ったが、今、使訳通ずる所は三十国である。・・・郡より女王国に至るには、万二千余里となる。・・・其の道里を計ると、当に会稽の東治の東に在る。・・・女王国の東を渡海、千余里でまた国あり、皆倭種である

(2/3)

項番	書名	内　容
4	晋書	倭人在帯方東南大海中 依山島為國 地多山林 無良田 食海物 舊有百餘小國相接 至魏時 有三十國通好 **<翻訳>**倭人は帯方の東南の大海の中にある。山島に依り国を為す。地は山林多く良田無し。海物を食らう。旧くは百余の小国ありて相接す。魏の時に至り三十国有りて通好する
5	宋書	倭國在高驪東南大海中 **<翻訳>**倭国は高驪の東南の大海の中にある
6	南斉書	倭國在帶方東南大海島中 **<翻訳>**倭国は帯方の東南の大海の中の島にある
7	梁書	倭者自云太伯之後 俗皆文身 去帶方萬二千餘里 大抵在會稽之東 相去絶遠 **<翻訳>**倭は自ら太伯の後裔だという。その風俗は皆、体に入れ墨をする。帯方郡を去ること万二千余里、おおよそ会稽郡の東に在るが相当遠く離れている
8	隋書	俀國 在百濟新羅東南 水陸三千里 於大海之中依山島而居 魏時 譯通中國 三十餘國 皆自稱王 夷人不知里數、但計以日 其國境東西五月行 南北三月行 各至於海 其地勢東高西下 都於邪靡堆 則魏志所謂邪馬臺者也 古云去樂浪郡境及帶方郡並 一萬二千里 在會稽之東 與儋耳相近 **<翻訳>**倭国は、百済や新羅の東南に在り、水陸を越えること三千里、大海中の山島に依って居する。魏の時代、通訳を伴って中国と通じたのは三十余国。皆が王を自称した。東夷の人は里数（距離）を知らない、ただ日を以って計っている。その国の境は東西に五ヵ月、南北に三ヵ月の行程で、各々が海に至る。その地形は東高西低。都は邪靡堆、魏志の説によれば、邪馬臺という。古伝承では楽浪郡の境および帯方郡から一万二千里、会稽の東に在り、儋耳と相似するという
9	南史	倭國 其先所出及所在 事詳北史 **<翻訳>**倭国、その先祖の出た場所や所在については北史が詳しい
10	北史	倭國 在百濟新羅東南 水陸三千里 於大海中依山島而居 魏時 譯通中國 三十餘國 皆稱子 云去樂浪郡境及帶方郡並一萬二千里 在會稽東與儋耳相近 **<翻訳>**倭国は、百済や新羅の東南に在り、水陸を越えること三千里、大海中の山島に依って居する。魏の時代、通訳を伴って中国と通じたのは三十余国。皆、稱子（敬称）である。古伝承では楽浪郡の境および帯方郡から一万二千里、会稽の東に在り、儋耳と相似するという

(3/3)

項番	書名	内　容
11	旧唐書	倭國者 古倭奴國也 去京師一萬四千里 在新羅東南大海中 依山島而居 東西五月行南北三月行 **＜翻訳＞**倭国は古の倭奴国なり。京師を去ること一万四千里、新羅の東南大海の中に在り、山島に依りて居す。東西五月行、南北三月行
12	新唐書	日本古倭奴也 去京師萬四千里 直新羅東南 在海中 島而居 東西五月行南北三月行 **＜翻訳＞**日本は古くは倭奴也。京師を去ること万四千里、新羅の東南にあり、海中に在る島に居す。東西は五月行、南北は三月行

出所：国立国会図書館リサーチ・ナビ「中国の「正史」」の日本語訳、ウィキペディアをもとに筆者編集

（2）中国から見た「倭」への旅程

中国歴史書に倭への旅程が書かれている。『三国志』「魏志倭人伝」、『梁書』、『北史』、『隋書』の抜粋を図表 3.2.3 － 2 に記す。

図表 3.2.3 － 2　中国歴史書での「倭」への行程

(1/2)

項番	書名	内　容
1	三国志 魏志倭人伝	從郡至倭 循海岸水行 歴韓國 乍南乍東 到其北岸狗邪韓國 七千餘里 始度一海 千餘里至對海國・・・又南渡一海千餘里 名曰瀚海 至一大國・・・又渡一海 千餘里至末盧國・・・東南陸行五百里 到伊都國・・・世有王 皆統屬女王國 郡使往來常所駐 東南至奴國百里・・・東行至不彌國百里・・・南至投馬國 水行二十日・・・南至邪馬壹國 女王之所都 水行十日 陸行一月 **＜翻訳＞**郡より倭に至るには、海岸に循い水行し韓国を歴て乍ち南し乍ち東し、その北岸、狗邪韓国に到る七千余里、始めて一海を度る、千余里、對海(馬)国に至る。・・・又南に一海を渡る、千余里。名は瀚海と曰う。一大(支)国に至る。・・・又一海を渡る、千余里、末盧国に至る。・・・東南、陸行五百里、伊都国に到る。・・・世王あり皆女王国の統ぶるに属す。郡使の往来して常に駐まる所。東南、奴国に至る百里。・・・東行、不弥国に至る百里。・・・南、投馬国に至る。水行二十日。・・・南、邪馬壹国に至る。女王の都する所。水行十日、陸行一月

(2/2)

項番	書名	内 容
2	梁書	從帶方至倭 循海水行 歴韓國 乍東乍南 七千餘里始度一海 海闊千餘里 名瀚海 至一支國 又度一海千餘里 名未盧國 又東南陸行五百里 至伊都國 又東南行百里 至奴國 又東行百里 至不彌國 又南水行二十日 至投馬國 又南水行十日陸行一月日 至祁馬臺國 即倭王所居 **<翻訳>**帯方より倭に至るには、海に循ひて水行し、韓国を歴て、あるいは東あるいは南、七千余里。始めて一海をわたる。海闊(ひろ)く千余里。瀚海と名づく、一支国に至る。また一海を度る千余里、未盧国と名づく。 また、東南に陸行し五百里にして伊都国に至る。また、東南に行くこと百里にして奴国に至る。また、東に行くこと百里にして不弥国に至る。また南に水行し二十日にして投馬国に至る。また、南に水行二十日、陸行一月にして祁馬臺国に至る。即ち、倭王の居る所なり
3	北史	計從帶方至倭國 循海水行 歴朝鮮國 乍南乍東 七千餘里 始度一海 又南千餘里度一海 濶千餘里名瀚海 至一支國 又度一海千餘里 名未盧國 又東南陸行五百里 至伊都國 又東南百里至奴國 又東行百里至不彌國 又南水行二十日至投馬國 又南水行十日陸行一月 至邪馬臺国 即俀王所都 **<翻訳>**帯方郡から倭国に至る距離を計れば、海を巡って水行し、朝鮮国を経て、南へ東へと七千余里、初めて一海を渡る。また南に千余里、一海を渡る、広さは千余里、名は瀚海、一支国に至る。また一海を渡ること千余里、名は末盧国。また東南に陸行すること五百里、伊都国に至る。また東南に百里、奴国に至る。また東に行くこと百里、至不彌国に至る。また南に水行すること二十日、投馬国に至る。また南に水行すること十日、陸行すること一月、邪馬臺国に至る、すなわち倭王の王都である
4	隋書	上遣文林郎裴清使於俀国 度百濟 行至竹島　南望［身冉］羅國 經都斯麻國 迥在大海中 又東至一支國 又至竹斯國 又東至秦王國 其人同於華夏 以爲夷洲 疑不能明也 又經十餘國 達於海岸 自竹斯國以東屬俀 **<翻訳>**上は文林郎の裴清を俀国へ使わしむ。百済へ度り、行きて竹島に至る。南に耽羅国を望み、迥(はる)かな大海中に在る都斯麻国を経る。また東し一支国に至る。また竹斯国に至る。また東し、秦王国に至る。その人は華夏に同じ。思えらくは夷洲、疑いは明らかにすること能わず。また十余国を経て海岸に達する。竹斯国以東はみな俀に属す

出所：国立国会図書館リサーチ・ナビ「中国の「正史」」の日本語訳、ウィキペディアをもとに筆者編集

（3）中国から見た「倭」との交渉

『後漢書』には志賀島（福岡県福岡市）で発見された「漢委奴国王」の金印について書かれている。『隋書』には小野妹子の遣隋使（607 年）について書かれている。『旧唐書』には倭に二つの国があったという記述がある。「日本国は倭国の別種なり。その国日辺(にっぺん)に在るを以ての故に、日本を以て名となす。あるいは曰く、倭国自らその名の雅ならざるを悪(にく)み、改めて日本となす。あるいは云ふ、日本はもと小国なれども、倭国の地を併せたり。」とある。 倭国と日本国はそれぞれ別の国としている。日本国は倭国の別種であり、日出ずる所に近いため「日本」を国号としたというのである。倭国の名が優雅でないため日本と改めたとも、日本はもともと小国だったが倭国を併せたとする話も併記している。

国名を変更するには、当時の周の王の承認を必要とする。『史記正義』（開元 24 年（736 年）、唐・張守節の撰）にも「武后、倭国を改めて日本国と為す」とある。以上、図表 3.2.3 － 3 にまとめた。

図表 3.2.3 － 3　中国歴史書での「倭」との交渉

（1/2）

項番	書名	内　容
1	後漢書	建武中元二年 倭奴國奉貢朝賀 使人自稱大夫 倭國之極南界也 光武賜以印綬 安帝永初元年 倭國王帥升等獻生口百六十人 願請見 桓靈間倭國大亂 **<翻訳>**建武中元二年 (57 年)、倭奴国、貢を奉じて朝賀す。使人自ら大夫と称す。倭国の極南界なり。光武賜うに印綬を以てす（志賀島で発見された「漢委奴国王」の金印）。安帝、永初元年 (107 年) 倭国王帥升 (男の王) 等、生口 160 人を献じ、請見を願う。桓帝 (漢) と霊帝 (漢) の間（146 ～ 189 年）倭国大乱
2	隋書 （続く）	大業三年其王多利思比孤遣使朝貢 使者曰聞海西菩薩天子重興佛法故遣朝拜兼沙門數十人來學佛法其國書曰「日出處天子致書日沒處天子無恙」云云 帝覽之不悅謂鴻臚卿曰蠻夷書有無禮者勿復以聞 明年上遣文林郎裴清使於國 度百濟行至竹島南望 羅國經都斯麻國迥在大海中 又東至一支國又至竹斯國又東至秦王國其人同於華夏以為夷洲疑不能明也又經十餘國達於海岸自竹斯國以東皆附庸於

(2/2)

項番	書名	内　容
2	隋書（続き）	**＜翻訳＞**大業三年（607 年、推古 15 年）、其の王、多利思比孤（たりしひこ）、使（小野妹子）を遣し朝貢す。使者曰う、「海西の菩薩天子、重ねて仏法を興すと聞く。故に遣して朝拝せしめ、兼ねて沙門数十人、來りて仏法を学ぶ」と。其の国書に曰く、「日出ずる處の天子、書を日没する処の天子に致す。恙（つつが）無きや云云」と。帝、之を覧て悦ばず。鴻臚卿に謂いて曰く、「蛮夷の書は無礼なるところ有り。復た以って聞するなかれ」と。明年 (608 年、推古 16 年)、上、文林郎裴清を遣し倭国に使せしむ。百済を度り、行きて竹島に至り、南にタン羅国（らこく）（済州島）を望み、都斯麻国（つしまこく）を経て、迥かに大海の中に在り
3	旧唐書	日本國者 倭國之別種也 以其國在日邊 故以日本爲名 或曰倭國自惡其名不雅 改爲日本 或云 日本舊小國 併倭國之地 **＜翻訳＞**日本国は倭国の別種なり。其の国、日の辺に在るを以て、故に日本を以て名と為す。或は曰う。倭国自ら其の名の雅ならざるを悪（にく）み、改めて日本と為すと。或は云う。日本は旧（もと）小国にして倭国の地を併せたりと。其の人、入朝する者は多く自ら矜大（きょうだい）にして実を以って對（こた）えず。故に中国、焉れを疑う
4	新唐書	咸亨元年 遣使賀平高麗 後稍習夏音 惡倭名 更號日本 使者自言國近日所出 以爲名 或云 日本乃小國 爲倭所并 故冒其號 使者不以情 故疑焉 **＜翻訳＞**咸亨元年（670 年）、遣使が高麗平定を祝賀した。後にやや夏音（漢語）を習得、倭の名を憎み日本と改号した。使者が自ら言うには、国は日の出ずる所に近いので（日本と）国名を為した。あるいは、日本は小国で、倭に併合された故に、その号を冒すともいう。使者には情実がない故にこれを疑う

出所：国立国会図書館リサーチ・ナビ「中国の「正史」」の日本語訳、ウィキペディアをもとに筆者編集

3.3　東アジア

日本と関係の深い、台湾、ベトナム、タイの３国の古代史概観を記述する（図表 3.3-1 参照）。

図表 3.3 － 1　東アジア地域

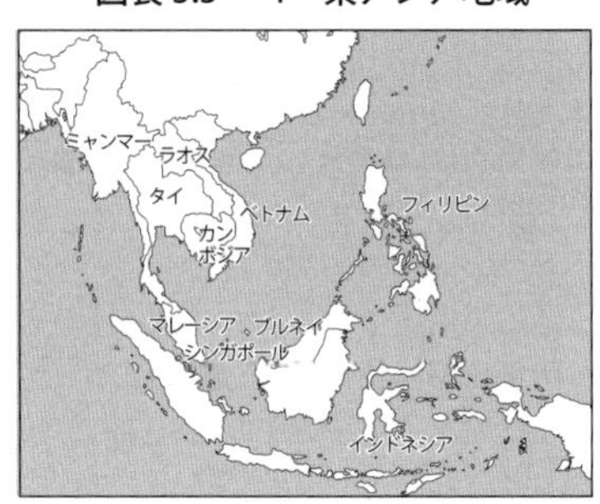

出所：ホームページをもとに筆者編集

3．3．1　台湾

台湾は、東シナ海にある島で南北は最長 394km、東西は最長 144km で、日本列島の九州（3 万 6,782㎢）と同程度の面積（3 万 6,193㎢）である。台湾の語源は定かではない。

中国三国時代の『臨海水土志』に「夷州在浙江臨海郡的東南、離郡二千里、土地無霜雪、草木不枯、四面皆山、衆山夷所居・・・」と記載されている。この「夷州」は台湾を指すといわれている。また、『隋書』「流求伝」では「流求国在海中、当建安郡東、水行五日而至（流求国（台湾という説）は海中に在り、建安郡の東に当たり、水行で五日にして至る)」と記載されている（図表 3.3.1 － 1 参照)。

図表 3.3.1 － 1　台湾の古代史

西暦	内　容
BC1500 ～ 0	台湾全土で農耕広まり、家畜飼育、定住型集落形成
230	呉の孫権が将軍衛温と諸葛直を派遣して台湾探索
400 頃	北部の八里「十三行文化」、中部の大甲「番仔園文化」、台南の「蔦松文化」、台東の「静浦文化」（アミ族先祖）で銅・鉄を利用
607	隋の将軍朱寛による台湾探索

出所：webcache.googleusercontent.com/search?q=cache:GA8GeYCrrP8J:http://inoues.net/taiwan/taiwan_museum.html+ 台湾 %20 古代 %202 世紀&lr=&hl=ja&id=utf8&output=html&client=nttx-csa

3.3.2 ベトナム

ベトナムは、インドシナ半島の太平洋岸に位置し、南北 1,650km、東西 600km（最も狭い部分は 50km）で、面積は 33 万 1,212㎢と日本（37 万 7,973㎢）よりやや小さい。ベトナム北部の交州付近は中国の流刑地であった。『ベトナム救国抗争史』によると、呉の士燮威彦（137 ～ 226 年）はドゥオン川南岸のルイラウに首府を置き、中央政府から北ベトナムに派遣された漢人の支配者と異なった。ベトナム現地人から支持を得て、長期に及ぶ支配が成立した。ベトナムの特産品や輸入品を漢、孫氏に貢納した。後世のベトナム人から士王と呼ばれて敬愛され、13 世紀の陳朝の時に「嘉応善感霊武大王」に追封された。

稲作、断髪、黥面（入墨）、龍蛇信仰、裸潜水漁撈方法など、越族（古代の中国大陸南方の江南あたり（現在のベトナム北部）にいた海洋系の民族）と倭人（海人族）には類似点がある。百越の「滇」に中国から贈られた金印の鈕と漢委奴国王印の鈕の形が蛇であることも共通する（図表 3.3.2 － 1 参照）。

現代の中国では廃れた「熟鮓」は百越に存在していた。長江下流域から日本に伝播したものと考えられている。伊勢神宮のホームページには「雅楽は、日本古来の歌や舞の系譜をひく国風歌舞、5 世紀から 10 世紀にかけて中国大陸や朝鮮半島、また林邑、天竺などから渡来した外来音楽」などとある。

図表 3.3.2 － 1　ベトナムの古代史

西暦	内容
BC111-39	北部、漢が征服。第一次北属期（交州 (交趾郡、日南郡等 9 郡)）
40	北部、チュン姉妹の反乱
43 - 544	北部、後漢に制圧され第二次北属期
192	中部、オーストロネシア語族系統の古チャム人が日南郡でインド化されたチャンパ王国建つ、後漢から独立
1 ～ 6 世紀	南部（扶南国）、クメール人（カンボジア人）建国か
7 世紀後半	北部、唐が安南都護府を設置
8 世紀中頃	唐王朝に仕えた阿倍仲麻呂は鎮南都護としてベトナム赴任

出所：フリー百科事典「ウィキペディア」をもとに筆者編集

3.3.3　タイ

タイは、インドシナ半島の中央部からマレー半島北半に位置する。面積は51万3,120㎢、日本（37万7,973㎢）と比較して1.36倍と大きい。タイ族の起源は中国南部の雲南省周辺といわれている（諸説ある）。南下してインドシナ半島よりも北方に分散し、稲作をしながらムアン（共同体）を形成したという。中国の『漢書』に書かれている「西南夷」はタイ族のことである。

6世紀頃、西部に東インドから来たオーストロ・アジア語系のモン族が興したドヴァーラヴァティ王国が誕生した。また、北部のチャオプラヤー川上流のランプーンにもモン族のハリプンチャイ国があった。南部のマレー半島ではシュリーヴィジャヤ国が支配していた。9世紀に入ると、カンボジアのクメール帝国（アンコール朝）が台頭し、タイ東北部や東部を支配域に置く（図表3.3.3 − 1参照）。

1240年頃、タイの統治者であるフォークンバンクランハオはクメールに抗議するために人々を結集。1238年にタイ最初の王国であるスコータイ王国の王となった。

なお、山田長政（? ～ 1630年、駿州沼津）は朱印船に乗ってアユタヤ（タイ族による王朝、1351 ～ 1767年、現タイの中部アユタヤ）に渡り、貿易業に従事した。アユタヤの外国人居留地に日本人町ができ（最盛期に1,500人の日本人が住む）、長政はその頭領になり、ソンタム王から「オークヤー・セーナー・ピムック」の称号をもらい日本人傭兵隊長として活躍したという。

図表3.3.3 − 1　タイの古代史

西暦	内容
BC3600 ～	ドーンターニー県（タイ東北部）のバーンチェン遺跡（農耕文明）
6世紀	西部にドヴァーラヴァティ王国、北部にハリプンチャイ国、南部にシュリーヴィジャヤ国
9世紀	クメール帝国（アンコール朝）台頭

出所：タイ国政府観光庁ホームページ https://www.thailandtravel.or.jp/about/history/

◎コラム3　　鰻

私の大好物は鰻（うな重、蒲焼、白焼）と牛肉（ステーキ、しゃぶしゃぶ、すき焼き）と鮪（中トロ、赤身）だ。鰻は小学生時代からである。父母に東京駅の八重洲「鰻 はし本」に何度も連れて行かれた。父は鰻と鮪（赤身）が大好物であった。お子様ランチが食べたかったが、父は「親の言うことを聞け。戦前や戦後の5年位は好きなものが食べられなかった。親は子供と比べて長く生きられない。」が口癖だった。50歳頃、仕事で知り合った橋本光氏から、同姓の鰻屋さんが八重洲口にある、とっても美味しいところだといわれ、案内された。40年ぶりに「鰻 はし本」を訪れた。子供の時の記憶が蘇えり、それから、リピーターになった。

鰻の歴史を紐解くと、約5,000年前の縄文時代の貝塚から鰻の骨が出土している。例えば、陸平（おかだいら）貝塚（茨城県美浦村）だ。約4,500年前頃に鰻の骨の出土数は数百倍に激増している。1879年に東京大学の学生だった佐々木忠次郎（大森貝塚（東京都品川区・大田区、縄文時代後期〜末期）を発見したモースの弟子）が見つけた。近くにある、上高津貝塚（土浦市）や中妻貝塚（取手市）など霞ケ浦周辺の貝塚でも鰻の骨は見つかっている（『朝日新聞』、2020年2月20日）。

浦尻貝塚（福島県南相馬市小高区泉沢）は縄文時代前期〜後期の遺跡だ。貝類の他、スズキ、ウナギ、ハゼ、イワシなどの魚の骨、シカ、イノシシ、カモなどの動物の骨が出土している。

鰻は血液の中に毒素があるためナマで食べるのは危険である。火を用いるようになってから本格的に食べられたと思われる。

『万葉集』の大伴家持（718年頃〜785年）の歌（3853首）に鰻がでている。「石麻呂尓 吾物申 夏痩尓 吉跡云物曽 武奈伎取喫（石麻呂に吾れ物申す〝夏痩せに良しといふ物ぞ〟武奈伎（むなぎ）（鰻のこと。鰻の胸が黄色いから「むなぎ」）取り食せ）」である。家持が吉田連老（石麻呂）に贈った歌である。連老の夏痩せをみて、うなぎを食べるように奨めている歌である。平安時代に入ると貴族はうなぎを白蒸しにして、塩味で食べることを好んだ、といわれている。

土用（年4回、立春・立夏・立秋・立冬前の約18日間ずつ）の中で残暑（立秋前）の土用の丑の日（8月7日又は8日頃）に、なぜ鰻を食べるようになったか。3つの説がある。①「う（丑）」がつく食べ物説（最も暑い時期に当たるので、食べ物で体力を落とさぬよう、梅干し、瓜、うどんを食べていた）。②平賀源内が提案した説（夏に鰻が売れないと相談に来た鰻屋に、源内が「店頭に土用丑の日と張り紙して食い養生の風習と鰻を結び付ければよい」と進言）。③「丑」をひらがなで書くと2匹の鰻に見える説（「うし」をひらがなで長〜く書くと鰻の形に見える）。

三嶋神社（京都府京都市東山区馬町、祭神：大山祇大神、天津日高彦火瓊々杵尊、木之花咲耶姫命）には鰻にまつわる言い伝えがある。平安時代末期、後白河天皇（第77代）の中宮（皇后）の平滋子に子が出来なかった。中宮は、三嶋鴨神社に祈願、夢枕に現れた白衣の翁からお告げがあり、その後間もなく妊娠し、高倉天皇を出産した。その話を聞いた天皇は、平重盛に命じて社殿を建立（1160年）し、三嶋神を勧請したのが三嶋神社の起こりという。安産や子授けの神社として信仰を集め、「うなぎ神社」として有名。三嶋大社（静岡県三島市）の本殿は伊豆の名工小澤半兵衛・希道父子一派による彫刻で精緻で高い完成度とのこと。

2021年に食べた鰻重では「蒲焼かくと」（千葉県いすみ市）が特に美味しかった（図表 コラム3－1参照）。

図表 コラム3－1　「蒲焼かくと」の鰻重

出所：2021年7月15日筆者撮影

4. 国家の成立

日本列島では、紀元前10世紀頃、大陸から稲作と鉄が伝わり、集落が各地で営まれ、その規模が拡大していった。やがて「クニ」（今の都市規模レベル）が誕生、そのクニは、連携、戦いなどで集約。やがて、日本列島にいくつかの大国が成立。そのひとつが近畿地方に誕生した「ヤマト王権」であった。ヤマト王権は西に南に北に東に勢力を拡大していった。

現在の国家と呼ぶ資格要件は、モンテビデオ条約（1933年、ウルグアイのモンテビデオで締結）にある。第1条に国家の資格要件となる要素として「永続的住民」、「明確な領域」、「政府」、「他国と関係を取り結ぶ能力」があげられている。ヤマト王権はこの4つの条件を満たし、大陸の中国と友好関係を結んだと思われる。

中国、朝鮮半島からは日本列島は「倭」と呼ばれていた。ヤマト王権は中国との外交では「倭国」と呼ばれた。やがて、「日本（ニッポン、ニホン）国」が誕生した（「新羅本紀」に「670年、倭国が国号を日本と改めた」とある）。

本章では、「クニの誕生」→「連合するクニ」→「ヤマト王権」の変遷をみて、最後に「天皇と日本」を記す。

4.1 クニの誕生

縄文時代は1万年以上続いた。紀元前10世紀頃、縄文時代の終わり頃に稲作が伝えられ、農耕民族化が進み出した。やがて弥生土器が使われ始め、「弥生時代」が始まった。

稲作が行われると人は定住し、豊かになれば人口が増える。稲作は寒暖、風水など自然との闘いがあった。

人口が増え、人の集合体は大きくなり、ムラからクニが誕生する。

4.1.1　ムラの誕生からクニへの遷移

稲作の伝来によって、日本列島の生活環境は、段階を経て大きく変化した。そのフェーズは4つに分けることができる。

（1）フェーズ1（農業開始期）

最初に北部九州で、米を作る「農耕生活」が始まった。農地を開墾、自ら食料を生産、定住生活をするようになった。稲作は多くの水が必要となる。それまで生活していた丘陵地から、川の流れる平野部に移り住んだ。農業の道具は縄文時代から使われていた木や石を使っていた。田作りは木と石製の「クワ」「スキ」、稲刈りは「石包丁（いしぼうちょう）」を使った。大陸から「鉄器」も伝わり、稲作は生産性が飛躍的に高まった。水路作りに利用する板や杭（くい）は鉄器を利用して効率よく作成できた。ムラには指導者がいた。

（2）フェーズ2（農業拡大期）

稲作農業が拡大して安定した食料が確保され、人口が増え、集落が「ムラ」の規模に拡大する。未開地を耕作地に変え、耕作地を増やし、さらに人口が増えるという循環を繰り返す。米の余剰がでるようになると、米を蓄える「高床倉庫」が作られた。米をネズミなどから守る「ねずみ返し」を備えていた。

ムラの集合体の中は階層化され、効率を高めるため、農業は分業化された。さらに耕作地は拡大された。

ムラの指導者の権力は大きくなり首長となる。近隣のムラとムラの交流が進み、ムラはさらに拡大した。ムラの中には稲作に失敗するなどして貧富の差が生じる。水の利用法をめぐってムラ間で争いが起きることもあった。蓄えられた収穫物を略奪するための戦いもあった。

ムラの周りに堀や柵を造り、豊かなムラは高い防御を備えることができた（環濠集落）。

（3）フェーズ3（クニの成立期）

大きくなったムラを一周する外環濠が掘られた。耕作地開拓、人口増の循環を繰り返し、さらにムラは拡大した。農耕の必需品である鉄を生産するムラ、農機具を作成するムラがそれぞれ分業化、組織化された。

「食」が豊かになり、魚類、肉類、果実などもムラとムラとの交換品となった。

稲の生産では天候に大きく左右される。貧しいムラは豊かなムラを攻め、また、豊かなムラはさらに豊かにするため弱いムラを攻めた。敗北したムラの人間は労働力になった。強いムラはさらに周りのムラを攻め、ムラはさらに大きくなった。「クニ」が成立する。

人口が多くなると、さらに開拓を進め、河川工事を行い、水田をさらに増やした。

首長を葬る「墳丘墓」、「甕棺墓地」が出現した。

（4）フェーズ4（クニ拡大期）

環濠集落はさらに規模を大きくした。大規模な外環濠を作り、首長や上層部が暮らす大型の建物、集会を行う建物が作られた。「クニ」はさらに大きくなった。

4.1.2　吉野ヶ里遺跡で見るムラからクニへの遷移

吉野ヶ里遺跡（佐賀県神埼郡吉野ヶ里町、同神埼市）は稲作が行われていたことを示す石包丁が多数出土している。紀元前4世紀頃には集落

（ムラ）が形成され始め、3世紀頃に最盛期（クニ全体推定5,400人）を迎えた。発掘調査の結果からその遷移をみる。図表4.1.2－1に記す。

図表4.1.2－1　吉野ヶ里遺跡でみるクニ拡大の遷移

フェーズ	年代	特徴	概要
フェーズ1	紀元前10世紀～ 紀元前6世紀頃	稲作開始期	・石器、鉄器を利用した稲作
フェーズ2	紀元前5世紀～ 紀元前2世紀頃	稲作拡大期 「ムラ」の誕生	・環壕集落出現（2.5ha）
フェーズ3	紀元前2世紀頃～ 紀元1世紀頃	「クニ」の成立期	・環壕集落拡大（20ha） ・人口と集落数増加 ・争い発生、防御強化 ・戦いは銅剣が武器に ・首長を葬る「墳丘墓」 ・祖霊信仰出現・集落群（クニ）が成立
フェーズ4	1世紀～3世紀頃	クニ拡大期	・環壕集落最盛期（40ha） ・集落に居住区、祭祀場、分業された工房 ・墳墓拡大

出所：吉野ヶ里遺跡ホームページをもとに筆者編集

4.1.3　地域別の概況

弥生時代、日本列島は今の都道府県で見るとそれぞれの営みがあった。クニの誕生に関連する都道府県別の概況を図表4.1.3－1に記す。

なお、北海道と青森県の北部（津軽半島、下北半島の一部）、沖縄県では弥生時代の稲作の遺跡は発掘されていない。

図表 4.1.3 － 1　クニの誕生に関連する都道府県別概況

(1/9)

通番	都道府県名（令制国名）	トピック	概況
1	北海道	縄文文化、続縄文文化、オホーツク文化、擦文（さつもん）文化、アイヌ文化	弥生文化（水稲耕作）が伝播せず、続縄文文化は紀元前 2 世紀～ 8 世紀頃まで続いた。恵山式土器で紀元前 2 世紀～ 3 世紀。『日本書紀』には渡島（わたりしま）の名前。東北地方北部の住民と同じ蝦夷（えみし）と呼ばれた。アイヌの先祖だと考えられる。オホーツク沿岸はオホーツク文化という。常呂（ところ）遺跡（縄文文化から擦文文化・アイヌ文化、一大集落遺跡）
2	青森県（陸奥国、7 世紀頃成立）	砂沢遺跡（弘前市）に水田跡（西日本の遠賀川系模倣土器出土、BC10 世紀～ BC2 世紀）	約 15,000 年前に縄文文化を築く。「三内丸山遺跡」、「大湯環状列石」がある。弥生から古墳時代の本州北部は蝦夷（毛人、エミシ）と呼ばれ、続縄文文化の段階。『日本書紀』の斉明元年（655 年）に津軽地方の地名が初出、難波宮で津軽の蝦夷に冠位授ける。ヤマト王権の影響を受けた末期古墳の造営活発化。当初は「道奥（みちのおく）」と呼ばれた
3	岩手県（陸奥国、8 世紀頃成立）	角塚古墳（奥州市、墳丘長 45m、5 世紀後半）	北上川流域は蝦夷の中心地で日高見国説がある。胆沢の角塚古墳は最北の前方後円墳、ヤマト王権の影響力が及ぶ北端。8 世紀末、胆沢蝦夷の軍事指導者アテルイが朝廷に抵抗、征夷大将軍の坂上田村麻呂が亡ぼす。蝦夷の多くが全国に強制移住、胆沢には関東地方から柵戸の入植者が入った
4	宮城県（陸奥国、6 世紀頃成立）	東北地方最大の雷神山古墳（名取市、墳丘長 168m、6 世紀後半）	古墳時代からヤマト王権の影響力が及ぶ。遠見塚古墳（仙台市）、雷神山古墳（名取市）など。最初の陸奥国府の官衙（郡山遺跡）は仙台市太白区郡山（旧名取郡）に設置。724 年に多賀城（旧宮城郡）設置、奥六郡（日高見国）と対峙する拠点
5	秋田県（出羽国、712 年成立）	阿倍比羅夫、秋田と能代の蝦夷を服属（斉明 4 年（658 年））	縄文文化が栄えた。鹿角市大湯で縄文後期の環状列石出土（1931 年）。『続日本紀』の 734 年、日本海沿岸北辺の交易・征服などの拠点として出羽柵が山形県庄内地方から秋田村高清水岡（秋田市寺内）へ移設。出羽柵は 760 年頃秋田城に改称

(2/9)

通番	都道府県名(令制国名)	トピック	概況
6	山形県(出羽国、712年成立)	戸塚山古墳(米沢市、5世紀後半、置賜の卑弥呼)、出羽柵設置(709年)	古墳文化が到来した時期は日本海側の交易ルートにより4世紀。稲荷森古墳(全長96m、南陽市、県内最大の前方後円墳)造営。708年に越後国に出羽郡が置かれ、翌年、出羽柵が設置された
7	福島県(陸奥国)	会津大塚山古墳(会津若松市、3世紀前半)、亀ヶ森古墳(会津坂下町、同年)	畿内に前方後円墳が登場するのとほぼ同時期に会津地方で前方後円墳造営。古墳時代中期以降、会津地方の古墳造営減少、県南部は隣接する那須国造と同じ前方後方墳造営。県南部は古墳集中
8	茨城県(常陸国)	旧日高見国	『常陸国風土記』白雉4年(653年)に「物部河内・物部会津らが請いて筑波・茨城の郡の700戸を分ちて信太の郡を置けり。もと日高見国なり」とある
9	栃木県(下野国)	小川町駒形大塚古墳など古式な前方後円墳(300年頃)	毛野川(けぬのかわ)(今の鬼怒川、下野国から下総国と流れ土浦市南方で香取海に注ぐ大河)の上流に毛人住む。崇神天皇(第10代)第一皇子の豊城入彦命が毛野国を建国。駒形大塚古墳、下侍塚古墳などの前方後方墳造営(4～5世紀)
10	群馬県(上野国)	天神山古墳(前橋市、350年頃)	東国の一大中心地で4世紀前半から前方後円墳出現(天神山古墳(前橋市)、朝子塚古墳(太田市)、浅間山古墳(高崎市)、太田天神山古墳(太田市など))。太田市飯塚町で埴輪挂甲武人出土(国宝)
11	埼玉県(武蔵国)	環濠集落(さいたま市)、方形周溝墓(熊谷市池上遺跡など、100年頃)	3～5世紀、関東地方の中心地。律令制以前は毛野国で筑紫や吉備に比肩する大国。稲荷山古墳(行田市)で金錯銘鉄剣出土(1968年)。表裏に金象嵌で115文字の銘文。「辛亥(471年)」、「獲加多支鹵大王(ワカタケル大王)」が雄略天皇(『宋書』倭国伝の倭王武)との説
12	千葉県(下総国、上総国、安房国)	環濠集落(市川市、千葉市など、100年頃)	房総は黒潮による南西日本との交流が盛んだった。古墳時代は「捄国(ふさのくに)」。『古語拾遺』には古代豪族の忌部(斎部)氏の祖である天富命が阿波(徳島県)から渡来して麻を栽培、阿波の名を取って安房とした、と。房総三国を一括して「吾妻(あづま)」と呼ぶ

(3/9)

通番	都道府県名（令制国名）	トピック	概況
13	東京都（武蔵国）	環濠集落(北区赤羽台遺跡など、100年頃)、方形周溝墓（北区飛鳥山遺跡、同年）	武蔵国の一角。東京都区部は豊島郡（中心部）、荏原郡、足立郡の一部、下総国葛飾郡の一部にあたる。多摩地域は多麻郡とよばれる
14	神奈川県（相模国）	弥生集落の大塚・歳勝土遺跡（横浜市、100年頃）	弥生遺跡は小規模で少ない。古墳も小規模で出現は4世紀中頃から後半。5世紀前半にヤマト王権に服属。相模川流域に相武国造、酒匂川流域に師長国造、鎌倉三浦付近に鎌倉別任命。国府は初め海老名に置かれた
15	新潟県（越後国、佐渡国）	越は越前、越中、越後に分国（7世紀末）	崇神天皇年間（4世紀か？）、高志（越）国に久比岐国造と高志深江国造があらわる。大化3年（647年）渟足柵（ぬたりのき）（新潟市付近）、大化4年（648年）磐舟柵（いわふねのき）（新潟県村上市付近）造営。越と科野から柵戸（さくこ）派遣
16	富山県（越中国）	越国の蝦夷が帰順（642年）	崇神天皇10年（4世紀か？）、四道将軍の大彦命が高志道を開発。敏達天皇2年（573年）、高麗の使人が越海に漂着、船破れて溺死者多数。574年、高麗の使人が越海に泊り7月に上京
17	石川県（加賀国、能登国）	雨の宮1号墳（4世紀中頃～5世紀初頭、北陸最大級の前方後方墳）	崇神天皇年間（4世紀か？）、加賀国には加我国造と江沼国造が、能登国には能等国造と羽咋国造があらわる。能美古墳群（60基超す）の一角の秋常山1号墳は全長約140mの前方後円墳。中能登町の雨の宮古墳群には雨の宮1号墳(前方後方墳)、七尾市の能登島には須曽蝦夷穴古墳（ドーム型墓室）がある。能登国は越前国から分離して成立(718年)。後に越中国に併合(741年)、再び能登国（757年）に
18	福井県（越前国、若狭国）	嶺北（福井県北部）は銅鐸が出土した日本海側の北限	嶺北は4世紀初め頃から前方後円墳築造。手繰ケ城山古墳（4世紀末）や六呂瀬山古墳群（4世紀後半～5世紀前半）は北陸地方最大規模。嶺南（福井県南部）では5世紀に入って主に若狭町付近で前方後円墳が造られる。5世紀後半～6世紀に若狭、高志、三国、角鹿の四国造分立。嶺北の継体天皇は即位まで三国国造の地域にいた

(4/9)

通番	都道府県名（令制国名）	トピック	概況
19	山梨県（甲斐国）	弥生時代の「宮の前遺跡」（韮崎市）から水田跡出土	曽根丘陵では4世紀前半の前方後方墳である小平沢古墳、4世紀後半の甲斐銚子塚古墳、岡銚子塚古墳などの首長クラスの前方後円墳がある。ヤマトタケル（倭建命、日本武尊）の東征神話では足柄山から甲斐へ入り酒折宮（甲府市酒折）で老人と歌を交わしている
20	長野県（信濃国）	信濃は「科の木」に由来する説が有力	北信は埴科古墳群（4世紀前期～6世紀初頭）などヤマト王権の影響を受けた前方後円墳が多数築造。森将軍塚古墳の被葬者は初代科野国造の建五百建命とする説がある。南信には代田山狐塚古墳（4世紀）、飯田古墳群（5世紀後半～6世紀末）がある。7世紀末の藤原宮跡から出土した木簡に「科野国伊奈評鹿□大贄」とある
21	岐阜県（美濃国、飛騨国）	美濃は「御野」、飛騨は「裴陀」と書かれた	美濃は4世紀前半にヤマト王権の支配下となり、飛騨は4世紀後期に支配下となった。不破郡に三野前国造、各務郡に三野後国造、大野郡に額田国造と裴陀国造が、武儀郡に牟義都国造が設置された
22	静岡県（遠江国、駿河国、伊豆国）	登呂遺跡（弥生時代、水田・住居跡出土、静岡市駿河区登呂）	磐田市の新豊院山2号墳（前方後円墳）、袋井市座王権現神社古墳などの造営は3世紀末～4世紀前半。7世紀に珠流河国造（静岡県東部）と廬原国造（静岡県中部）の領域を併合して駿河国となった。県内の国造は、素賀（原野谷川・逆川流域）、遠淡海（磐田原台地西南部）、珠流河（富士・愛鷹山麓）、廬原（清水平野）、久努（太田川流域）、伊豆（伊豆半島）
23	愛知県（尾張国、三河国）	三種の神器の一つ草薙剣（天叢雲剣）を祀る熱田神宮創建。内々神社や萱津神社など日本武尊東征に纏わる神社や地名が多い	尾張国に弥生時代の朝日遺跡（大規模環濠集落、愛知県清須市・名古屋市西区）がある。天火明命を祖神とする尾張氏の本拠。ヤマト王権と婚姻関係を結び支配確立。4世紀頃～7世紀頃まで断夫山古墳（古墳時代後期最大級）を始め多くの古墳造営。三河国は645年の大化の改新後に参河（三河、三川）国造と穂国造の支配領域を合わせて成立。西三河の三河国造の本拠は二子古墳のある鹿乗川流域遺跡群（安城市桜井町地域）と推定。東三河の穂国造の本拠は宝飯郡で古墳時代前期から後期の大型古墳が造営された

(5/9)

通番	都道府県名（令制国名）	トピック	概況
24	三重県（伊勢国、志摩国、伊賀国）	丹波国造支族の磯部氏（度会氏）が度会郡に来て外宮で豊受大神を祀る	神武東征で度会郡に侵攻した天日別命は、支配者であった伊勢津彦を東国へ追いやり、自ら伊勢国造（鈴鹿郡）になった。4世紀にはヤマト王権の支配下に入った。志摩国は7世紀後半～8世紀初めに伊勢国から分立。伊賀国は天武天皇9年（680年）に伊勢国から分立
25	滋賀県（近江国）	近江は「近淡海（ちかつあはうみ）」「淡海（あはうみ）」ともいわれる	淡海国造と安国造の領域。ヤマト王権の国に近いために早い時期から開発が進められ、多くの渡来人が入植。飛鳥時代には近江大津宮、奈良時代には紫香楽宮や保良宮が置かれた
26	京都府（山城国、丹波国、丹後国）	丹波は四道将軍派遣地。ヤマト王権の主要交通路	西南部山城地方の長岡町雲ノ宮遺跡（1960年発掘調査）、同町鶏冠井（かいで）遺跡（1962年発掘調査）は弥生前期の遺跡。竹野川流域を中心に繁栄。丹後王国説がある。京丹後市久美浜函石浜遺跡から中国新朝（8～23年）の王莽の貨幣出土、丹後地方が丹波の中心地
27	大阪府（和泉国、河内国）	池上曽根遺跡（和泉市、泉大津市）、大型高床式建物築造（BC200年頃）	「大坂」が位置する上町台地は、古代には「難波潟」と呼ばれる葦原の広がる湿地に突き出した半島状の陸地で、浪速、難波、浪花、浪華などと書き表された。遣隋使や遣唐使などの使節の送り出し、返答使の迎接を行った住吉津や難波津が置かれた。仁徳天皇の時代には難波高津宮、孝徳天皇の時代には難波長柄豊崎宮、聖武天皇の時代には難波京（難波宮）を設営
28	兵庫県（播磨国）	県内の古墳18,851ヵ所は国内第1位、遺跡28,882ヵ所は同第2位（平成28年度）	「兵庫」の由来は天智天皇の世に兵の武器の倉庫の意味である「つわものぐら（兵庫）」があったからとの説。兵庫城（神戸市兵庫区）に役所が置かれた。兵庫港（旧称は大輪田泊、現在の神戸港の一部）が古くから国際貿易港として開港

(6/9)

通番	都道府県名（令制国名）	トピック	概況
29	奈良県（大和国）	唐古・鍵遺跡衰退、纒向遺跡（桜井市周辺）に移行か（150年頃）、纒向遺跡最盛期（200年頃、400ha）	弥生時代には奈良盆地を中心に集落遺跡が分布し、特に初瀬川左岸の唐古・鍵遺跡は弥生前期からの継続した大規模集落。同遺跡から水田農耕の存在を示す水田遺構や環濠、木製農具、炭化米、高床式建物跡などの遺構が見られ、青銅器生産を示す鋳型も出土。また、唐古・鍵遺跡の周辺には分村的な多数の集落遺跡が分布。弥生後期には盆地周辺や宇陀地域に高地性集落が出現。纒向遺跡は邪馬台国説、纒向古墳群造営のための施設説がある
30	和歌山県（紀伊国）	熊野那智大社、那智滝の近くから現在地に移建（317年）	鳴神貝塚（和歌山市）は近畿で初めて発見された貝塚。竪穴住居址が確認されたのは川辺遺跡（和歌山市）、芋尾遺跡（橋本市）、安井遺跡（野上町）、鷹島遺跡（広川町）などがあり、竪穴住居址に加えストーン・サークルが見つかった溝ノ口遺跡（海南市）がある
31	鳥取県（伯耆国）	妻木晩田遺跡（紀元前1世紀以降、最盛期150年頃、衰退250年頃、大山町から淀江町）	『日本書紀』の垂仁天皇の条に「鳥取造」、「鳥取部」が見える。沼や沢の多い湿地帯であった鳥取平野で水辺に集まる鳥などを捕らえて暮らしていた狩猟民族はヤマト王権ができてからその支配体系に組み込まれ「鳥取部」として従属。この地が「鳥取」と呼ばれるようになった
32	島根県（出雲国、石見国）	出雲王朝発展期に四隅突出型墳丘墓広まる（150年頃）	縄文晩期（BC1000）以降、山陰西部と九州との交流活発になる。県東部の出雲地方は最も文化の発達した地域の一つ。弥生期の大量の青銅器が出土した荒神谷遺跡や加茂岩倉遺跡、大型の四隅突出型墳丘墓（安来市古代出雲王陵の丘、出雲市西谷墳墓群）がある。早期に鉄器を有する強大勢力が島根東部から鳥取西部に存在した
33	岡山県（備中国、備後国）	吉備国は畿内、北部九州、出雲の地域と共に日本列島の中心地のひとつ	4世紀中頃、畿内勢力と同盟関係を築き日本列島の統一に貢献した。優れた鉄製技術を持ち、その支配地域は岡山県、広島県中東部、香川県島嶼部、兵庫県播磨地方、芸予諸島に至っていたと推定。6世紀前半に備前国、備中国、備後国の3国に分割、さらに備前国から美作国を分国

(7/9)

通番	都道府県名（令制国名）	トピック	概況
34	広島県（安芸国）	4世紀頃、ヤマト王権の勢力下に入る	3世紀頃、畳谷遺跡（広島市）など広島湾岸を中心に高地性集落多数。350年頃の甲立古墳や石槌山古墳群出土。中小田1号古墳（広島市）出土の三角縁神獣鏡は椿井大塚山古墳（京都府）など最古式の古墳出土のものと同笵鏡
35	山口県（周防国、長門国）	4世紀頃、ヤマト王権の勢力下に入る	『日本書紀』垂仁天皇二年条に防長地方初見の伊都都比古（いつつひこ）。穴戸に大きな勢力を持つ豪族。神功皇后紀に穴戸国造の践立直が見える。雄略天皇九年条には朝鮮半島に至るルートの中継地と記している。周防国には周防国造、大島国造、波久岐国造、都怒国造、長門国には穴戸国造、阿武国造が存在した
36	徳島県（阿波国）	神武東征、国名は「粟」から「阿波」に	徳島県北部は粟の生産地だったために粟国。南部は長国と呼ばれた。神武東征に同行した天富命が肥沃な土地を求め当地開拓、穀・麻種を植えたという。後に長国造の領域を含め粟国が成立。県内の古墳は11基確認
37	香川県（讃岐国）	出土した木簡に「讃伎」「賛支」の表記	弥生後期の森広天神遺跡（さぬき市寒川町）では巴形銅器8点が出土、うち3例で製品と鋳型が九州大学筑紫地区遺跡群で出土した製品と一致。讃岐国の国魂神は「飯依比古」。県内の古墳は78基確認
38	愛媛県（伊予国）	4世紀半ば頃、ヤマト王権の勢力下に入る	愛媛の名は『古事記』に「愛比売」と記述。『日本書紀』には四国の総称を「伊予二名島」としている。松山市の久米地域は久米国造の支配地域。それに伊余、久味、風速、怒麻、小市の国造の領域を合わせて伊予国成立。初期の前方後円墳は今治市近見地区伊賀相の谷にある。4世紀半ば頃と推定。県内に19基の古墳確認
39	高知県（土佐国）	都佐国造と波多国造の領域をあわせて成立	『日本書紀』の天武4年3月（675年）の条項に「土左大神以神刀一口、進于天皇」とある。天武5年9月（676年）の条に「筑紫大宰三位屋垣王、有罪、流于土左」とある。流刑地の一つ。天武13年（684年）に「土左国司言、大潮高騰、海水飄蕩、由是運調船多放失焉」と白鳳地震の記事がある。県内の古墳は宿毛市の平田曽我山古墳（5世紀前半）1基のみ

(8/9)

通番	都道府県名（令制国名）	トピック	概況
40	福岡県（筑前国、筑後国、豊前国）	「魏志倭人伝」の「伊都国」は福岡市西区・糸島市に、「奴国」は福岡市博多区・春日市などに比定。筑紫国は筑前国と筑後国に、豊国は豊前国と豊後国に分割（7世紀末）	5、6世紀のヤマト王権は九州を筑紫国（北部）・豊国（東部）・肥国（中部）・熊曽国（南部）の四区分にわけていた。天智朝の初め頃に白村江の戦い（663年）に敗れ大宰府が置かれた
41	佐賀県（肥前国）	「魏志倭人伝」の「末盧国」は唐津地方に比定。肥国は肥前国と肥後国に（7世紀末）	吉野ヶ里町と神埼市にある「吉野ヶ里遺跡」は弥生時代の大規模環壕集落。古墳時代初期築造の前方後円墳は久里双水古墳（唐津市）をはじめ佐賀平野北部にある。天智朝の初め頃に白村江の戦い（663年）に敗れ、基肄城、おつぼ山神籠石や帯隈山神籠石などの山城構築
42	長崎県（肥前国、対馬国、壱岐国）	「魏志倭人伝」の「對海（馬）国」は対馬市に、「一大（支）国」は壱岐市芦辺町・石田町に比定	県内の古墳は500ヵ所以上。その大半は壱岐島にある。対馬市に出居塚古墳、根曽古墳群（古墳時代初期）、壱岐市に県内最大円墳の鬼の窟古墳、県内最大前方後円墳の双六古墳（6世紀後半築造）。白村江の戦い（663年）に敗れ対馬・壱岐などに防人や烽置く。対馬に金田城が築かれた（667年）
43	熊本県（肥後国）	肥国は肥前国と肥後国に（7世紀末）	古くは火国（肥国）と呼ばれ、多氏と同系の火君がいた。八代郡肥伊郷が本拠。前方後円墳は宇土市に4世紀後半期の摺鉢山古墳、迫ノ上古墳など、玉名郡和水町に5世紀末～6世紀初頭の江田船山古墳（75文字銀象嵌の大刀出土）がある
44	大分県（豊前国、豊後国）	豊国は豊前国と豊後国に（7世紀末）	県の全部と福岡県の東部は豊国と呼ばれた。県名は国府が置かれていた大分郡に由来。大分郡の名は『豊後国風土記』に、景行天皇がこの地を訪れた際に「碩田国（おおきたのくに）と名づくべし」とある。豊後は、平安時代まで和名で「とよくにのみちのしり」と読んだ

(9/9)

通番	都道府県名(令制国名)	トピック	概況
45	宮崎県(日向国)	神武東征神話あり、大和橿原宮で初代天皇即位	日向の語源は『日本書紀』景行天皇条の日本武尊の征西で「是の国は直く日の出づる方に向けり」とある。4世紀中頃以降、西都原、新田原などで畿内型古墳群造営。ヤマト王権と連携、対隼人の最前線となる。推古天皇 20 年(612 年)条に「馬ならば日向の駒」の記載(福岡県日向説あり)。日向国成立当初は宮崎県と鹿児島県本土部分を含んだ
46	鹿児島県(薩摩国・大隅国)	日向国から唱更国(後の薩摩国)が分国(702 年)、同じく大隅国が分国(713 年)	ヤマト王権から異民族視された隼人の住地。薩摩国では川内川の北部、高城郡と出水郡は移住者・外来者の居住地で「非隼人郡」。原住民である隼人の居住地はその南部や東部に限られた。大隅国は薩摩国と同様に豊前国の民 200 戸など約 5 千人を移住させ桑原郡等が設けられた
47	沖縄県(琉球国)	「沖縄」の初出は「唐大和上東征伝」に記載の「阿児奈波」(779 年)	「琉球」は 7 世紀の中国の史書『隋書』巻 81 列傳第 46 東夷流求國條に記載。大業 6 年(610 年)に隋が侵攻した国名は「流求」。南西諸島の住民の先祖は 10 世紀前後に九州南部から南下したものが主体であると推測(遺伝子研究で中国人や台湾人とは遠く九州以北の本土住民と近い)

出所:都道府県のホームページなどをもとに筆者編集

4.2　連合するクニ

多くのクニが生じると、クニ同士の交易の拡大、領土の安全を維持するため連合するようになる。土器の流通が活発になる。

一方で、クニを豊かにするため、守るため、近隣のクニを侵略するクニがあらわれる。

4.2.1　土器の流通

土器は入れ物である。米や穀類などを入れて、他のクニで欲しいものと交換することができる。交通手段は主に船を利用したと思われる。

地域によって土器の形状などは異なる。まず使用する「土」が違う。出土する土器を分析すれば、何処で作られた土器かがわかる。図表 4.2.1 − 1 に「弥生時代〜古墳時代初期の土器の主な流通」を記す。

津寺（加茂小）遺跡（岡山県岡山市）は、西日本の大体真ん中にあり、古くは吉備と言われていた地域だ。ここで弥生後期の土器が大量に発掘された。その中に、北陸、出雲、東海、近畿、讃岐系の土器が出土した（図表 4.2.1 − 2 参照）。県下最大の規模を誇る造山古墳に近く、後年、官衙が設置された。

纒向遺跡（奈良県桜井市）は、卑弥呼の墓の候補のひとつである箸墓古墳の近くにある。ここでは伊勢・東海系の土器が半数近く出土、他に、北陸・山陰系が 2 割弱、河内系が 1 割、吉備系が 1 割弱の土器が出土している。また、特殊器台が出土している。吉備から伝わったものである。但し、銅鏡、刀剣類、勾玉、鉄製品の出土はなく、大陸との交易関係の物も出土していない。

近江系の土器は、新潟県、岡山県、福岡県など広域にわたって出土している。3 世紀前後の近畿地方では、福岡周辺から持ち込まれた土器やそれをまねて作られた土器の出土が無い。

弥生前期の遠賀川式土器の特徴をもった土器は東北地方から中部地方からも出土している。遠賀川の河口には崗（遠賀・おか）の湊がある。神武天皇東征の寄港地でもある。

図表 4.2.1 − 1　弥生時代〜古墳時代初期の土器の主な流通　(1/2)

通番	遺跡名	所在地	時代区分	搬入土器の出土等
1	荒屋敷遺跡	福島県大沼郡三島町	縄文晩期〜弥生前期	弥生前期の遠賀川式（福岡県）土器が出土。縄文晩期の出土品は重要文化財に指定（2018 年）
2	大沢遺跡	新潟県新潟市西蒲区稲島	弥生中・後期	近江系の土器出土。縄文時代の火焔型土器も出土

(2/2)

通番	遺跡名	所在地	時代区分	搬入土器の出土等
3	市原市内遺跡	千葉県市原市	古墳早期	近畿系、北陸系、東海系、北関東系の影響を受けた土器出土
4	神門古墳群	千葉県市原市	古墳早期	神門3・4・5号墳は王墓。出土した土器は近畿系、北陸系の特徴を持つ
5	西志賀遺跡	愛知県名古屋市西区、北区	弥生前期	遠賀川式（福岡県）土器が出土
6	纒向遺跡	奈良県桜井市	弥生～古墳転換期（2世紀末～4世紀中頃）	東西2km南北1.5km。出土比率は伊勢・東海系49%、北陸・山陰系17%、河内系10%、吉備系7%、近江系5%、関東系5%、播磨系3%、西部瀬戸内海系3%、紀伊系1%。吉備の特殊器台出土。銅鏡、刀剣類、勾玉、鉄製品、大陸との交易関係の出土品無し。祭祀用建物、大・小溝（運河）、土抗が出土。住居集落跡の発掘無し。箸墓古墳に近い
7	中田遺跡	大阪府八尾市千塚3-180-1	古墳初頭	吉備（岡山県）で製作された土器と吉備の技術で製作された土器が大半を占める。河内と吉備の甕の特徴を併せ持つ最古期の庄内式甕出土
8	津寺（加茂小）遺跡	岡山県岡山市北区津寺	弥生後期	北陸系、出雲系、東海系、近畿系、讃岐系の土器出土。県下最大の規模を誇る造山古墳に近く、後年、官衙設置
9	高島遺跡	岡山県岡山市南区宮浦	弥生中・後期	近江系の土器出土
10	原ノ畑遺跡	福岡県大野城市	古墳前期	近畿系類似、福岡市内類似の土器出土
11	西新町遺跡	福岡県福岡市早良区西新	弥生中期	朝鮮系、近畿系、山陰系、瀬戸内系、東九州系、東海系の土器出土。今は修猷館高校が建つ
12	今川遺跡	福岡県福津市宮司浜	弥生中・後期	近江系の土器出土。今は住宅街

出所：『津寺遺跡3』（日本道路公団広島建設局岡山工事事務所、岡山県教育委員会、1996年）をもとに筆者編集

図表 4.2.1 － 2　津寺遺跡（岡山県岡山市）の土器

出所：『津寺遺跡 3』（日本道路公団広島建設局岡山工事事務所、岡山県教育委員会、1996 年）

4．2．2　クニとクニとの戦い

稲の成育期に冷害、日照不足、日照り、台風などの自然災害が起きると凶作になる。人口が増えれば食料不足になる。水争い、土地争い、略奪、小競り合いなどが発展して戦いが生じる。

クニとクニとの戦いは、負けたクニは勝ったクニに吸収され隷属することになる。戦いでは戦死者がでることもある。

戦いの武器は、弓、鏃（やじり）、剣、矛（ほこ）、戈（か）などがあり、守りは鎧、盾である。西日本では、各地に戦死者の遺跡がある。大乱といわれるが、今のところ、弥生時代の戦乱を表す人骨数は意外と少ない。

また、小さなクニが独立しているより合体して大きなクニになった方が、防衛の点で有利なため、戦わずに合体する例もあったと思われる。

２世紀頃、吉備勢力は出雲征服を試みたとのことである。しかし、出雲東部の意宇王に勝てなかった。その後、ヤマト政権と同盟したとのことである。古墳時代以降、飛鳥時代まで繁栄した。

豊（トヨ、大分県）のムラは、急激に大規模化が進みクニとなり、土塁などの防衛施設を設けるようになった。土器の出土状況をみると、瀬戸内海に面した別府湾沿岸地域のクニから順次、ヤマト王権と連携したと思われる。

1953年、佐賀県三津永田遺跡と山口県土井ヶ浜遺跡で弥生人骨が多数発掘された。この弥生人は長崎市深堀遺跡、五島列島浜郷遺跡・松原遺跡から発掘された弥生人骨に比べ、身長が高く面長で顔はのっぺりしていた。深堀遺跡・浜郷遺跡・松原遺跡の弥生人は縄文人に近く、三津永田遺跡・土井ヶ浜遺跡の弥生人は北アジアの集団に近いという。土井ヶ浜遺跡の人骨には鏃（やじり）などが刺さったものが多数発見された。戦死者と思われる。

図表4.2.2－1に「主な戦死者の遺跡」を記す。

図表4.2.2－1　主な戦死者の遺跡

通番	遺跡名	所在地	時代区分	概要
1	新方遺跡	兵庫県神戸市	弥生初期	1列に葬られた3人の人骨のそれぞれに、石鏃が刺さっている。その1体には17個の石鏃が射ち込まれていた。多くの弓の矢が刺さったもの
2	土井ヶ浜遺跡	山口県下関市	弥生前期～中期	墓地遺跡。300体超の弥生人の骨出土。体を切断された遺体もある
3	吉野ヶ里遺跡	佐賀県神埼市、吉野ヶ里町	弥生中期～後期	甕棺墓が2,000個以上見つかっている。「首のない人骨」「12本の矢じりが刺さった人骨」が出土。戦死者の墓
4	青谷上寺地遺跡	鳥取県鳥取市青谷町	弥生後期（2世紀後半）	100人分以上の約5,300点の人骨が出土。そのうち110点に殺傷痕が見られる。戦争で傷ついたもの
5	四分遺跡	奈良県橿原市四分町	弥生	出土した木棺から2人の遺骨が検出。男女の遺骨。女性は胸の部分に石鏃が1つ、男性は背中、胴体に鉄器で刺されたり切られたりした痕がある

出所：各種ホームページをもとに筆者編集

4.2.3　大陸と結びついた大きなクニ

クニとクニとの戦いでは、短期決戦、長期の戦いでも、武器や防御などの装備、戦う人数、兵站、士気の差などの要因によって勝ち負けが決まる。武器の優劣は決定的な勝負の要因である。弥生時代では鉄器の装備が優れていれば敵を圧倒できる。

鉄器は大陸に豊富にある。航海に必要な船も必要だ。九州地方は台風などの自然災害があり、ムラ単位で東へ移動する集団も現れた。朝鮮半島や九州からの「人・もの・文化」の交流も活発化した。

「大きなクニ」の仮説を考えた。図表4.2.3－1である。

図表 4.2.3 － 1　大陸と結びついた大きなクニ連合の仮説

通番	連合国	年代	大陸の国	要因	内容
1	奴国連合	1世紀	後漢	大陸航行ルート	青銅器や鉄器の大規模製造工場があった糟屋や胸肩（宗像）と奴国連合を組んだ。後に糟屋や胸肩はヤマトと連携か
2	伊都国連合	1世紀～3世紀前半	任那（金官）	大陸航行ルート	大陸との航行ルートにあたる「末盧国」、「一大（支）国」、「對海（馬）国」と「伊都国」の連合。碧玉や水晶など加工工房があった
3	北部九州・出雲連合	2世紀～3世紀	任那（金官）	大陸航行ルート	大陸からの鉄の確保
4	ヤマト・近江・丹波・吉備・出雲連合	3世紀前半	任那（金官）	大陸航行ルート、対北部九州対策	出雲はヤマトに敗北、ヤマト連合に組み入れられる
5	ヤマト・近江・丹波・吉備・出雲・豊連合	3世紀後半～4世紀	任那（金官）、百済	大陸航行ルート、北東部九州制覇	豊に物部葛城、日向含む？

出所：各種ホームページをもとに筆者編集

4.2.4 弥生時代の終焉

3世紀後半頃、北部九州・瀬戸内、畿内の政治関係が大きく変化したと思われる。近畿と吉備及び北部九州の瀬戸内側の豊前には大型のクニが見られる。

この時期、近畿地方や四国地方などでは銅鐸を細かく破砕して投げ捨てた例が増加している。中国製の銅鏡の出土分布を見ると、この時期、明らかに中心部が北部九州から近畿に移動している。

北部九州では、使用可能な鉄鏃や鉄製の農耕具が多量に集落内に廃棄。集落自体も廃絶してしまう例がみられる。北部九州型の青銅器も大半が廃棄されている。平底を基調としていた弥生土器はこの時期に丸底に変化。畿内地方の庄内式土器、布留式土器などが北部九州沿岸部を中心に大量に出土している。

特に、大分県では顕著で、安国寺式とよばれる豊後の弥生後期を代表する在地の壺の出土が消える。また、青銅器も一斉に廃棄されている。

図表4.2.4 − 1に「北部九州地域の主な弥生時代の終焉」を記す。

図表 4.2.4 − 1 北部九州地域の主な弥生時代の終焉 (1/2)

通番	遺跡名	所在地	時代区分	概要
1	米竹・多武尾・尼ケ城・賀来中学校遺跡	大分県大分市	弥生後期	住居跡群を囲む大規模なV字溝が設けられ、多武尾・賀来中学校遺跡では溝の堆積状況から内側に土塁を築いていたと考えられる。多量の土器が廃棄
2	曲の守岡遺跡	大分県大分市曲	弥生後期～古墳初頭	弥生時代の早い段階に造られたムラ。弥生時代後期に再びムラを営む。古墳時代初頭に多量の土器や中国製鏡片を残したまま廃絶、中世まで無人の台地
3	多武尾遺跡	大分県大分市横尾	古墳初頭	小銅鐸を遺棄、集落廃絶
4	日当遺跡	大分県臼杵市野津町	古墳初頭	弥生時代に造られた集落、廃絶

(2/2)

通番	遺跡名	所在地	時代区分	概要
5	中山遺跡	大分県竹田市荻町	古墳初頭	弥生時代に造られた集落、廃絶
6	吉野ヶ里遺跡	佐賀県吉野ヶ里町、神埼市	古墳初頭	全体を取り囲む環壕は、大量の土器が捨てられ、埋め尽くされてほぼ埋没した。それと前後して、南内郭付近の丘陵部に4基の前方後方墳が築かれた。南部一帯は、人々の生活する集落から、人が葬られる埋葬の地へと変化

出所：各遺跡ホームページ、『大分市史』をもとに筆者編集

4.2.5　国の統一へ

農耕と鉄器が普及して弥生式の経済が北部九州から急速に日本列島を東へ伝播、農業生産力は一気に増大した。それにより、多くの鉄を持つ「豪族」が誕生。貧弱な石の農具しか持たない「農民」との経済格差は広がり、豪族は経済基盤が弱い多くの農民を配下にした。

大きな力を持つようになった豪族は鉄の農具で新田を次々に開発、豪族の富は益々拡大していった。

やがて、林立する豪族同士は武力衝突や平和的吸収で淘汰が進み、最後に残ったのが畿内から九州、東国の豪族の連合体を築いたヤマト王権ということになる。ヤマト王権は鉄で武器を大量に作った。

三種の神器といわれる鏡、剣、玉の３点は北部九州では弥生時代中期（紀元前１世紀～紀元１世紀）の墳墓から同時に出土する。

4.3　ヤマト王権

古墳時代発生期の３世紀中葉に前方後円墳が近畿地方に造られた。纒向石塚、ホケノ山、勝山、観音塚の各古墳である（箸墓古墳もこの当時築造されたといわれている）。前方後円墳はその後６世紀頃まで、北は

東北地方南部、南は九州南部に広がって造られ、大型化されるようになった。この流れは、統一的な王権が登場したためといわれている。この王権を「ヤマト王権」という。

ヤマトはもと小国であったが、近隣国と連携しながら連合体を形成、大王を頂点とした国家へと成長していったと思われる。

ヤマト王権時代は古墳時代と重なり3世紀末から飛鳥時代（572年〜）の前まで約300年続いた。

なお、古墳時代の区分は図表4.3－1「古墳時代の区分」とした。

図表4.3－1　古墳時代の区分

通番	区分	西暦	特徴
1	前期	250～350	270年頃～370年頃は初期ヤマト王権時代。4世紀前半の大規模な古墳は大和地方に集中。4世紀中頃までに九州北部から中部地方までを統一した大王が大和地方に出現したと考える
2	中期	350～450	370年頃以降、ヤマト王権躍進期
3	後期	450～591	490年代以降はヤマト王権による種族の統合、507年継体天皇即位、539年頃から欽明天皇による初期国家の建設

出所：フリー百科事典「ウィキペディア」をもとに筆者編集

4.3.1　ヤマトとは

『日本書紀』では「ヤマト」は漢字で「倭」、「大倭」、「委」、「東」、そして「日本」と書いている。「大倭」は「倭」に大きいという意味の「大」を付加したもの。「委」は『百済本記』からの引用であろう。「東」はなぜヤマトにあてたかは不明であるが「西」（北部九州か）に対しての反対語である。「日本」は「倭（わ）」という悪字を良字に改めたわが国の名称である。

ヤマトの古墳群を地域別でみると、奈良盆地の南西部に「馬見古墳群」、南東部に「大和・柳本古墳群」、北部に「佐紀盾列古墳群」がある。

ヤマト勢力は徐々に拡大。大阪府の河内(かわち)を傘下に入れ、4世紀中頃には中部地方から西日本を統一したといわれている。

五色塚古墳（兵庫県神戸市垂水区、前方後円墳、墳丘長194m）は4世紀末～5世紀初頭（古墳時代中期）頃の築造である。葺石には淡路島の五色浜にあるカラフルな石が大量に運ばれたという。明石海峡とその周辺を支配した首長墓である。ヤマト王権と連合していた。

河内平野には「古市古墳群」、「百舌鳥古墳群」がある。4世紀～6世紀に建造された大型前方後円墳（墳丘長200m以上）は大和川流域に分布している。

5世紀末から6世紀頃には部民制や氏姓制度を採用して支配機構が成立した。その後、ヤマト勢力は日本列島の大半を征したため、「ヤマト」は全国を指すことにもなった。

4．3．2　神武東征とヤマト王権

『古事記』『日本書紀』では神武東征がヤマト王権のはじまりとしている。その神武東征は神話であり、後世の創作との説がある。しかし、各地には、神武東征の言い伝えが数多く残されている。全て創作であるとは思えない。

神武東征の前に、遠賀川流域の鞍手郡を拠点にしていた「「饒速日命」、「三十二神」、「物部二十五部」の人々が天下る」（東征）との記述が『先代旧事本紀』（巻3）にみえる。

（1）神武東征とは

『古事記』、『日本書紀』に記された、神倭伊波礼毘古命（カムヤマトイハレビコ、のちの神武天皇。以下「イハレビコ」と記す）が天下を治めるために、九州高千穂から東へ攻めいった。塩土老翁（シオツチノオジ）という神の助言「東方の美しい地（大和国の奈良盆地）には天降っ

た神（饒速日命、物部氏遠祖）がいる」があった。

東征の主な経路は、今の、宮崎県→大分県→福岡県→広島県→岡山県→大阪府→和歌山県→奈良県である。

東征により、稲作技術、鉄器製造技術、開墾技術（水路含む）をひろめた。移動した地では大いに喜ばれたはずだ。

（2）神武天皇の素性

神武天皇は日向の高千穂で誕生。諱（いみな）（＝本名）は彦火火出見（ヒコホホデミ）、幼名は狭野尊（サノノミコト、サヌノミコト）という。詳細は図表4.3.2 − 1参照。

図表 4.3.2 − 1　神武天皇の素性　(1/2)

通番	項目	内容
1	諱（いみな）	彦火火出見（ヒコホホデミ）＝いわゆる本名
2	幼名	狭野尊（サノノミコト、サヌノミコト）
3	和風諡号	神日本磐余彦（カムヤマトイハレビコ）天皇（『日本書紀』）
4	漢風諡号	神武天皇
5	別称	若御毛沼命、磐余彦帝、豊御毛沼命、始馭天下之天皇
6	生年月日	紀元前 711 年 2 月 13 日
7	崩御	紀元前 585 年。127 歳で没
8	生誕地	日向の高千穂（天孫降臨の地）の皇子原（現：宮崎県高原町の狭野神社皇子原公園に比定）。他に高千穂町四皇子峰、宮崎市佐野原
9	祖先	天照大神（アマテラスオオミカミ）の 5 代後。天照大神の孫は瓊瓊杵尊（ニニギノミコト）。そのひ孫
10	父	彦波瀲武鸕鷀草葺不合尊（ウガヤフキアワセズノミコト）、生誕地は鵜戸神宮付近（宮崎県日南市）。日向三代の三代目
11	母	玉依姫、海神の娘。神武祖母の豊玉毘売（トヨタマヒメ）の妹
12	親の職業	日向の統治
13	皇后	媛蹈鞴五十鈴媛命（ヒメタタライスズヒメ） 皇后の父＝事代主神（大物主神、大国主神の子） 皇后の母＝勢夜陀多良比売 / 玉櫛媛（タマクシヒメ） ※事代主神を祖とするのは、三輪氏、賀茂氏、宗像氏、長国造、都佐国造、波多国造など

(2/2)

通番	項目	内容
14	妃	吾平津媛（アヒラツヒメ）、日向国吾田邑の産まれ 興世姫命（オキヨヒメミコト）、広島県笹岡市上島神社に后の伝承
15	兄弟	神武天皇は４人兄弟の４番目 ①長兄:『古事記』では「五瀬命」(イツセノミコト)、『日本書紀』では「彦五瀬命」(ヒコイツセノミコト)、別称「五瀬命」 ②次兄:『古事記』では「稲氷命」(イナイノミコ)、『日本書紀』では「稲飯命」(イナイノミコト) ③三兄:『古事記』では「御毛沼命」(ミケヌノミコト)、『日本書紀』では「三毛入野命」(ミケイリノノミコト)
16	子女	①皇后との長兄＝日子八井命（ヒコヤイノミコト）、 神八井耳命（カンヤイミミノミコト、生年不詳～綏靖天皇４年４月死去、多臣（多氏）の祖） ②皇后との子＝神沼河耳命（カムヌナカワミミノミコト、綏靖天皇） ③妃との子＝手研耳命（タギシミミノミコト）、岐須志美美命（キスミミノミコト）
17	皇居	畝傍橿原宮
18	御陵	畝傍山東北陵

出所：『古事記』、『日本書紀』

（３）東征の遷移

イハレビコは45歳の時に東征を決意。軍を仕立て、船を使い東上した。詳細は図表4.3.2 － 2参照。

図表4.3.2 － 2　神武天皇の東征の推移（『古事記』、『日本書紀』）　(1/4)

通番	滞在地	現在地	滞在期間	神武年齢	内容
1	日向・高千穂	諸説ある（「⑷高千穂」を参照）	45日	45	東征を五瀬命、稲飯命・三毛入野命などに提案。塩土老翁の助言「東方の美しい地（大和国の奈良盆地）には天降った神がいる（饒速日命、物部氏遠祖）」。「この地は都をつくり天下を治めるのに適した場所」とイハレビコが言うと皆、賛同
2	馬登（鳥井原）	宮崎県高原町	－	45	馬上のイハレビコを住民たちが見送った伝承

(2/4)

通番	滞在地	現在地	滞在期間	神武年齢	内容
3	日向・美々津	宮崎県美々津町（「(5) 児湯」を参照）	―	45	同行者：兄・五瀬（イツセ）命、諸皇子と舟師（水軍）を帥（ひき）いて出発
4	速吸の門	大分県高島付近	―	45	豊予海峡で船が進まず。国神の珍彦と出会い、水先案内人となり宇沙へ上陸（『日本書紀』では筑紫国の菟狭）。珍彦は槁根津日子（『日本書紀』では椎根津彦、倭国造の始祖）拝命
5	宇沙	足一騰宮（大分県宇佐市）	―	45	宇沙都比古・宇沙都比売は足一騰宮（あしひとつあがりのみや）を作り食事などで歓待
6	筑紫の岡田宮	岡田宮（北九州市八幡西区岡田町）	1年	46	岡田宮の近くに元宮の一宮神社がある。イハレビコが行った祭祀跡の「磐境」がある。岡田宮の中殿にイハレビコ、右殿に県主の熊鰐命（海人族）
7	多祁理（たけり）宮	多家神社（広島県府中町）	7年（書紀2ヵ月）	53（46）	安芸津彦命「出迎えて奉饗せり」の伝説がある
8	高田郡可愛（えのむら）村	広島県安芸高田市吉田町	―	53（46）	広島湾に面した誰曽廼森（たれそのもり）に上陸後、太田川、根の谷川を北上。可愛川（日本海岸）沿い埃ノ宮（えのみや）神社伝承あり。出雲勢力帰順、鉄の入手
9	吉備の高島宮	主な伝承地4ヵ所（岡山県岡山市中区の龍ノ口山一帯が最有力地）	8年（書紀一）	61（52）	＜伝承地1＞田島（広島県福山市）。隣の矢ノ島は弓矢の伝承地 ＜伝承地2＞高島（広島県笹岡市）。王泊は宮建築、真名井は神の井戸。神卜山は山頂で占う ＜伝承地3＞高島（岡山県岡山市南区、無人島） ＜伝承地4＞高島山（岡山県岡山市中区）。現、龍ノ口山一帯。国府跡最有力地
10	水門湾	安仁神社（岡山県岡山市東区）	―	61（52）	旧兄神社。イハレビコの長兄の五瀬命を祭る。神社付近に数年間滞在の伝承地

(3/4)

通番	滞在地	現在地	滞在期間	神武年齢	内容
11	浪速の渡、白肩津（河内国草香邑）	大阪府東大阪市の北東端	–	61（52）	大和を治める豪族の長髄彦（ながすねひこ）が神武天皇を迎え討ち。五瀬命は長髄彦が放った矢に当たり負傷。五瀬命は「我々は太陽の神の子孫である。陽（東）に向かって戦うのは良くない。」と言い、方向転換。紀伊半島の東へ回り込む
12	血沼海（ちぬのうみ）＝茅渟	茅渟宮跡、茅渟池（大阪府泉佐野市）	–	61（52）	五瀬命が矢を受けて負傷した傷を洗った場所
13	男之水門（おのみなと）	主な伝承地２ヵ所（大阪府、和歌山県）	–	61（52）	＜伝承地１＞男神社（大阪府泉南市男里）。流れ矢で負傷した五瀬命が傷の痛みに絶えかねて、雄たけびをあげた ＜伝承地２＞水門吹上神社（和歌山県和歌山市小野町）。手負いの五瀬命は紀国の男之水門に着いた所で死ぬ
14	紀の竈山（かまやま）	竈山神社（和歌山県和歌山市和田）	–	61（52）	五瀬命が竈山に葬られた。本殿の背後に五瀬命の墓と伝える竈山墓（宮内庁治定墓）がある
15	紀の名草村	宇賀部神社（和歌山県海南市小野田）	–	61（52）	名草地方一帯を治めていた首長「名草戸畔（なぐさとべ）」（戸畔は女性の意）と戦い、初勝利。戦死した戸畔の頭を宇賀部神社（別名おこべさん）、胴は杉尾神社（同おはらさん）、足は千種神社（同あしがみさん）に埋葬。その後は紀氏が紀伊を治めた
16	熊野灘海難死・埋葬地	室古神社（和歌山県熊野市二木島町）、阿古師神社（同甫母町）	–	61（52）	荒れる海で、次兄と三兄が海難死。室古神社に稲飯命、阿古師神社に三毛入野命が祀られている
17	熊野の荒坂津	丹敷浦（和歌山県那智勝浦町）	–	61（52）	荒坂津（別名：丹敷浦）で女首長の丹敷戸畔（にしきとべ）を討つ。その墓は串本町袋港の東側にある山上に伝わる

(4/4)

通番	滞在地	現在地	滞在期間	神武年齢	内容
18	熊野村	熊野速玉大社（和歌山県新宮市）	―	61 (52)	大熊が現れ、イハレビコと軍勢は気を失う。高倉下が天照大神と高木神から届いた太刀を持参。イハレビコ目覚め太刀握る。荒ぶる神は切り倒され軍勢目覚める。イハレビコは「天つ神の御子」と記述。※太刀は甕布都神（ふかふつ）と言い石上神宮に鎮座
19	熊野の山越え	和歌山県熊野市	―	61 (52)	八咫烏（やたがらす）現る
20	吉野河の河尻	吉野川下流（奈良県五條市北部）	―	61 (52)	国つ神の贄持之子（にへもつのこ）、井氷鹿（いひか）、石押分之子（いわおしわくのこ）現れイハレビコに従う
21	宇陀	宇賀神社（奈良県宇陀市兎田野）	―	61 (52)	八咫烏の案内で宇陀に。大伴連ら祖の道臣命と久米直ら祖の大久米（おおくめ）命同行。宇陀の豪族の兄宇迦斯（えうかし）は罠を仕掛けたが、その弟の弟宇迦斯（おとうかし）はイハレビコに密告。兄死ぬ
22	忍坂（おさか）	忍阪（奈良県桜井市忍坂）	―	61 (52)	土雲（つちぐも）の八十建（やそたける）が待っていた。イハレビコは土雲にご馳走し飲食時に、料理人たちが八十建を殺した
23	大和	志貴御県坐神社（奈良県桜井市金星）	―	61 (52)	大和を治める豪族のナガスネヒコと対決。兄師木（えしき）・弟師木（おとしき）と戦う。イハレビコの弓の先に、金色の鳥のトビが留まりその輝きにナガスネヒコの軍は幻惑され戦闘不能に。饒速日命はナガスネヒコを殺しイハレビコに従う。他も恭順
24	橿原宮	橿原神宮（奈良県橿原市久米町）	―	61 (52)	紀元前660年、畝火の白檮原宮（かしはらのみや）で即位。事代主神の娘の媛蹈鞴五十鈴媛（ひめたたらいすずひめ）命を皇后

出所：フリー百科事典「ウィキペディア」をもとに筆者編集

（4）高千穂

天照大神の孫のニニギノミコトは多くの者を従えて高天原から九州の「高千穂」に降臨した。その後、イハレビコが生まれた。高千穂はどこにあったか。宮崎県北部の西臼杵郡高千穂町と宮崎県と鹿児島県の県境にある霧島の高千穂峰の２説がある。臼杵には高千穂神社、天岩戸神社がある。霧島には霧島神宮が鎮座している。

『古事記』をみると、「竺紫(つくし)の日向(ひむか)の高千穂の久士布流多気(くじふるだけ)（＝神聖なる山)」と書いてある。『日本書紀』では、「日向の襲(そ)の高千穂峰」である。「襲」は何を指すか。曾於(そお)（贈於）郡（現鹿児島県曽於市・霧島市）を指す。高千穂峰は「襲(そ)の峯(みね)」とも呼ばれた。一方『日向国風土記』には、降臨した地は日向国臼杵郡知鋪(ちほ)（＝高千穂）郷と書いてある。

図表 4.3.2 － 3　高千穂神社

出所：高千穂神社訪問（2014 年 11 月 15 日）

（5）児湯

児湯郡は宮崎県の中程にある。神武東征で舟に乗って出発した地がある。1879 年当時は、西都市全域、宮崎市の一部（佐土原町下富田の一部)、日向市の一部（美々津町）及び高鍋町、新富町、西米良村、木城町、川南町、都濃町が郡域であった。平安時代中期（931 ～ 938 年）に編纂された『倭名類聚抄』での郡には8つの郷の記載がある。三納郷、都野郷、穂北郷、大垣郷、覩唹郷、三宅郷、韓家郷、平群郷である。

西都市の中心地区は妻町である。国府、国分寺、国分尼寺が置かれた。また、「西都原古墳群」がある。江戸時代前までは斉殿原と呼ばれていた。東西 2.6km、南北 4.2km の中に、前方後円墳 30 基、円墳 279 基、方墳 1 基、地下式横穴墓 11 基、横穴墓 12 基、計 333 基がある。構築時期は 4 世紀以降といわれているが、遡る可能性がある。西都原古墳群は一ツ瀬川の右岸にあるが、その左岸には「新田原古墳群」がある。前方後円墳 24 基、方墳 2 基、円墳 181 基の総数 207 基で構成されている。「西都原古墳群」「新田原古墳群」の現地を見てほしい。とてつもなく大きく「すごい」。

4. 3. 3　ヤマト王権を支えた豪族

ヤマト王権は、神武天皇 2 年 2 月 2 日、東征に携わった人々に論功行賞を行ったと『日本書紀』に記載されている。図表 4.3.3 − 1 に記す。

図表 4.3.3 − 1　神武天皇の論功行賞　(1/2)

通番	対象者	論功行賞の内容	所在地
1	道臣命	東征従軍。初名は日臣命。築坂邑の土地、宅地を賜る。天皇から特に目をかけられる。連となり宮廷警護。大伴氏先祖	築坂邑（奈良県橿原市鳥屋町付近）
2	大来目（目元に入墨）	東征従軍。来目邑の土地を賜る。宮中守護。久米氏の遠祖	来目邑（奈良県橿原市久米町）
3	珍彦（大分国神）	宇佐近辺から東征従軍。椎根津彦に改名。倭国造に任命	大和国大和郷（奈良県天理市）
4	弟猾	大和菟田県の豪族。神武側につく。猛田県主に任命。宇陀の主水部の先祖	猛田邑（奈良県橿原市竹田町）

(2/2)

通番	対象者	論功行賞の内容	所在地
5	黒速（弟磯城）	大和磯城の豪族。神武側につく。磯城県主に任命。綏靖妃の川派媛（黒速の娘）、安寧妃の川津媛（磯城県主葉江の娘）がいる	十一（奈良県橿原市十一町）
6	劒根	葛城地方の豪族。神武側につく。葛城国造に任命	葛城（奈良県葛城市）
7	八咫烏	瀬戸内海から大和橿原まで道案内。賞の内容記述無し。葛野主殿県主を子孫と明記。賀茂県主と同祖	山城国葛野郡（京都府京都市）

出所：『日本書紀』

4.3.4　ヤマト王権の拡大

ヤマト王権は５世紀には、関東、中部、北陸、近畿、瀬戸内海、北部九州まで勢力を拡大した。その礎となったのは、規格化された首長クラスの古墳である「前方後円墳」と、農機具や武器にもなる「鉄」である。

ヤマト王権は北部九州東部の豪族と連携して、朝鮮半島の任那（金官）との鉄素材供給ルートを確保。その配布先、配布量、見返りの物品（勾玉、倭式土器、人身含む）等を自ら設定、権力をより強固にしたと考えられる。

ヤマト王権の勢力内には前方後円墳が築造され、鉄鋌（＝短冊形板に規格化された鉄素材）が副葬された。例えばウワナベ古墳（奈良県奈良市法華寺町、被葬候補者は第16代仁徳天皇皇后八田皇女、宮内庁管理の陵墓参考地）は５世紀前半の前方後円墳（全長255m）。その旧陪冢ろ号円墳（大和６号墳、直径30m）から総重量140kg以上の鉄鋌282点、小鉄鋌590点が出土した。

ヤマト王権の勢力下に入った北部九州東部の下山古墳（大分県臼杵市諏訪）は５世紀頃の前方後円墳（全長68m）。男女２体の人骨のほか副葬品として、銅鏡、管玉、鉄刀、鉄鏃（＝矢じり）、鉄鋌などが発見された。

5世紀には中国の冊封体制に参加、「倭の五王」と呼ばれた権力者は、中国の南朝（東晋・宋・梁）に朝貢。「讃・珍・済・興・武」が、『古事記』や『日本書紀』に記されるヤマト王権の天皇の系譜に連なる権力者だったといわれている。しかし、ヤマト王権から中国への遣使は『古事記』『日本書紀』に掲載されていない。ヤマト王権の大王が漢字一字の名を名乗ったという記録も存在しない。『古事記』に掲載された干支と倭の五王の年代に不一致が見られる。以上から「倭の五王」はヤマト王権とは別の国の王とする説が江戸時代から存在した。特に九州の首長であるとする説は根強い。

ヤマト王権の遷移を図表4.3.4－1に記す。

図表 4.3.4 － 1　ヤマト王権の遷移　(1/3)

<table>
<tr><th rowspan="2">年代</th><th colspan="2">天皇（大王）</th><th rowspan="2">概　要</th></tr>
<tr><th>名</th><th>在位期間</th></tr>
<tr><td rowspan="2">3世紀後半</td><td>－</td><td>－</td><td>近畿はじめ西日本各地に大規模な墳丘を持つ古墳出現。同笵鏡の作成活発化</td></tr>
<tr><td>崇神（10代）</td><td>－</td><td>巨大古墳、奈良盆地三輪山付近に集中。三輪王朝（イリ系王朝）</td></tr>
<tr><td>300頃</td><td>－</td><td>－</td><td>ヤマト王権勢、九州の北東部に入る。九州に前方後円墳出現</td></tr>
<tr><td>－</td><td>応神（15代）</td><td>270~311</td><td>仲哀（14代）の第4子、母は気長足姫尊（神功皇后）</td></tr>
<tr><td rowspan="2">4世紀</td><td rowspan="4">仁徳（16代）</td><td rowspan="4">312~399</td><td>応神の第4子、母は仲姫命</td></tr>
<tr><td>（古墳・前期）河内に大古墳造営。河内王朝（「ワケ」系、応神王朝もしくは仁徳王朝）</td></tr>
<tr><td>367</td><td>百済より使者</td></tr>
<tr><td>391</td><td>倭軍百済・白羅を破る</td></tr>
<tr><td>－</td><td>履中（17代）</td><td>400~405</td><td>（古墳・中期）仁徳の第1子、母は磐之媛命（葛城襲津彦の女）</td></tr>
<tr><td>404</td><td>－</td><td></td><td>倭軍帯方郡に出兵して高句麗に敗れる</td></tr>
<tr><td>－</td><td>反正（18代）</td><td>406~410</td><td>仁徳の子・履中弟、履中同母</td></tr>
<tr><td>413</td><td>倭</td><td>－</td><td>東晋に遣使（『晋書』安帝紀）</td></tr>
</table>

(2/3)

年代	天皇（大王）		概　要
	名	在位期間	
―	允恭（19代）	412~453	仁徳の子・反正弟、履中同母
5世紀	―		河内平野（大阪平野南部）に誉田山古墳（伝応神陵）、大山古墳（伝仁徳陵）。日向、筑紫、吉備、毛野、丹後などで大きな前方後円墳造営される
421	①倭王讃	―	宋に遣使（『宋書』夷蛮伝）
430	倭王	―	宋に遣使（『宋書』文帝紀）
438	②倭王珍	―	宋に遣使「安東将軍倭国王」得る（『宋書』文帝紀）
443	③倭王済	―	宋に遣使「安東将軍倭国王」得る（『宋書』夷蛮伝）
451			宋に遣使、「使持節都督倭・新羅・任那・加羅・秦韓・慕韓六国諸軍安東将軍倭国王」を得る（『宋書』倭国伝）
―	安康（20代）	453~456	允恭の第2子、母は忍坂大中姫命
―	雄略（21代）	456~479	允恭の第5子、母は忍坂大中姫命
460	倭王	―	孝武帝に遣使（『宋書』文帝紀）
462	④倭王興	―	宋に遣使、「安東将軍倭国王」得る（『宋書』孝武帝紀、倭国伝）
478	⑤倭王武	―	宋に上表文、「使持節都督倭・新羅・任那・加羅・秦韓・慕韓六国諸軍安東大将軍倭王」得る（『宋書』順帝紀）※「武」と初めて明記
479			鎮東大将軍に進号（『南斉書』倭国伝）
―	清寧（22代）	480~483	雄略の第3子、母は葛城韓媛
―	顕宗（23代）	485~487	履中の孫、母は荑姫（はえひめ）
―	仁賢（24代）	488~498	履中の孫、母は顕宗の同母兄
―	武烈（25代）	498~506	仁賢の皇太子、母は春日大娘
502	⑤倭王武	―	梁武帝から征東将軍の称受（『梁書』武帝紀）
507	継体（26代）	507~531	越前三国の男大迹（継体）、河内の樟葉宮（くずはのみや）で即位、応神5世の孫、母は振媛
512			大伴金村任那4県百済に割譲
526			継体、磐余に遷都。大伴金村は失脚（任那（加羅）が新羅の侵攻を受けた政治的責任）

（3/3）

年代	天皇（大王）		概　要
	名	在位期間	
527~528	継体（26 代）	507~531	磐井の乱（筑紫君磐井が中央統制強化に反旗）
6 世紀前半			大兄の制度（長子の皇位継承）
ー	安閑（27 代）	531~535	継体の第 1 子、母は尾張の目子姫
ー	宣化（28 代）	535~539	継体の第 2 子、母は尾張の目子姫
538	欽明（29 代）	539~571	仏教の伝来、百済聖明王、仏像経論贈、蘇我氏の権力拡大
562			任那の滅亡

出所：フリー百科事典「ウィキペディア」をもとに筆者編集

4.4　天皇と日本

国の形成過程で、大王と呼ばれていた国の首長は「天皇」という呼び名に改められ、国の名前は「倭国」から「日本国」に変更した。それぞれ、いつ頃、どのような理由で変わったのだろうか。

律令制以前のヤマト王権の支配制度では、「氏姓制度」がキーとなる。

4.4.1　大王から天皇へ

倭国の首長は中国の文献では、「倭王」、「倭国王」と書かれている。

『日本書紀』（720 年完成と伝わる）には仁徳天皇紀、雄略天皇紀、継体天皇紀などでは「大王」と書かれている。

大王は稲作の生育に欠かせない太陽の神と水の神に対する信仰を作った。その祭祀権とクニの統治権を手に入れた。天照大神の子孫が大王であるという。

「天皇」表記の初出は、『日本書紀』の推古天皇紀 16 年 9 月 5 日の条（608 年）に「東の天皇が謹んで西の皇帝に申し上げます。」である。

「天皇」とは、古代中国で宇宙の最高神とされる「天皇大帝」に由来するという説が広く知られている。神格化された北極星（天皇大帝）を指す語である。

古代中国の「『隋書』・巻81列伝46の東夷伝・俀國」（7世紀）では、「開皇二十年（隋年号：600年）、倭王姓は阿毎、字は多利思比孤、阿輩雞彌（＝大王）と号す。使を遣して闕に詣る。上（文帝）、所司をして其の風俗を訪はしむ」とある。また、大業三年（隋年号：607年）、其王、多利思比孤、使を遣して朝貢す。其国書に曰く「日出づる処の天子、書を日没する処の天子に致す。恙が無きや、云々」とある。それまでの国の首長名「大王」から「天子」に変えた。これに対して、隋の皇帝の煬帝から「天子」は中国の皇帝に限定された称号、俀國は使ってはならないといった。『日本書紀』と『隋書』では辻褄があっていない。『日本書紀』では600年の記述は無く、推古天皇は女帝である。『隋書』では男王としてあつかっている。

野中寺（大阪府羽曳野市、聖徳太子建立三太子の一つ）の金銅弥勒菩薩半跏像は天智天皇5年（666年）作といわれる。像には「中宮天皇大御身労坐之時」と書かれている。天皇号の記載の初見である。考古学でみると、飛鳥池工房遺跡（奈良県明日香村）出土の天皇木簡が最も古く一緒に出土した別の木簡から天武朝（673～686年）の時期のものと判定されている。

天皇には諡号というものがある。諡ともいう。国風諡号（和風諡号）と漢風諡号がある。第41代の天皇の国風諡号は「日本根子天之広野日女」（『続日本紀』大宝3年（703年）12月17日）、漢風諡号は「持統天皇」である。初代の神武天皇の「神日本磐余彦」から第40代の天武天皇の「天渟中原瀛真人」は国風諡号と呼んでいるが制度としては持統天皇が最初と言われている。漢風諡号は『釈日本紀』（鎌倉時代末期成立）に「師説」として「神武」から「元正」（第44代）の諡号は淡海三船（722 ～ 785 年）の撰とある。15 代応神天皇から 26 代継体天皇までの名は、22 代清寧天皇を除き多くの研究者により諱（＝実名）と考えられている。

今後、期待することは、宮内庁が管理する全国 899 の陵墓の発掘である。大仙陵古墳（仁徳天皇陵）、太田茶臼山古墳（継体天皇陵）は天皇陵ではないとの考古学者の見解が多い。

図表 4.4.1 － 1 に「雄略朝（418 ～ 479 年）の勢力範囲」を、図表 4.4.1 － 2 に「「天皇」と関連する表記のある古代記録」を記す。

図表 4.4.1 － 1　雄略朝（418 ～ 479 年）の勢力範囲

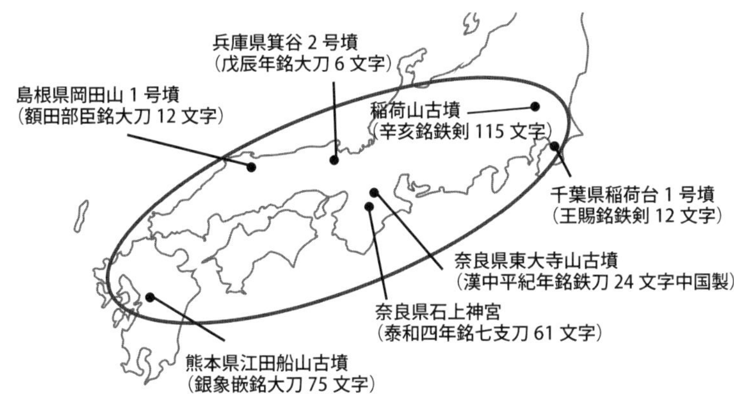

出所：『ガイドブックさきたま』（埼玉県立さきたま史跡の博物館、平成 22 年、P.9）

図表 4.4.1 － 2 「天皇」と関連する表記のある古代記録

年代	文書・銘	抜粋文
607 年	『隋書』（636 年成立）	日出處天子致書日沒處天子無恙
	法隆寺金堂薬師如来像光背銘	池辺大宮治天下天皇
608 年	『日本書紀』（720 年成立）	東天皇敬白西皇帝
609 年	法興寺丈六釈迦像光背銘・元興寺伽藍縁起 並流記資財帳（746 年成立）	多知波奈土與比天皇
7 世紀	上宮聖徳法王帝説（成立年不明）・天寿国繡帳	斯帰斯麻宮治天下天皇悲哀嘆息白畏天皇前日啓
666 年	野中寺弥勒菩薩像銘文	栢寺智識之等詣中宮天皇大御身労坐之時
677 年	木簡（飛鳥池工房遺跡出土）	天皇聚露忽謹

出所：フリー百科事典「ウィキペディア」「天皇」をもとに筆者作成

4．4．2　氏姓制度

「氏姓制度(しせいせいど)」（or うじかばねせいど）はヤマト王権の支配制度のひとつである。豪族の地位は「氏(うじ)」と「姓(かばね)」によってきめられた。成立年代は 5 ～ 6 世紀といわれている。

「氏」は、当初、ヤマト王権を構成した支配階級が称した。大和地方では地名を氏とした豪族が多い。氏（集団）の代表者は「氏上(うじのかみ)」と呼ばれ、ヤマト王権に仕えた。当時の豪族は、田荘(たどころ)（私有地）を持ち、そこを耕作する部曲(かきべ)（私有民）を支配していた。

氏は序列化して「姓」を与えた。姓には、臣(おみ)、連(むらじ)、伴造(とものみやつこ)、国造(くにのみやつこ)、県主(あがたぬし)などが設けられた。姓の最高位の「臣」には蘇我氏、葛城氏、平群氏、巨勢氏、春日氏などが任命された。次の「連」には大伴氏、物部氏、中臣氏、忌部(いんべ)氏、土師(はじ)氏などが任命された。「伴造」には、職能集団である秦氏、東漢氏、西文氏、など大陸からの帰化氏族が任命された。

「国造」は地方の有力豪族に与えられた。『先代旧事本紀』の巻 10 国造本紀（9 世紀成立）には任命された国造が記載されている。都道府県別に分類して図表 4.4.2 － 1 に記載する。国造の記載がない都道府県は、北海道、青森県、岩手県、秋田県、山形県、沖縄県である。

図表 4.4.2 − 1　都府県別・国造本紀記載の任命国造　(1/5)

通番	都府県名	比定地	初任時期	任命国造
1	宮城県	角田市・伊具郡	13 代成務	伊久国造
2		大崎市	13 代成務	思（思太）国造
3	福島県	いわき市	13 代成務	石城国造
4			15 代応神	道奥菊多国造
5		郡山市	13 代成務	阿尺国造
6		須賀川市・岩瀬郡	13 代成務	石背国造
7		双葉郡双葉町他	13 代成務	染羽国造
8		相馬市他	13 代成務	浮田国造
9		白河市他	13 代成務	白河国造
10		福島市	13 代成務	信夫国造
11	茨城県	つくば市他	13 代成務	筑波国造
12		ひたちなか市他	13 代成務	仲国造
13		久慈郡他	13 代成務	久自国造
14		土浦市他	13 代成務	新治国造
15		高萩市他	13 代成務	高国造
16		水戸市他	13 代成務	茨城国造
17	栃木県	那須郡他	12 代景行	那須国造
18		栃木市	16 代仁徳	下毛野国造
19	群馬県	−	−	上毛野国造
20	埼玉県	秩父市他	10 代崇神	知々夫国造
21	千葉県	いすみ市他	13 代成務	伊甚国造
22		館山市他	13 代成務	阿波国造
23		君津市他	13 代成務	馬来田国造
24			13 代成務	須恵国造
25		山武市他	13 代成務	武社国造
26		市原市	13 代成務	上海上国造
27			13 代成務	菊麻国造
28		佐倉市他	15 代応神	印波国造
29		銚子市他	15 代応神	下海上国造

（2/5）

通番	都府県名	比定地	初任時期	任命国造
30	東京都	国立市他	13 代成務	无邪志国造
31	神奈川県	ー	13 代成務	相武国造
32		中郡大磯町他	13 代成務	師長国造
33	新潟県	上越市他	10 代崇神	久比岐国造
34		十日町市	10 代崇神	高志深江国造
35		佐渡市	13 代成務	佐渡国造
36	富山県	射水市・高岡市	13 代成務	伊弥頭国造
37	石川県	七尾市・鹿島郡	13 代成務	能等国造
38		金沢市・白山市他	16 代仁徳	加宜国造
39			21 代雄略	加我国造
40		加賀市・小松市他	18 代反正	江沼国造
41		羽咋市・羽咋郡	21 代雄略	羽咋国造
42	福井県	坂井市・あわら市	13 代成務	三国国造
43		敦賀市	13 代成務	角鹿国造
44		福井市・丹生郡	13 代成務	高志国造
45		福井県西部	19 代允恭	若狭国造
46	山梨県	ー	12 代景行	甲斐国造
47	長野県	ー	10 代崇神	科野国造
48	岐阜県	本巣市・本巣郡他	9 代開化	三野前国造
49		可児市・可児郡他	13 代成務	三野後国造
50		高山市他	13 代成務	斐陀国造
51	静岡県	掛川市	初代神武	素賀国造
52		沼津市、富士市他	13 代成務	珠流河国造
53		県西部	13 代成務	遠淡海国造
54		静岡市東部	13 代成務	盧原国造
55		磐田市	14 代仲哀	久努国造
56		三島市他	14 代 神功摂政	伊豆国造
57	愛知県	安城市、岡崎市他	13 代成務	参河国造
58		愛知県西部	13 代成務	尾張国造
59		豊川市他	21 代雄略	穂国造

(3/5)

通番	都府県名	比定地	初任時期	任命国造
60	三重県	―	初代神武	伊勢国造
61		伊賀市、名張市	13代成務	伊賀国造
62		鳥羽市、志摩市	13代成務	嶋津国造
63	滋賀県	―	13代成務	淡海国造
64		長岡市・米原市	13代成務	額田国造
65	京都府	府南部	初代神武	山城国造
66			13代成務	山背国造
67		府中部他	13代成務	丹波国造
68	大阪府	八尾市・東大阪市	初代神武	凡河内国造
69	兵庫県	加東市・小野市他	13代成務	針間鴨国造
70		県南部	13代成務	針間国造
71		美方郡新温泉町	13代成務	二方国造
72		県北部	13代成務	但遅馬国造
73		明石市他	15代応神	明石国造
74		淡路市、洲本市他	16代仁徳	淡道国造
75	奈良県	―	初代神武	大倭国造
76		御所市・葛木市他	初代神武	葛城国造
77	和歌山県	―	初代神武	紀伊国造
78		熊野市、新宮市他	13代成務	熊野国造
79	鳥取県	県西部	13代成務	波伯国造
80		県東部	13代成務	稲葉国造
81	島根県	県西部	10代崇神	石見国造
82		県東部	10代崇神	出雲国造
83		隠岐郡	15代応神	意岐国造
84	岡山県	井原市	10代崇神	吉備中県国造
85		福山市	12代景行	吉備穴国造
86			13代成務	吉備風治国造
87		岡山市	15代応神	上道国造
88		岡山市他	15代応神	三野国造
89		加賀郡、総社市他	15代応神	加夜国造
90		笠岡市？	15代応神	笠臣国造
91		瀬戸内市他	15代応神	大伯国造
92		総社市、倉敷市	15代応神	下道国造

（4/5）

通番	都府県名	比定地	初任時期	任命国造
93	広島県	県西部	13 代成務	阿岐国造
94	山口県	山口市、宇部市他	10 代崇神	波久岐国造
95		県西部	12 代景行	穴門国造
96		萩市・阿武郡	12 代景行	阿武国造
97		大島郡周防大島町	13 代成務	大嶋国造
98		県東部	15 代応神	周防国造
99		周南市	16 代仁徳	都怒国造
100	徳島県	阿南市、那賀郡	13 代成務	長国造
101		―	15 代応神	粟国造
102	香川県	―	15 代応神	讃岐国造
103	愛媛県	伊予市、伊予郡	13 代成務	伊余国造
104		今治市東部	15 代応神	小市国造
105		松山市、東温市	15 代応神	久味国造
106		松山市北部	15 代応神	風速国造
107		今治市西部	14 代 神功摂政	怒麻国造
108	高知県	宿毛市他	10 代崇神	波多国造
109		―	13 代成務	都佐国造
110	福岡県	―	13 代成務	筑志国造
111	佐賀県	三養基郡	13 代成務	筑志米多国造
112		唐津市、伊万里市他	13 代成務	末羅国造
113		鹿島市、嬉野市他	13 代成務	葛津立国造
114		鳥栖市、三養基郡	16 代仁徳	松津国造
115	長崎県	対馬市	初代神武	津島県直
116		壱岐市	26 代継体	伊吉嶋造
117	熊本県	―	10 代崇神	火国造
118		阿蘇市、阿蘇郡	10 代崇神	阿蘇国造
119		水俣市、葦北郡	12 代景行	葦分国造
120		天草市、 上天草市他	13 代成務	天草国造

（5/5）

通番	都府県名	比定地	初任時期	任命国造
121	大分県	宇佐市	初代神武	宇佐国造
122		−	13 代成務	豊国造
123		国東市、豊後高田市他	13 代成務	国前国造
124		日田市	13 代成務	比多国造
125	宮崎県	−	15 代応神	日向国造
126	鹿児島県	県西部	16 代仁徳	薩摩国造
127		県東部	16 代仁徳	大隈国造

出所：各種ホームページをもとに筆者編集

4.4.3　屯倉

「屯倉（みやけ）」はヤマト王権の支配制度のひとつである。「御家（みやけ）」の意味で、朝廷の直轄領のことを指す。直轄領から収穫した稲米を蓄積していた倉を屯倉という。古墳の造営にも関係している。

『日本書紀』は「屯倉」であるが、『古事記』、木簡では「屯家」、「御宅」、「三宅」と表記されている。「みやけ」の読みを分解すると「み」は敬語、「やけ」は家宅のこと。大化の改新（645 年）のときに廃止されたといわれているが、天武 4 年（675 年）の部曲（かきべ）廃止まで存続したと思われる。

『日本書紀』での初出は、11 代の垂仁天皇の倭屯倉（來目邑屯倉）である。今の奈良県磯城郡三宅町に比定されている。この地は倭国造の墳墓と見られる三宅古墳群がある。

22 代の清寧天皇の時代までは、倭、播磨、淡路、河内と主に畿内に屯倉があった。26 代の継体天皇以降は、西は中部九州から東は武蔵、上毛野へと広がった。特に磐井の乱（527 年）の鎮圧後の 27 代の安閑天皇の安閑 2 年（535 年）には九州から関東に 26 ヵ所設置された。朝鮮半島の百済、新羅、任那などにも屯倉を置いたとのことである。

『日本書紀』に記載されている主な屯倉の一覧を図表 4.4.3 − 1、図表 4.4.3 − 2 に記す。

図表4.4.3－1　国内の主な屯倉 (1/3)

通番	天皇	国名	屯倉名	現在地
1	11 代 垂仁	倭	來目邑	奈良県磯城郡三宅町
2	12 代 景行	(諸国)	田部	−
3		倭	屯家	奈良県磯城郡三宅町
4		播磨	御宅	兵庫県加古川市（旧印南郡益毛里）
5	14 代 仲哀	淡道	淡路	兵庫県南あわじ市
6	15 代 応神	播磨	三家	兵庫県姫路市（旧神前郡田駝里）
7			宅	−
8			墾田	兵庫県姫路市（旧飾磨郡漢部里）
9	16 代 仁徳	倭	屯田	−
10			茨田（まつた）	大阪府寝屋川市付近
11		河内	依網（よさみ）	大阪府松原市北部から大阪市住吉区
12		播磨	筑紫田部	兵庫県揖保郡
13			飾磨	兵庫県姫路市（旧飾磨郡）
14	17 代 履中	倭	村合	−
15			将代	−
16	22 代 清寧	播磨	縮見（しじみ）	兵庫県三木市志染町（旧美嚢郡志深里）
17			針間山門領御宅	
18	26 代 継体	倭	匝布（さほの）	奈良県天理市佐保庄町
19		筑紫	糟屋	福岡県糟屋郡粕屋町
20	27 代 安閑 (6 世紀前半)	上総	伊甚（いじみ）	千葉県夷隅郡・いすみ市・勝浦市
21		倭	小墾田 (小治田（おはりだ）)	奈良県高市郡明日香村
22		河内	桜井	大阪府東大阪市 or 富田林市
23		摂津	難波	大阪府大阪市
24		摂津三嶋	竹村（たかふ）	大阪府茨木市
25		和泉	芽渟山（ちぬやま）	大阪府和泉市付近
26		安芸	過戸虜（あまるべいお）城部（きべ）	広島県安芸郡府中町

(2/3)

通番	天皇	国名	屯倉名	現在地
27	27 代 安閑（6 世紀前半）	武蔵	横渟（よこぬ）、安閑天皇元年（推定 535 年）	埼玉県比企郡吉見町
28			橘花（たちばな）	神奈川県川崎市幸区北加瀬～横浜市港北区日吉
29			多氷（おおい）	東京都八王子市叶谷町
30			倉樔（くらす）	神奈川県横浜市
31		筑紫	穂波	福岡県飯塚市穂波町・嘉穂郡桂川町等
32			鎌	福岡県嘉穂郡・嘉麻市
33		豊	勝崎（みさき）	福岡県北九州市門司区
34			大抜（おおぬく）	福岡県北九州市小倉南区
35			肝等（かと）	福岡県京都郡苅田町等
36			我鹿（あか）	福岡県田川郡赤村
37			桑原（くわはら）	福岡県八女市黒木町 or 築上郡築上町 or 田川郡大任町
38		火（肥）	春日部	熊本県熊本市国府付近
39		播磨	越部	兵庫県揖保郡神宮町越部里条
40			牛鹿（うしか）	—
41		備後	後城（しつき）	岡山県井原市（旧後月郡）
42			多禰（たね）	岡山県後月郡芳井町種
43			来履（くぐつ）	岡山県井原市上出部町
44			葉稚（はわか）	—
45			河音（かわと）	—
46		備後婀娜（安那）	胆殖（いにえ）	—
47			胆年部（いとしべ）	—
48		阿波	春日部	徳島県板野郡藍住町
49		紀	経湍（ふせ）	和歌山県和歌山市布施屋
50			河辺（かわへ）	和歌山県和歌山市河辺

(3/3)

通番	天皇	国名	屯倉名	現在地
51	27代 安閑 (6世紀前半)	丹波	蘇斯岐(そしき)	京都府京丹後市大宮町周枳
52		近江	葦浦(あしうら)	滋賀県草津市芦浦
53		尾張	間敷(ましき)	愛知県中島郡平和町三宅
54			入鹿	愛知県犬山市入鹿
55		上毛野	緑野(みどの)	群馬県多野郡西武・藤岡市
56		駿河	稚贄(わかにえ)	静岡県富士市？

出所：『日本書紀』

図表 4.4.3 − 2　朝鮮半島の屯倉

通番	天皇	国名	屯倉名
1	14代 仲哀	百済	渡屯家
2	神功皇后	新羅	内官家屯倉、内官家
3	21代 雄略	百済	官家
4	26代 継体	毎国	官家
5		多沙津	官家
6		任那	内官家
7	29代 欽明	海西諸国	官家、弥移居
8		海表	弥移居
9		任那諸国	海北弥移居、任那官家
10		任那	内官家
11	32代 崇峻	任那	官家
12	33代 推古	任那	内官家
13	36代 孝徳	百済	内官家

出所：『日本書紀』

4.4.4　天皇陵

天皇陵は宮内庁が管理している。神功皇后（第14代仲哀天皇皇后）陵は奈良盆地北部の「五社神古墳」に治定されている。古墳時代中期初頭の築造と推定される。佐紀陵山古墳（伝日葉酢媛命陵）、宝来山古墳

（伝垂仁天皇陵）、佐紀石塚山古墳（伝成務天皇陵）の後に築造されたという。造出での祭祀跡出土。

図表 4.4.4 － 1 に初代～ 30 代の天皇陵の構築年代を一覧で記す。

図表 4.4.4 － 1　天皇陵の構築年代　(1/4)

通番	天皇	在位・西暦	宮内庁・天皇陵名	古墳名	所在地	陵形	構築年代	根拠等
1	神武	－	畝傍山東北陵	四条ミサンザイ	奈良県橿原市大久保町	円丘墳	－	－
2	綏靖	－	桃花鳥田丘上陵	福塚（塚山、塚根山）	奈良県橿原市四条町	円丘墳	－	－
3	安寧	－	畝傍山西南御蔭井上陵	アネイ山	奈良県橿原市吉田町	山形墳	－	－
4	懿徳	－	畝傍山南纖沙渓上陵	マナゴ山	奈良県橿原市西池尻町	山形墳	－	－
5	孝昭	－	掖上博多山上陵	博多山	奈良県御所市大字三室字博多山	山形墳	－	－
6	孝安	－	玉手丘上陵	－	奈良県御所市大字玉手字宮山	円丘墳	－	－
7	孝霊	－	片丘馬坂陵	－	奈良県奈良市王寺町本町 3 丁目	山形墳	－	－
8	孝元	－	劒池嶋上陵	中山塚 1~3 号墳	奈良県橿原市石川町	前方後円墳	－	天皇陵の疑問点多い
9	開化	－	春日率川坂上陵	念仏寺山古墳	奈良県奈良市油阪町	前方後円墳	5 世紀前半	円筒埴輪片等
10	崇神	－	山邊道勾岡上陵	行燈山古墳	奈良県天理市柳本町	前方後円墳	4 世紀前半頃	出土埴輪・出土銅板

(2/4)

通番	天皇	在位・西暦	宮内庁・天皇陵名	古墳名	所在地	陵形	構築年代	根拠等
11	垂仁	ー	菅原伏見東陵	宝来山古墳	奈良県奈良市尼辻西町	前方後円墳	4世紀後半頃	宮内庁採集の埴輪
12	景行	ー	山邊道上陵	渋谷向山古墳	奈良県天理市渋谷町	前方後円墳	4世紀後半、又は4世紀中頃	出土した埴輪
13	成務	ー	狭城盾列池後陵	佐紀石塚山古墳	奈良県奈良市山陵町	前方後円墳	4世紀末頃	位置関係や墳丘の形
14	仲哀	ー	惠我長野西陵	岡ミサンザイ古墳	大阪府藤井寺市藤井寺4丁目	前方後円墳	5世紀末葉	埴輪片検出。第21代雄略天皇陵の説有力
-	神功	ー	狭城盾列池上陵	五社神古墳	奈良県奈良市山陵町	前方後円墳	4世紀末頃	2008年陵墓初学会立入調査
15	応神	4世紀後半頃	惠我藻伏崗陵	誉田御廟山古墳	大阪府羽曳野市誉田6丁目	前方後円墳	5世紀初	2011年考古学者ら立入調査
			百舌鳥陵墓参考地	御廟山古墳	大阪府堺市北区百舌鳥本町	前方後円墳	5世紀前半	
16	仁徳	4世紀末～5世紀前半	百舌鳥耳原中陵	大仙陵古墳（大山古墳）	大阪府堺市堺区大仙町	前方後円墳	5世紀前期～中期	2018年宮内庁、堺市など共同調査
17	履中	400～405	百舌鳥耳原南陵	上石津ミサンザイ（石津ヶ丘）古墳	大阪府堺市西区石津ヶ丘	前方後円墳	5世紀初頭	大きさ全国第3位
18	反正	406～410	百舌鳥耳原北陵	田出井山古墳	大阪府堺市堺区三国ヶ丘町2丁目	前方後円墳	5世紀中頃	出土した埴輪
			東百舌鳥陵墓参考地	土師ニサンザイ古墳	大阪府堺市北区百舌鳥西之町	前方後円墳	5世紀後半	百舌鳥古墳群大型墳では新しい

(3/4)

通番	天皇	在位・西暦	宮内庁・天皇陵名	古墳名	所在地	陵形	構築年代	根拠等
19	允恭	412～453	恵我長野北陵	市ノ山古墳（市野山古墳）	大阪府藤井寺市総社1丁目	前方後円墳	5世紀後半	出土した埴輪
			藤井寺陵墓参考地	津堂城山古墳	大阪府藤井寺市津堂	前方後円墳	4世紀後半	誉田山古墳より先行
20	安康	453～457	菅原伏見西陵	－	奈良県奈良市宝来4丁目	方丘墳	－	古墳時代遺物発見されず
21	雄略	457～478	丹比高鷲原陵	島泉（高鷲）丸山古墳	大阪府羽曳野市島泉8丁目	円丘墳	5世紀後半	出土埴輪、古市古墳群で唯一の大型円墳
22	清寧	480～483	河内坂門原陵	白髪山古墳	大阪府羽曳野市西浦6丁目	前方後円墳	6世紀前半	出土円筒埴輪破片の特徴
23	顕宗	485～487	傍丘磐杯丘南陵	－	奈良県香芝市北今市	前方後円墳	－	明治22年治定
			磐園陵墓参考地	築山古墳	奈良県大和高田市築山字城山	前方後円墳	4世紀後半	採集の埴輪片。武烈陵説あり
24	仁賢	488～498	埴生坂本陵	ボケ山古墳	大阪府藤井寺市青山3丁目	前方後円墳	6世紀前半	出土の円筒埴輪などの特徴
25	武烈	498～506	傍丘磐坏丘北陵	－	奈良県香芝市今泉	山形墳	－	明治22年治定。自然丘説あり
			大塚陵墓参考地	新山古墳	奈良県北葛城郡広陵町大塚	前方後円墳	4世紀前半	銅鏡等副葬品出土。葛城国造宮戸彦宿禰埋葬説

(4/4)

通番	天皇	在位・西暦	宮内庁・天皇陵名	古墳名	所在地	陵形	構築年代	根拠等
26	継体	507〜531	三嶋藍野陵	太田茶臼山古墳	大阪府茨木市太田3丁目	前方後円墳	5世紀中葉	中期よりやや古い形態
				今城塚古墳	大阪府高槻市郡家新町	前方後円墳	6世紀前半	真の継体陵とする有力な学説
27	安閑	534〜535	古市高屋丘陵	高屋築山古墳	大阪府羽曳野市古市5丁目	前方後円墳	6世紀初頭	出土の円筒埴輪推定
28	宣化	535〜539	身狭桃花鳥坂上陵	鳥屋ミサンザイ古墳	奈良県橿原市鳥屋町	前方後円墳	6世紀前半	大和で最大級の古墳
29	欽明	539〜571	檜隈坂合陵	梅山古墳	奈良県高市郡明日香村大字平田	前方後円墳	6世紀後半〜7世紀	築造時期推定難しい。蘇我稲目埋葬説
				丸山古墳	奈良県橿原市見瀬町	前方後円墳	6世紀後半〜7世紀	欽明天皇陵可能性大。1992年宮内庁石室調査
30	敏達	572〜585	河内磯長中尾陵	太子西山古墳	大阪府南河内郡太子町大字太子	前方後円墳	6世紀前半	母の石姫皇女との合葬陵

出所：フリー百科事典「ウィキペディア」をもとに筆者編集

4.4.5　国の名称

我が国の名称は、倭、大和、日本と変化してきた。また、古代中国では東方の海中にある扶桑という木のある地、日の昇る地を「扶桑（フサウ、フーサン）国」と呼ばれていたという説もある。

（1）倭

中国の古書を見ると日本のことを「倭」と書いている。「倭」の字は「人に委（ゆだ）ねる、従順」という意味がある。

魏は日本を「倭」となぜ呼んだのか。魏から「どこの国から来たか」と問われた時、訪れた日本列島の使節が「自分」を意味する「われ」と言ったからだという。今でも、自分のことを「われ」、「わし」、「わたし」などと言う。東北地方の一部には今でも「わ」という人がいるという。

隋の文帝の開皇 20 年（600 年）、最初の遣隋使が派遣された。文帝から我が国の風俗を尋ねられたとき、遣隋使は「倭王は天を以て兄となし、日を以て弟となす。云々」と答えたという。7 世紀初頭、我が国の国号は「倭」であった。

（2）大和

「ヤマト」は、「山都」、「山門」、「山戸」と書いた。近畿の「ヤマト」は奈良盆地内の三輪山の麓にある地名だった。

漢字を日本語に翻訳する便利な方法は「訓読み」である。「倭」は訓読みで「ヤマト」を充てて読んだ。また、「ヤマト」に「大倭」をあてた。「大」は美称の意味である。

その後、「倭」は良字でない漢字であり使ってはならないと考え、「倭（ワ）」と同音で「和（ワ）」を用いるようになった。「和」の訓読みは「やまと」とした。そして「大倭」は「大和」となった。「和」は手と手を結ぶ、連合する、などを連想する。クニが連合して「和」、そして、規模が拡大して「大和」になったと思われる。

（3）日本

古代中国での「日本」の記述は『旧唐書』「東夷伝・日本国」（941 ～ 945 年）である。そこには、「倭という名称をきらって日本へ改称した。日本国（の王統）は倭国（の王統）から分かれた（別れた種）。元々小国だった日本が倭国を併合した」とある。

朝鮮半島の史書『三国史記』「新羅本紀」文武王10年（670年）12月条には、「倭国、号を日本に更む。自ら言う、日出づるに近きを以て名を為す」とある。『新唐書』には天皇として初めて目多利思比孤が中国と通じたと記されている。

『日本書紀』（720年完成）の孝徳天皇の大化元年7月（645年）には、高麗と百済からの使者に向かって、「明神御宇日本天皇（あきつみかみとあめのしたしらすやまとのすめらみこと）」と記載されている。

『日本書紀』は当時「やまとしょき」と言われていた可能性が高い。「大日本豊秋津島（おおやまととよあきつしま）」と表記し、「日本、これを耶麻騰（やまと）という」と読み方を記している。

『古事記』には「日本」という記載はない。全て「倭（やまと）」に統一されている。

古代中国に対して、「日本」と名乗ったのは大宝2年（702年）の第7次遣唐使の時といわれている。『唐暦』（柳芳撰述。唐の代宗（在位762～779年）の時代）に「この歳、日本国その大臣朝臣真人を遣わし、方物を貢ぐ。日本国は倭国の別名なり」と書かれている。真人は遣唐使の執節使（天皇から国家の印を意味する「節刀」を所持、使節団の最高責任者）の粟田真人（あわたのまひと）（～719年）のことである。その前年に『大宝律令』が完成（701年8月3日）した。「国号は日本を使う」との条項がある。初めて日本の国号が定められたという。

4.4.6　大王（天皇）と大臣・大連

大王（天皇）が長く継続したのは、それを補佐する「大臣（おおおみ）」、「大連（おおむらじ）」の存在があったからである。

大臣は古墳時代のヤマト王権で設けられた役職。王権に従う大夫の長（おさ）として、大王（天皇）を補佐して執政を行った。姓（かばね）の一つである臣（おみ）の有力者が就任したという。大臣→臣・卿・大夫という政治体制は、百済、高句麗、新羅に共通する政治体制（「大対盧〜対盧」など）である。

『日本書紀』で最初の大臣と記されているのは成務天皇の時代の武内宿禰である。その後の大臣は、武内宿禰の後裔（葛城氏、平群氏、巨勢氏、蘇我氏など）が継いだ。なお、武内宿禰以前にも大臣がいたと『先代旧事本紀』に書かれている。

大連も古墳時代のヤマト王権に設けられた役職である。大王（天皇）の補佐として執政を行った。姓（かばね）の一つである連（むらじ）の中でも軍事を司る伴造出身の有力氏族が大連となった。

第25代の武烈天皇（6世紀前期）のとき、大伴金村と物部麁鹿火が大連であった。第26代の継体天皇擁立に功があった大伴金村は大きな権力を持ち続けた。第29代の欽明天皇は物部尾輿を大連に任命した。その尾輿は朝鮮半島の経営に失敗した大伴金村を糾弾して引退させ、物部氏が単独の大連の地位を占めた。第30代の敏達天皇の時代には尾輿の子である物部守屋が大連に任命された。第31代の用明天皇の死後、仏教受容問題や皇位継承問題で大臣蘇我馬子と対立。守屋は攻め滅ぼされた。これ以降、「大連」は廃止され、大臣の蘇我氏が政権の実権を掌握した。

大王・天皇を支えた大物の豪族は大臣・大連になっている。物部氏、葛城氏、平群氏、大伴氏、巨勢氏などである。

天皇歴代の大臣・大連を図表4.4.6 − 1に記す。

（1）物部氏

饒速日命（にぎはやひのみこと）を祖先と伝えられる氏族。河内国の哮峰（大阪府交野市）に、カムヤマトイハレビコ（神武天皇）より前に天磐船でヤマト入りしたという。饒速日命は東征したカムヤマトイハレビコに味方した。

神武東征の開始時、塩土老翁（シオツチノオジ）はカムヤマトイハレビコに「東方の美しい地（大和国の奈良盆地）には天降った神（饒速日命、物部氏遠祖）がいる」と言ったことから、物部氏は豊の国（大分～宮崎県）出身と考えられる。北部九州に物部氏姓が多い。遠賀川式土器（弥生前期土器）は遠賀川流域の物部氏の移動とともに近畿地方に伝えられたとされている。

物部氏は神武天皇即位後、饒速日命の遺した10種の天璽瑞宝（あまつしるしのみずたから）（とくさのみずたから）を献上した。これは天皇と皇后の魂を鎮める呪術に使ったとされている（鎮魂祭のはじまり）。物部氏を祀る石上神宮には七支刀（国宝）が保存されている。

別所大塚古墳（奈良県天理市別所字大塚）は前方後円墳で墳長125m。6世紀（古墳時代後期）の築造と推定。付近には、石上大塚古墳（奈良県天理市石上町字大塚、前方後円墳、墳長107m、6世紀後半）、ウワナリ塚古墳（奈良県天理市石上町字ウワナリ、前方後円墳、墳長110m、6世紀後半）がある。3基は物部氏の首長墓とする説がある。古墳名の「ウワナリ（後妻）」は、石上大塚古墳を「こなみ（先妻）」と擬したことに由来するといわれる。発掘調査は実施されていない。

（2）葛城氏

武内宿禰の後裔（子の7男2女のうちの第八子、六男）。始祖は葛城（かつらぎ）襲津彦（そつひこ）。大和葛城地方（現在の奈良県御所市・葛城市）に本拠を置いた。

仁徳天皇（第16代）の皇后は襲津彦の娘の磐之媛（いわのひめ）で、履中天皇（第17代）、反正天皇（第18代）、允恭天皇（第19代）を産んだ。襲津彦の子の葦田宿禰の娘の黒媛は履中天皇の妃となり市辺押磐皇子などを産んだ。また、円大臣（葦田宿禰の子）の娘の韓媛は雄略天皇（第21代）の妃となり清寧天皇（第22代）を産んだ。市辺押磐皇子（履中天皇の子）の妃の荑媛（はえひめ）は蟻臣（葦田宿禰の子）の娘である。顕宗天皇（第23代）、仁賢天皇（第24代）を産んだ。仁徳から仁賢に至る9天皇のうち、安康天皇（第20代、母の忍坂大中姫は第15代の応神天皇の孫）

を除いた8天皇は葛城氏の娘を后妃か母としている。

葛城地方に定住した渡来系集団は葛城氏の配下となり、武器・武具などを生産していた。

市辺押磐皇子と連携していた円大臣は大泊瀬皇子（後の第21代雄略天皇、第19代の允恭天皇の第五皇子、安康天皇の弟）の軍によって亡ぼされ、葛城氏は滅亡した。

なお、小野妹子の生母は葛城氏の末裔といわれている。

（3）平群氏

武内宿禰の後裔（四男）。始祖は平群木菟宿禰（へぐりのつくのすくね）。大和国平群郡平群郷（現在の奈良県生駒郡平群町）を本拠に置いた。葛城氏没落後、木菟の子の真鳥（まとり）が「大臣」を歴任した。仁賢天皇の崩御後、真鳥大臣は日本国王になろうと専横を極めたという。稚鷦鷯太子（後の武烈天皇）の命を受けた大伴金村により、真鳥とその子の鮪（しび）は誅殺された（498年）。

これ以後、平群氏は『日本書紀』から姿を消すが、用明天皇2年（587年）の物部討伐将軍に平群神手（へぐりのかむて）が参画している。

（4）大伴氏

遠祖は道臣命で、神武東征に従事した。論功行賞を受け大和国高市郡築坂邑（奈良県橿原市鳥屋町付近）を与えられた。

垂仁天皇（第11代）のとき大伴武日は五大夫の1人（他に、武渟川別（阿倍臣祖）、彦国葺（和珥臣祖）、大鹿島（中臣連祖）、十千根（物部連祖））。武日は景行天皇（第12代）のときの日本武尊東征従者の1人。

5世紀、大伴氏の最初の実在人物とされる大伴室屋が允恭天皇（第19代）から顕宗天皇（第23代）まで5代の天皇に大連として仕えた。

大伴金村（室屋の子又は室屋の孫で大伴談の子）は498年、仁賢天皇の崩御で、大臣の平群真鳥、鮪父子を討ち、武烈天皇を即位させて自らは大連の地位についた。506年に武烈天皇の崩御で継体天皇（第26代）を即位させた。安閑（第27代）、宣化（第28代）、欽明（第29代）の各天皇の大連。

欽明朝のとき、任那4県の百済への割譲策で同じ大連の物部氏から失政と非難され失脚、摂津国住吉郡（現大阪市住吉区帝塚山）の宅にひいた。

（5）巨勢氏

武内宿禰の後裔（次男）。始祖は許勢小柄宿禰（こせのおからのすくね）。大和国高市郡巨勢郷（現在の奈良県御所市古瀬）を本拠に置いた。6世紀以降、朝鮮半島との外交・軍事を担当した。継体天皇（第26代）のとき巨勢男人が大臣となった。男人の娘の紗手媛（さてひめ）、香々有媛（かかりひめ）は安閑天皇（第27代）に嫁いだ。いずれも子は無し。大和絵巨勢派が知られる。

図表4.4.6－1　天皇歴代の大臣・大連（～539年）　（1/2）

歴代	天皇	在位・西暦	大臣	大連
4	懿徳	－	出雲醜大臣命（物部連の遠祖・申食国政大夫）※『先代旧事本紀』記載	－
5	孝昭	－	出石心命（出雲醜大臣命の弟）、大矢口宿禰命（出石心命の子）、瀛津世襲命（高倉下の三世孫、または大連）	瀛津世襲（尾張連の遠祖）＝『先代旧事本紀』記載
6	孝安	－	－	－
7	孝霊	－	－	－
8	孝元	－	欝色雄命（出石心命の孫）	－
9	開化	－	大綜杵命（欝色雄命の弟）、伊香色雄命（大綜杵命の子）	－
10	崇神	－	－	－
11	垂仁	－	大新河命（伊香色雄命の子）	物部十千根、大新河命（伊香色雄命の子）

(2/2)

歴代	天皇	在位・西暦	大臣	大連
12	景行	ー	物部胆咋（伊香色雄命の甥）	ー
13	成務	ー	物部胆咋（伊香色雄命の甥）、武内宿禰	ー
14	仲哀	ー	武内宿禰	ー
15	応神	4世紀後半頃	武内宿禰、和珥日触、物部印葉（物部武諸隈の孫）、尾綱根命（尻綱根命）	ー
16	仁徳	4世紀末～5世紀前半	武内宿禰、意乎己連（尾綱根命の子）、弥蘇足尼（服部弥蘇連、伊豆国造の一族）	ー
17	履中	400～405	葛城円（武内宿禰曾孫）	平群木菟宿禰、蘇賀満智宿禰、物部伊莒弗
18	反正	406～410	葛城円（武内宿禰曾孫）	ー
19	允恭	412～453	葛城円（武内宿禰曾孫）、物部小前（大前小前宿禰大臣）	大伴室屋
20	安康	453～457	葛城円	大伴室屋
21	雄略	457～478	平群真鳥	大伴室屋、物部目
22	清寧	480～483	平群真鳥	大伴室屋
23	顕宗	485～487	平群真鳥	大伴室屋
24	仁賢	488～498	平群真鳥	ー
25	武烈	498～506	平群真鳥	大伴金村、物部麁鹿火
26	継体	507～531	許勢男人	大伴金村、物部麁鹿火
27	安閑	534～535	許勢男人（『続日本紀』、『日本書紀』では継体朝に死去）	大伴金村、物部麁鹿火
28	宣化	535～539	蘇我稲目	大伴金村、物部麁鹿火

出所：フリー百科事典「ウィキペディア」をもとに筆者編集

◎コラム4　蚕

昭和52年（1977年）4月10日に結婚した。妻の実家は長野県にあり、昭和40年以前は養蚕業を営んでいた（現在は義兄（画家）が葡萄園を営む）。「カイコ」のことを「おかいこさん」と妻と妻の両親は言っていた。養蚕で生計をたてていたからだという。カイコは家蚕とも呼ばれ、家畜化された昆虫であり、野生では生きていられないという。温度管理、餌やりなど大変手間のかかった仕事だったとも言っていた。

中学生のときに学んだローマまでの交易ルートの「シルクロード」（絹の道）は東西文化の交流で知られている。養蚕は、今から5,000～6,000年前、中国の黄河や揚子江流域で野生の「クワコ」（Bombyx mandarina）を家畜化したのがはじまりという。「姫蚕」と呼ばれる蚕の幼虫は、外皮に斑紋がない種類のことである。

日本に養蚕技術が伝わったのは紀元前200年くらい、稲作といっしょに中国からの移住者が持ち込んだといわれている。「魏志倭人伝」の38行目には、「紵麻蚕桑緝績出細紵縑緜」（紵麻を植え、蚕桑して糸をつむぎ、麻布・絹布を産す）とある。

『日本三代実録』（901年8月完成）には仲哀天皇4年（195年）に秦の始皇帝の11世孫の功満王が蚕種（カイコの卵）を天皇に献上。また、『日本書紀』には応神天皇14年（283年）に秦氏が百済より120県の百姓を率いて養蚕と絹織物の技術を伝えたと書かれている。

日本で最初（195年）に養蚕が伝わった地とされる豊浦宮（現在の忌宮神社、山口県下関市）では毎年3月28日に、蚕種祭が行われ、昭和56年（1981年）から生糸つむぎと機織りの実演が披露されている。

「蚕影神社」（茨城県つくば市神郡、創祀は筑波国造）は全国にある蚕影神社の総本社。近くに流れる「小貝川」は古くは「蚕飼川」と表記された。栃木県から茨城県や千葉県に流れる「鬼怒川」（明治9年（1876年）頃以降の表記）は「絹川」、「衣川」、「毛野河」といわれた。

5．　邪馬台国の所在地説

邪馬台国はどこにあったのか。多くの説がある。「魏志倭人伝」に書かれていることが分かりづらいからである。『日本書紀』の巻第九神功皇后では、39年、40年、43年と連続して倭人伝を引用した記述があり、神功皇后と卑弥呼を同一人物と見なしている。

中国正史では、倭人伝の邪馬壹（壱）国に対し、『後漢書』は邪馬臺（台）国と書く。『隋書』『北史』は邪靡堆、邪摩堆と書かれている。それは倭人伝でいう「邪馬臺」だという（「邪馬壹」ではない）。倭人伝は、5世紀に裴松之が校訂・注釈を施したもので、その後、紹興本と紹熙本が作られ、ともに12世紀に刊行された。この刊本ができたときには『後漢書』も『隋書』も『北史』も存在していた。倭国の都が邪馬臺国と書かれていたことを編纂者は知っていながら、なぜ邪馬壹国としたのか。

『三国志』の版本では「邪馬壹國」と表記されている。晩唐以降の写本で誤写が生じたとするのが通説である（台の旧字体「臺」は壱の旧字体「壹」と似ているため）。略字の「邪馬台」と表記されるのが多い。では、これをどう読むか、「やまたい」が一般的であるが、「やまと」「やまた」「やまだい」「やめと」「やめど」「やばと」などと読む人もいる。

「邪」はジャ、シャ、ヤと読むがこの文字は邪揄（ヤユ）の「ヤ」でよい。「馬」はうま、マ、バ、メと読むが「邪馬」の二字熟語は「ヤマ」である。問題は「台」である。「臺」の略字である。「怡」（イ）（よろこぶ）の原字でもある。ダイ、タイ、イと読む。

日本全国には、同じ地名や似た名前の都市がいくつもある。どちらが真似たのか、偶然同じ名前となったのか。邪馬台国の所在地といわれる北部九州と日向と近畿にも類似地名がいくつもある。

5．1　主な所在地説

古くから、邪馬台国の所在地は多くの人が様々な説を唱えている。インターネットの検索で134の説を見つけた。内訳をみると、関東から北陸に比定したのが5説。滋賀県、京都府、大阪府、奈良県、和歌山県など近畿が46説。四国が3説。九州が78説。北部九州と奈良県大和の両方にあったという説もある。

九州説と近畿説が多い。その特徴を見ると、九州説では比定地が北部九州、福岡県、熊本県、大分県、長崎県、熊本県と各地に点在している。一方、近畿説では圧倒的に奈良県に集中している。

福岡県説は、本居宣長（筑紫）、古田武彦（福岡市）、久米邦武（博多）、松本清張（博多一帯）、安本美典（朝倉市）など多彩な人物が登場している。奥野正男が推す（博多～吉野ヶ里、甘木朝倉）中の吉野ヶ里遺跡（佐賀県）は縦横12.5 mの建物跡が発見された。宮室と思われる。楼観（物見やぐら）、城柵なども出土している。

近畿の奈良県説は、ほとんど纏向（まきむく）遺跡付近を比定している。邪馬台国があったとされる2世紀末～3世紀前半の地層から巨大な建物の跡が見つかった。宮室と思われる建物跡は東西12.4m、南北19.2mというものだ。纏向遺跡の範囲は東西約2km、南北約1.5km（桜井市教育委員会）、西日本一帯を治める国としたら小さ過ぎるという意見がある。

最近は、海渡英祐の「北九州と大和」、磯田道史の「福岡県～奈良県」という新説もでている。

図表5.1 － 1を参照して欲しい。夢とロマンを感じる。

図表 5.1 － 1　邪馬台国の主な所在地説　(1/5)

通番	比定地		提唱者	論文等
	県名	所在地		
1	千葉県	我孫子市布佐	伊藤邦之	邪馬壱国
2	総国（上総・安房）		鈴木正知	邪馬台国に謎はない
3	石川県	羽咋市	能坂利雄	能登 女神と幻の日本海王国
4	山梨県	逸見高原	奥平里義	新日本誕生記
5	長野県	諏訪地方	武智鉄二	月刊 歴史と旅
6	滋賀県	琵琶湖畔	小島信一	女王国家
7	滋賀県	野洲市	大内規夫	近江 ヒミコの鬼道と天文学
8	京都府	京都市	江戸達郎	京都新聞紙上
9	大阪府	大阪市	大熊規矩男	神社の考古学
10	大阪府	難波	泉隆弐	邪馬台国の原点倭
11	畿内		原田大六	邪馬台国論争
12	畿内		橘良平	日本紀元考概略
13	近畿		笠井新也	邪馬台国は大和である
14	奈良県	大和	新井白石	古史通或問
15	奈良県	大和	田辺昭三	謎の女王卑弥呼
16	奈良県	大和	由良哲次	邪馬台国と大和
17	奈良県	大和	田口賢三	邪馬台国の誕生
18	奈良県	大和	青木慶一	邪馬台の美姫
19	奈良県	大和	山尾幸久	日本古代王権の成立過程について
20	奈良県	大和	小林行雄	古墳の発生の歴史的意義
21	奈良県	大和郡山	鳥越憲三郎	古事記は偽書か
22	奈良県	大和国	舎人親王	日本書紀
23	奈良県	大和国	志田不動麿	邪馬台国は大和である
24	奈良県	大和三輪山麓	肥後和男	大和としての邪馬台国
25	奈良県	飛鳥	新妻利久	やまと邪馬台国
26	奈良県	大和	松下見林	異称日本伝
27	奈良県	大和	伴信友	中外経緯伝草稿
28	奈良県	大和	内藤虎次郎	卑弥呼考
29	奈良県	大和	稲葉岩吉	漢委奴国王印考
30	奈良県	大和	高橋健自	考古学上より観たる邪馬台国
31	奈良県	大和	末松保和	倭国に関する魏志
32	奈良県	大和	中山平次郎	邪馬台国及奴国に関して

(2/5)

通番	比定地		提唱者	論文等
	県名	所在地		
33	奈良県	大和	梅原末治	考古学上より観たる上代の近畿
34	奈良県	大和	三宅米吉	邪馬台国について
35	奈良県	大和	山田孝雄	狗奴国考
36	奈良県	大和	藤田元春	漢委奴国考
37	奈良県	大和	鈴木俊	倭人伝の史料的研究
38	奈良県	大和	上田正昭	日本古代国家成立史の研究
39	奈良県	大和	直木孝次郎	国家の発生
40	奈良県	大和	樋口隆康	邪馬台国問題
41	奈良県	大和	岡崎敬	邪馬台国問題
42	奈良県	大和	浜田敦	魏志倭人伝などに…
43	奈良県	大和	和歌森太郎	私観邪馬台国
44	奈良県	大和	三品彰英	邪馬台の位置
45	奈良県	大和	大庭脩	親魏倭王
46	奈良県	飛鳥	佐原真	魏志倭人伝の考古学
47	奈良県	大和	坂田隆	卑弥呼をコンピュータで探る
48	奈良県	大和	山口修	ふたつの邪馬台国
49	奈良県	大和	西嶋定生	邪馬台国と倭国
50	奈良県	大和	謝銘仁	邪馬台国　中国人はこう読む
51	和歌山県	吉野から紀州一帯	立岩巌	邪馬台国新考
52	徳島県	阿波国	古代阿波研究会	邪馬壱国は阿波だった
53	愛媛県	川之江市一帯	大森忠夫	邪馬台国伊予説
54	愛媛県	松山	浜田秀雄	契丹秘史と瀬戸内の邪馬台国
55	北部九州		井上光貞	日本の歴史
56	北部九州		和辻哲郎	日本古代文化
57	北部九州		実吉達郎	動物から推理する邪馬台国
58	北部九州		藤間生大	埋もれた金印
59	北部九州		中島河太郎	女王国探検
60	北部九州		大谷光男	研究史金印
61	北部九州		川野京輔	邪馬台と出雲
62	北部九州		鯨清	卑弥呼は天照大御神である
63	北部九州		大林太良	邪馬台国
64	北部九州		森浩一	日本の古代文化

(3/5)

通番	比定地		提唱者	論文等
	県名	所在地		
65	福岡県	筑紫	本居宣長	古事記伝
66	福岡県	福岡市	古田武彦	邪馬台国はなかった
67	福岡県	博多	久米邦武	住吉社は委奴の祖神
68	福岡県	博多一帯	松本清張	古代史疑
69	福岡県	朝倉郡	高倉盛雄	邪馬台国は筑紫にあった
70	福岡県	博多〜吉野ヶ里 甘木朝倉	奥野正男	吉野ヶ里遺跡の謎
71	福岡県	太宰府	佐藤鉄章	隠された邪馬台国
72	福岡県	太宰府市近辺	松田正一	まぼろしではない邪馬台国
73	福岡県	甘木市	木村俊夫	邪馬一国とその周辺
74	福岡県	甘木市	村山義男	邪馬台国と金印
75	福岡県	甘木市・朝倉郡	安本美典	邪馬台国への道
76	福岡県	八女郡	中堂観恵	邪馬台国
77	福岡県	久留米市・三井郡	植村清二	邪馬台国・狗奴国・投馬国
78	福岡県	山門郡	新井白石	外国之事調書（未公刊）
79	福岡県	山門郡	星野悟	日本国号考
80	福岡県	山門郡	橋本増吉	邪馬台国及び卑弥呼に就いて
81	福岡県	山門郡	津田左右吉	邪馬台国の位置について
82	福岡県	山門郡	榎一雄	魏志倭人伝の里程記事について
83	福岡県	山門郡	牧健二	邪馬台国問題の解決のために
84	福岡県	山門郡	喜田貞吉	漢籍に見る倭人記録の解説
85	福岡県	山門郡	田中卓	海に書かれた邪馬台国
86	福岡県	山門郡	村山健治	誰にも書けなかった邪馬台国
87	福岡県	山門郡	吉田修	邪馬台国の終焉と復活
88	福岡県	筑後川流域	山村正夫	日本のクレオパトラ
89	福岡県	京都郡	重松明久	邪馬台国の研究
90	福岡県	田川市・京都郡	坂田隆	邪馬一国の歴史
91	福岡県	ー	日影丈吉	女王国の展望
92	福岡県	ー	佐治芳彦	邪馬一国抹殺の謎
93	佐賀県	筑紫平野	藤沢偉作	邪馬台国は沈まず
94	長崎県	東彼杵郡	野津清	邪馬台国ここに在り
95	長崎県	大村湾東岸	鈴木勇	邪馬台国は大村だった

（4/5）

通番	比定地		提唱者	論文等
	県名	所在地		
96	長崎県	佐世保市	恋塚春男	真説邪馬台国
97	長崎県	島原半島	宮崎康平	まぼろしの邪馬台国
98	熊本県	阿蘇郡	藤井甚太郎	邪馬台国の所在に就いて
99	熊本県	阿蘇郡蘇陽町	藤芳義男	倭日の国
100	熊本県	下益城郡佐俣町	安藤正直	邪馬台は福岡県山門郡に非ず
101	熊本県	菊池郡山門	白鳥庫吉	倭女王卑弥呼考
102	熊本県	菊池郡山門	近藤芳樹	征韓起源
103	熊本県	菊池川流域	岩下徳蔵	稲の道の果てに邪馬台国はあった
104	熊本県	玉名郡江田村	古屋清	江田村の古墳
105	熊本県	山鹿市	鈴木武樹	日本古代史 99 の謎
106	熊本県	山門郡	黛弘道	最新邪馬台国事情
107	熊本県	人吉市	工藤篁	邪馬台国にいたるみち
108	熊本県	八代市	李鉦埼	Time of India　卑弥呼渡来の謎
109	大分県	宇佐市	富来隆	魏志「邪馬台」の位置に関する考察
110	大分県	宇佐市	久保泉	邪馬台国の所在とゆくえ
111	大分県	宇佐市	高木彬光	邪馬台国の秘密
112	大分県	宇佐市	伊勢久信	「魏志・倭人伝」旅程記事の「分離式読み方」の提唱
113	大分県	宇佐市	安藤輝国	邪馬台国と豊王国
114	大分県	宇佐市	市村其三郎	卑弥呼は神功皇后である
115	大分県	宇佐市	高橋ちえこ	深き誓いの邪馬台国
116	大分県	宇佐市	平塚弘之	邪馬台国への行程
117	大分県	宇佐神宮領地内	神西秀憲	伝説で解く邪馬台国
118	大分県	周防灘沖合海中	大羽弘道	邪馬台国は沈んだ
119	大分県	東九州	石崎景三	鉄剣と鏡が語る邪馬台国
120	大分県	別府湾岸	山本武雄	邪馬台国の地理像
121	宮崎県	延岡市構口	小田洋	邪馬壱（溝口）・末盧（席田郡）説
122	宮崎県	西都原	清水正紀	新説邪馬台国
123	宮崎県	西都市	原田常治	古代日本正史
124	宮崎県	日向	尾崎雄二郎	邪馬台国について
125	宮崎県	日向地方	林屋友次郎	天皇制の歴史的根拠
126	宮崎県	霧島山周辺	高津道昭	邪馬台国に雪は降らない

(5/5)

通番	比定地		提唱者	論文等
	県名	所在地		
127	鹿児島県	九州南部	本居宣長	馭戎慨言（ぎょじゅうがいげん）
128	鹿児島県	薩摩国・囎唹域	吉田東伍	日韓古史断
129	鹿児島県	薩摩国・大隅国	鶴峰戊申	襲国偽僣考
130	鹿児島県	鹿児島	加治木義博	異説・日本古代国家
131	鹿児島県	大隅国姫木	那珂通世	外交繹史
132	鹿児島県	―	王仲殊	日本の三角縁神獣鏡について
133	北九州と大和		海渡英祐	二つの邪馬台国
134	福岡県～奈良県		磯田道史	教科書とは異なる日本史

出所：インターネット検索から筆者編集

5.2　北部九州と日向と近畿の類似地名

北部九州の福岡県朝倉市を中心とした地域、福岡県遠賀川流域、宮崎県大淀川流域の地名と近畿の大和川、淀川・木津川流域にある地名で多数の類似地名がある。偶然の一致か、どちらが真似をしたのかを探る。

5.2.1　福岡・大分と近畿の類似地名

福岡・大分と近畿で同じような地名が多い。明治時代初期に、北海道へ開拓に入った人はその地域名に出身地の名前を付けたケースが多い。例えば、伊達市は 1870 年に宮城県の旧伊達藩の伊達邦成らが、北広島市は 1884 年に広島県の和田郁次郎等 25 戸 103 人が入植した。

元々福岡地域に住んでいた人が奈良地域に移住して地名を移したのか。それとも、奈良地域の人が福岡地域に移動して名前を付けたのか。

陳長崎（チン・チョウキ）教授（中国魏晋南北朝史学会副会長、広州）は、「北部九州から近畿に移動したのではないか。国が移動すると地名も移動する。中国の古代ではよくあること。北部九州の、住吉神社→三輪→朝倉→田原→笠置山と、近畿の、住吉大社→三輪→朝倉→田原→笠置山は地名と位置関係も似ている。」という（BS-TBS、2019 年 5 月 10 日放映「諸説あり！邪馬台国スペシャル ～古代ミステリー 幻の国は“ここにあった！”～」)。

福岡地域と奈良地域との地名を比べると奈良地域の方が、どちらかというと簡易な当て字の地名が多く新しいと思われる。例えば、福岡では「三潴（みずま）」「鷹取山」。奈良では「水間」「高取山」である。このような理由で福岡地域の人が奈良地域に移動したと考える人もいる。

具体的に見てみよう。住吉神社（大社）を出発点にして反時計回り（左回り）で 1 周してみたのが図表 5.2.1 － 1 である。

なお、『邪馬台国論争の新視点』（片岡宏二著、雄山閣）では、「朝倉宮を中心として位置関係において、ヤマトの地名と類似した地名を配したことは十分にありうる。筆者は、地名の類似が、朝倉宮造営を契機としたものと考える。」と記している。朝倉宮（朝倉橘広庭宮、福岡県朝倉市須川（あるいは山田））は 660 年、百済が唐・新羅の連合軍に滅ぼされたことから、斉明天皇（655 ～ 661 年、皇極天皇 642 ～ 645 年の後重祚（ちょうそ））が百済再興のため朝鮮半島に援軍派遣を決定。661 年 5 月 9 日に朝倉橘広庭宮を造営した。しかし、2 ヵ月半後の 7 月 24 日に病で崩御した。正確な位置は特定されていない。また、磐井の乱（527 ～ 528 年）の後に、畿内の地名が北部九州につけられたという説もある。

図表 5.2.1 － 1　福岡・大分と近畿の類似地名

(1/2)

通番	福岡・大分の地名		近畿の地名	
	地名等	所在地・遺跡等	地名等	所在地・遺跡等
1	住吉神社	福岡市博多区住吉 3 丁目、日本第一の住吉宮	住吉大社	大阪府大阪市住吉区住吉、大和川
2	草ヶ江	福岡市中央区草香江、樋井川	日下	大阪府東大阪市日下町、恩智川
3	野方（額田）	福岡市西区野方、野方遺跡、十郎川	額田（野方）	大阪府東大阪市額田町、恩智川
4	三井	福岡県三井郡、小郡市、宝満川	三井	奈良県斑鳩町三井、富雄川

（2/2）

通番	福岡・大分の地名		近畿の地名	
	地名等	所在地・遺跡等	地名等	所在地・遺跡等
5	小田（おだ）	福岡県朝倉市小田、佐田川	織田	奈良県桜井市芝、大和川
6	三輪	福岡県筑前町久光、新町、大刀洗川	三輪	奈良県桜井市三輪、大和川、三輪山、大神神社
7	筑前高田	福岡県筑前町高田、小石原川	大和高田	奈良県大和高田市、高田川
8	長谷山	福岡県朝倉市、秋月、小石原川	長谷山	奈良県桜井市初瀬、長谷山口坐神社
9	朝倉	福岡県朝倉市平塚、小石原川	朝倉	奈良県桜井市朝倉、大和川
10	久留米	福岡県久留米市御井町、筑後川	久米	奈良県橿原市久米町、高取川
11	三潴（みずま）	福岡県久留米市三潴町、筑後川、山/井川	水間	奈良県奈良市水間町、打滝川
12	香山（こうやま）（高山）	福岡県朝倉市杷木志波、筑後川	天の香山（かぐやま）	奈良県橿原市南浦町、天香久山神社
13	鷹取山	福岡県久留米市田主丸町森部	高取山	奈良県高取町高取
14	天ヶ瀬（あまがせ）	大分県日田市天瀬町五馬市、五馬媛伝説	天ヶ瀬	奈良県吉野郡上北山村西原、天ヶ瀬川
15	玖珠（くす）	大分県玖珠町、玖珠川（筑後川支流）	国栖（くず）	奈良県吉野郡吉野町国栖、吉野川
16	鳥屋山（とや）	福岡県朝倉市、佐田川	鳥見山（とみ）	奈良県宇陀市榛原萩原
17	上山田	福岡県嘉麻市上山田、遠賀川	上山田	奈良県天理市山田町、布目川
18	山田	福岡県嘉麻市山田、遠賀川	山田	奈良県天理市山田町、布目川
19	田原	福岡県川崎町田原、彦山川、中元寺川	田原	奈良県田原本町、寺川、飛鳥川
20	笠置山	福岡県飯塚市相田、八木山川、犬鳴川	笠置山	京都府笠置町、木津川
21	春日	福岡県春日市	春日	奈良県奈良市春日野町
22	御笠山（宝満山）	福岡県筑紫野市・太宰府市北谷	三笠山（若草山）	奈良県奈良市雑司町
23	那の津	博多湾	難波津	大阪湾

出所：（公社）福岡県観光連盟、『卑弥呼と邪馬台国』（安本美典、21 世紀図書館新書、1983 年）をもとに筆者編集

※現在の表記とはちがうものもあるが、発行当時のデータによる

5．2．2　河川流域での類似地名

福岡県の遠賀川流域の地名と奈良県の大和川流域にある地名が類似している。また、宮崎県の大淀川流域と京都府・大阪府の淀川（上流名称は木津川）流域にも類似地名がある。図表5.2.2 － 1、図表5.2.2 － 2を参照。人々の移動によってもたらされた地名と考えられる。

図表 5.2.2 － 1　遠賀川流域と大和川流域にある類似地名

通番	遠賀川流域		大和川流域	
	地名	所在地・遺跡等	地名	所在地・遺跡等
1	遠賀	福岡県遠賀町	岡	奈良県明日香村岡
2	島門	福岡県遠賀町島門	島庄	奈良県明日香村島庄
3	鞍手（鞍梯）	福岡県鞍手町	倉橋	奈良県桜井市倉橋、赤坂天王山古墳、倉橋神社
4	山田	福岡県嘉麻市上山田、下山田、山田川	山田	奈良県天理市山田町

出所：Google マップをもとに筆者編集

図表 5.2.2 － 2　大淀川流域と淀川・木津川流域にある類似地名

通番	大淀川流域		淀川・木津川流域	
	地名	所在地・遺跡等	地名	所在地・遺跡等
1	笠置山（かさごやま）	宮崎県宮崎市大字瓜生野、大淀川	笠置山（かさぎやま）	京都府相楽郡笠置町、木津川
2	山崎	宮崎県宮崎市山崎町、大淀川河口	山崎	大阪府島本町山崎、桂川・宇治川・木津川合流地
3	大塚	宮崎県宮崎市大塚町	大塚	大阪府高槻市大塚町
4	中津瀬	宮崎県宮崎市中津瀬町、大淀川下流域	中津	大阪府大阪市北区、淀川下流域

出所：Google マップをもとに筆者編集

5.2.3　山での類似名

九州と近畿の山を見てみると、類似の山名が多くある。特に、笠置山は九州、近畿共に北部と南部に同じ名前の山がある。また、地蔵岳は宮崎県、奈良県にそれぞれ2山ある。偶然の一致にしては奇妙である。図表5.2.3 − 1参照。

図表5.2.3 − 1　九州と近畿にある類似の山名

通番	九州の山名		近畿の山名	
	山名	所在地・遺跡等	山名	所在地・遺跡等
1	笠置山	福岡県飯塚市相田、八木山川、犬鳴川	笠置山	京都府相楽郡笠置町、木津川
2	御笠山（宝満山）	福岡県筑紫野市・太宰府市北谷	三笠山（若草山）	奈良県奈良市雑司町
3	香山（こうやま）（高山）	福岡県朝倉市杷木志波、麻氐良布神社	天の香山（かぐやま）	奈良県橿原市南浦町、天香久山神社
4	鷹取山	福岡県久留米市田主丸町森部	高取山	奈良県高取町高取
5	三輪	福岡県筑前町弥永（旧三輪町）、大己貴神社（於保奈牟智神社）	三輪山	奈良県桜井市三輪、大和川、箸墓古墳、大神神社、檜原神社
6	耳納山	福岡県久留米市高良内町	耳成山	奈良県橿原市木原町
7	釈迦岳	大分県日田市と福岡県八女市との境界	釈迦ヶ岳	奈良県下北山村と十津川村との境界
8	霊山（りょうぜん）	大分県大分市口戸	霊山（れいざん）	三重県伊賀市下柘植
9	祖母山	大分県豊後大野市緒方町尾平鉱山	伯母ヶ峰	奈良県川上村・上北山村
10	地蔵岳	宮崎県延岡市	地蔵岳	奈良県吉野郡十津川村と下北山村境
11	地蔵岳	宮崎県西都市		
12	大森岳	宮崎県小林市須木邑	大森山	和歌山県上富田町市ノ瀬
13	笠置山	熊本県人吉市大畑麓町	笠置山	和歌山県東牟婁郡古座川町

出所：Googleマップをもとに筆者編集

5．3　北部九州説の優位性と近畿説の終焉

邪馬台国の所在地は、大きく、北部九州説と近畿説に分かれる。どちらが優位なのか、まとめてみた。

5．3．1　北部九州説の優位性

「魏志倭人伝」の内容は全てが正しいわけではない。例えば「一大国」の「大」は「支」の誤りと言われている。何が誤りで何が誤りではないのか、文脈を読み取りながら判断できる。

倭から魏への使いは、卑弥呼の時代の239年、243年、247年、そして台与の時代の250年頃の計4回、一方、魏から倭への使節は240年、247年、250年頃の計3回、訪れている。この具体的な記述での誤りはまずないと思える。

北部九州説を唱える根拠として図表5.3.1－1の5つが挙げられる。①邪馬台国までの距離12,000余里、②邪馬台国の南に狗奴国、③女王国の東の海千余里渡ると倭種、④倭地は周旋五千余里、⑤クスノキの自生地、いずれを見ても北部九州のことを記述している。

なお、5番目のクスノキの自生地については、ＮＨＫ総合テレビの「ブラタモリ×鶴瓶の家族に乾杯 新春スペシャル「太宰府天満宮」（2019年1月2日）」で、太宰府天満宮禰宜・福岡女子短期大学客員教授（博物館学）の味酒（みさけ）安則は「天満宮にはクスノキが100本以上自生している。自生林の北限が太宰府あたり。クスノキの沢山あったところに天満宮がつくられた。」と発言していた。なお、第39代宮司の西高辻（にしたかつじ）信良（のぶよし）、第40代宮司の西高辻信宏（のぶひろ）は菅原道真の子孫とのこと。

図表 5.3.1 − 1　北部九州説の根拠

通番	項目	魏志倭人伝の記述	解　釈
1	郡（帯方郡、現ﾋﾟｮﾝﾔﾝ～ｿｳﾙ間）から邪馬台国までの距離	郡から女王国（邪馬臺国）に至るは万二千余里	郡から伊都国の道程を合計すると 10,500 里。伊都国から邪馬台国までは残りの 1,500 里となる。相対距離で見ると、邪馬台国の位置は北部九州となる
2	邪馬台国の南に狗奴国	（女王国の）其南に狗奴国あり。狗奴国男王の卑弥弓呼（は女王国と）素不和。官は狗古智卑狗	邪馬台国の南に狗奴国がある。素から女王国と不和。狗奴国は女王国と拮抗するクニであった。狗奴国は「熊本」、狗古智は「菊池」（熊本県北部）に発音が似ている
3	女王国の東の海千余里渡ると倭種	女王国の東渡海千余里にまた国がある。皆倭種	邪馬台国の東は海であり、千余里先には倭種の国がある。北部九州の東に本州がある
4	倭地は周旋五千余里	倭地は絶在海中洲島之上或絶或連り、周旋可五千余里	『魏志』韓伝に「韓は帯方の南に在り、東西は海をもって限りとなし南は倭と接する、方 4 千里ばかり」とある。倭地は周旋 5 千里とのことから、九州島を指している
5	クスノキ自生地	木は枏（ぜん）、杼（ちょ）、豫樟（ようしょう）…	木は タブノキ、トチノキ、クスノキ…。クスノキの自生林の北限が太宰府あたり。本州、四国ではクスノキの自生林はない

出所：「魏志倭人伝」、インターネット情報をもとに筆者編集

5.3.2　邪馬台国と耶馬壱国

『三国志』「魏志倭人伝」には「耶馬壹（壱）国」と記述されている。その後に書かれた『後漢書』以降の書物は「邪馬臺（台）国」との記述である。『後漢書』では、「邪馬臺国に居す。今名を案ずるに邪摩惟の音の訛なり」と記されている。

日本では「邪馬台（ヤマタイ）国」が定着している。「耶馬壹」「邪馬臺」の読み方は「ヤマタイ」、「ヤマト」、「ヤマイ」、「ヤマイチ」、「ヤマダ」の５つに絞られる。

倭人伝には「壹（壱）与」との記述がある。『後漢書』以降の書物は

「臺（台）与」である。「トヨ」の読み方で定着しているようである。「臺（台)」は邪馬台国では「ヤマタイコク」、「臺（台）与」では「トヨ」と読み分けている。正しいのだろうか。

邪馬台国を「ヤマトコク」と読むと近畿説が消滅するという。その理由は、大和国と呼ばれた奈良県では、2～3世紀に「ヤマト」と呼ばれていた地域が無かった。大和国や城下郡（シキゲグン）大和（於保夜末止（オオヤマト））は5世紀以降に興った地名。福岡県では「山門郡」、「山門郷」が古くからあったためという。

5.3.3　近畿説の終焉

畿内説で、里程の話は伊都国迄の10,500里で終わってしまい、残りの1,500里では近畿地方には届かない。この里程は近畿説では説明不能である。また、200年代前半に使用した武器は鉄器である。近畿での鉄器の今までの出土は淡路島以外では大変少ない。

近畿の銅鐸は突然、使われなくなったといわれている。しかも、その多くは破壊されて出土している。銅鐸祭祀を否定、その施設や道具が破壊されたのだ。三種の神器を祭祀とする九州の一族が近畿に移り住んだのではないか。ヤマト王権は三種の神器を祭祀に持つ一族が作ったのではないかと考える。記紀にも、そのようなことが書かれている。いわゆる「神武東征」(神武東遷ともいう）である。そして、巨大古墳を大阪平野の南に造り、全国に伝播させた。

テレビ放映をみると、「諸説あり！　邪馬台国スペシャル ～古代ミステリー 幻の国は“ここにあった！”～」(BS-TBS、2019年5月10日放映）は「魏志倭人伝」を読み解くため中国に取材へ行った。漢字学者、歴史学者など4人全員の意見は、邪馬台国は九州にあった、といっている。番組映像をもとに、それぞれの説を筆者編集で紹介したい。

1人目の臧克和（ザン・コクワ）（上海市、中国教育部人文社会科学重点研究基地 表意文字大数据研（Big Data R&D Center for Ideographical Writings）教授、世界漢字学会会長）は、「邪馬台国の場所は「九州北部」。重要なのは音で読み解く。ヤマ＝九州北部一帯を指す。古代の地名はその場所の「地理的な環境」に影響を受ける。日本の場合は「山」「川」。中国の場合でも「名山大川」の影響を受け名付けられる。倭人伝に書かれている国の数々はいずれも九州北部にある。ここから遠く離れた畿内に邪馬台国があると考えるのは不自然である。」という。

2人目の張莉（チョウ・リ）（大阪教育大学美術・書道教育専攻准教授、著書『倭人とはなにか　漢字から読み解く日本人の源流』出野正共著、明石書店、2016）は「「邪馬壹国（ヤマイ）」は縄文の昔からあった古地名で、北部九州の広い範囲を示す呼び名だった。『後漢書』倭伝には「依山島為居」（山がちな島に依拠して住まいとして）とかかれている。」といっている。

3人目の陳長崎（チン・チョウキ）（広州、教授、中国魏晋南北朝史学会副会長）は「魏志倭人伝は魏の時代について書かれた文章そのものではない。いくつかの時代の史料が融合した可能性が高い。漢・三国（魏呉蜀）・西晋の時代の記述が混在している。邪馬台国の場所は「九州」が理に適う。魏志倭人伝の後半、倭人についての話があるが、「女王国の東の海を千里余り渡るとまた倭人の国がある」とある。つまり、邪馬台国の東には海があった。畿内説ではこの条件と一致しない。だから九州にあった。」との結論である。

最後に4人目の周徳望（シュウトクボウ）（台湾大学政治学研究所教授）は「中国の歴史書にある他国までの距離の記述は非常にあいまい。地理的なことに関する認識は現地の案内人など地元の人に影響される。中国史に記載された距離を信じそのまま日本に当てはめてはいけない。古代中国の歴史書では中国以外の国に関する距離の記述は全て疑わなければならない。当時の中国の地図からの認識では長江の東は九州だった。女王卑弥呼の居場所や邪馬台国は「九州」にあった。邪馬台国など中国の同盟国については小国だとしても国の規模や軍事力、政治体制を把握しておきたいので、これらについては正確に記述している。邪馬台国では海から採ったものを食べている。もう一つ重要なのは現地の人は顔に「黥面(げいめん)」という入れ墨をしていたこと。この風習は九州南方の民族である隼人、熊襲と考えられる。伊都国は海外との重要な交流の場で、政治を担っていたのなら邪馬台国が遠く離れた場所から伊都国を管理するはずがない。牛も馬もいないので運搬能力が低い。道の状況もよくない。邪馬台国が伊都国から遠く離れていることは考えられない。」であった。

福岡県小郡市埋蔵文化財調査センター所長の片岡宏二（『邪馬台国論争の新視点【増補版】』（雄山閣、2019 年 12 月発行）、『続・邪馬台国論争の新視点』（同、2019 年 12 月発行）は、「『魏志倭人伝』が描いた邪馬台国は北部九州の筑紫平野を第一候補に挙げる。これが、結論である。」としている。

また、奈良県立橿原考古学研究所企画学芸部長の坂靖（『ヤマト王権の古代学』新泉社、2020 年 3 月 28 日発行）は、「邪馬台国は北部九州説にたつ。弥生時代中期から後期の近畿地方においては、中国との直接交渉を示す資料はほとんど知られていない。楽浪系土器は北部九州に集中し、松江市以東にはまったく認められない。邪馬台国の時代、すなわち庄内式期においても、魏と交渉し、西日本一帯に影響力をおよぼしたような存在が、奈良盆地には見あたらない。邪馬台国の所在地の第一候補とされる纒向遺跡の庄内式期の遺跡の規模は貧弱であり、魏との交渉にかかわる遺物がない。……そののちの布留式以降に、新しく中国交渉の最前線にたったのがヤマト王権である。墳丘長 200m を超える大型前方後円墳が次々と造営され、纒向遺跡の規模も拡大する。」といっている。

一方、国際日本文化研究センター教授の磯田道史は『教科書とは異なる日本史』（日本経済新聞電子版、2021 年）で、「邪馬台国の所在地論争はもう古い。いまや研究者は邪馬台国を北部九州から近畿にひろがるクニの広域連合とみている。その重要拠点は二つ。奈良県桜井市の「纒向遺跡」と福岡県糸島市の「伊都国」の遺跡である。つまり九州も近畿も邪馬台国なのだ。」といっている。磯田道史は以前、近畿説を説いていた。

倭人伝を改めてみると、邪馬台国は伊都国や奴国といった国より南側にあると記述されている。瀬戸内海の国々（周防、安芸、吉備、播磨）の記述が全くない。

近畿説の一つの候補地である「纒向遺跡」は九州地方の遺物の出土が乏しく、大陸系の遺物は殆ど発見されていない。また、人が住んでいた形跡が小規模である。

「三種の神器」とは皇室の帝の証として皇位継承と同時に継承されている。鏡、剣、玉の三種を組み合わせたものだ。古くから「支配者」の象徴であったと考えられている。現在のところ最古の王墓といわれる「吉武高木遺跡」（BC3 世紀頃、福岡市西区）から順に、三雲遺跡（BC1 世紀頃～ 3 世紀、福岡県糸島市）、須玖岡本遺跡（1 ～ 2 世紀、福岡県春日市）、井原遺跡（1 世紀後半～ 2 世紀、福岡県糸島市）、平原遺跡（2 ～ 3 世紀、福岡県糸島市）で出土している。いずれも福岡県である。近畿地方でこの当時のもので出土したものは今のところ無い。

『日本書紀』の巻第八「足仲彦天皇（仲哀天皇）」には、熊襲征伐で伊都縣主（元伊都国王）の先祖の五十迹手は、八尺瓊（やさかに）、白銅鏡、十握剣（とつかのつるぎ）を仲哀天皇に差し出したとある。ヤマト王権が北部九州を制圧したことが書かれていると思う。

邪馬台国近畿説は、万世一系主義者への忖度だったのでは、という気持ちである。

◎コラム５　　　鶏

「鶏（にわとり）」の生物分類は、キジ目キジ科ニワトリ属のニワトリである。鶏は約2,500年前、中国から朝鮮半島を経由して伝えられたという。中国でも鶏はニワトリを意味する。鶏の骨は、弥生中～後期の原の辻遺跡（長崎県壱岐市）、酒見貝塚（福岡県大川市）、登呂遺跡（静岡県）から出土している。

ニワトリは、庭で飼う鳥の「庭つ鳥（ニハツトリ）」の「ツ」が落ちて「ニワトリ」になったといわれる。また、羽の色が赤かったから「丹色（にいろ）」の羽から「丹羽鳥」と呼ばれるようになったという説もある。

弥生時代のニワトリは小型であったとされる。鳴き声で朝の到来を告げる「時告げ鳥」として家畜化された。一番鶏は午前４時頃、二番鶏は午前５時頃、三番鶏は午前６時頃と伝えられている。「カケコー、カケコー、カケコー」。これは伊勢神宮の式年遷宮の儀式を始めるときの祝詞である。宮司が鶏の鳴き声を真似る「鶏鳴三声（けいめいさんせい）」というものである。朝が来たことを告げるのである。

食用とされた個体は廃鶏の利用などであったと考えられている。676年（天武４年）４月に「莫食牛馬犬猨鶏之宍。以外不在禁例。」（『日本書紀』）との殺生禁断令が出され、畜肉を食べる風習はなくなった。

神社の入口にある「鳥居」は、鶏を止まり木に止まらせて鳴かせた「鶏居」からきたともいわれている。佐賀県の吉野ヶ里遺跡の入口の鳥居には３羽の木鶏が乗っていた（図表 コラム５－１参照）。

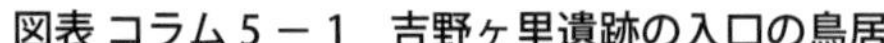
図表 コラム５－１　吉野ヶ里遺跡の入口の鳥居

出所：撮影　竹村倉二氏

6．邪馬台国とその連合国

邪馬台国は、「魏志倭人伝」では「女王国」とも「倭国」とも書かれている。倭国は、現在の、対馬、壱岐、北部九州の西海岸から東海岸、それらに注ぐ河川の流域（現在の長崎県、福岡県、佐賀県、大分県）と読み取れる。また、「女王国の東の海を渡る１千余里、皆倭種」と記している。東の海を渡るは本州、四国を指していると考える。

倭人伝に書かれている郡（帯方郡）から邪馬台国への旅程を整理した（図表６－1)。「到る」と「至る」（詳細は図表６－２通番 9、項 6.1 に記述)、「水行」と「陸行」（詳細は同通番３に記述）の表記に注目して欲しい。

次に、邪馬台国とその連合国の對海（馬）国（A1)、一大（支）国（A2)、末盧国（A3)、伊都国（A4)、奴国（A5)、不彌国（A6)、投馬国（A7)、斯馬国（①)、巳百支国（②)、伊邪国（③)、郡（都）支国（④)、彌奴国（⑤)、好古都国（⑥)、不呼国（⑦)、姐奴国（⑧)、對蘇国（⑨)、蘇奴国（⑩)、呼邑国（⑪)、華奴蘇奴国（⑫)、鬼国（⑬)、為吾国（⑭)、鬼奴国（⑮)、邪馬国（⑯)、躬臣国（⑰)、巴利国（⑱)、支惟国（⑲)、烏奴国（⑳）を比定する前提は、倭人伝に書かれている図表６－２の 12 項目である。

次に、図表６－３を見て欲しい。『倭名類聚抄（わみょうるいじゅしょう）』（承平年間（931 ～ 938 年)）に記されている「君・県主」と倭人伝に記載されている国名の比較である。８つの国名に類似性がある。

図表6－1 「魏志倭人伝」の郡（帯方郡）から邪馬台国への旅程

旅程	方位等	経由	距離	目的地	戸数	備考
郡→狗邪韓国	南へ或は東へ折れ	海岸循水行	七千余里	其の北岸狗邪韓国に到る	－	－
狗邪韓国→對海(馬)国	初めて	一海渡る	千余里	對海（馬）国に至る	千余戸	方四百余里、南北に市糴す
對海(馬)国→一大(支)国	又、南へ	瀚海を渡る	千余里	一大（支）国に至る	三千許の家	方三百里、南北に市糴す
一大(支)国→末盧国	又、	一海渡る	千余里	末盧国に至る	四千余戸	山海水際居、皆沈没
末盧国→伊都国	東南へ	陸行	五百里	伊都国に到る	千余戸	世々王有るも皆女王国統属
伊都国→奴国	東南へ	－	百里	奴国に至る	二万余戸	－
奴国→不彌国	東へ	－	百里	不彌国に至る	千余家	－
伊都国→投馬国	南へ	水行	二十日	投馬国へ至る	五万余戸	－
伊都国→邪馬台国	南へ	水行	十日	邪馬台国に至る	七万余戸	女王の都する所
		陸行	一月			

出所：フリー百科事典「ウィキペディア」をもとに筆者編集

図表6－2 邪馬台国とその連合国を比定するための前提

(1/2)

通番	項目	内容	解釈
1	郡から邪馬台国までは万二千余里	郡（帯方郡）から「狗邪韓国七千余里始度一海千余里至對海(馬)国」「南渡一海千余里名曰瀚海至一大(支)国」「一海千余里至末盧国」「東南陸行五百里到伊都国」とある	合計すると10,500里を費やしている。よって伊都国から邪馬台国までは1,500里となる
2	投馬国は南に水行二十日	「南至投馬国水行二十日官曰弥弥副曰弥弥那利可五万余戸」とある	伊都国から水行で20日は豊前国の海岸が妥当

(2/2)

通番	項目	内容	解釈
3	邪馬台国は女王之所都、水行十日陸行一月	「南至邪馬壹国女王之所都水行十日陸行一月官有伊支馬次曰弥馬升次曰弥馬獲支次曰奴佳鞮可七万余戸」とある	伊都国から水行10日又は徒歩1ヵ月。水行は御笠川（板付遺跡、大宰府）～山口川～宝満川～筑後川。徒歩は河川沿い
4	伊都国の南に邪馬台国	「南至邪馬壹国」「自女王国以北其戸数道里可得略載其余旁国遠絶不可得詳」とある	伊都国、奴国の南に邪馬台国はある。女王国から北にある国は戸数、道里はわかる
5	邪馬台国の南隣に狗奴国あり	「其南有狗奴国」とある	邪馬台国の直ぐ南に狗奴国がある
6	邪馬台国の東の海を渡ると倭種の国あり	「女王国東渡海千余里復有国皆倭種」とある	女王国から東の海を渡った先に国があり、皆倭種という
7	倭地は周旋五千余里	「倭地絶在海中洲島之上或絶或連周旋可五千余里」とある	ここでいう倭地は邪馬台国連合国のこと
8	国の規模は戸数の相対比較	對海（馬）国は千余戸、一大（支）国は三千許家、末盧国は四千余戸、伊都国は千余戸、奴国は二萬余戸、不彌国は千余家、投馬国は五萬余戸、邪馬台国は七萬余戸	二万戸以上の国の順番は、邪馬台国、投馬国、奴国となる
9	「到」と「至」の使い分け	到伊都国。他は、至對海(馬)国、至一大(支)国、至末盧国、至奴国、至不彌国、至投馬国、至邪馬壹国	伊都国を連合する各国への起点とする根拠の一つ
10	邪馬台国の宮殿	邪馬台国は「宮室、楼観、城柵、嚴かに設け、常に人あり、兵を持して守衛す」	吉野ヶ里遺跡と同様な宮殿が邪馬台国にはある
11	卑弥呼の墓	卑弥呼以死す「大いなる冢を作る、徑百余歩」	徑百余歩の墓は一歩0.5m換算、直径50m
12	距離は相対距離で計算	倭の地図を見ながら記載、距離の一里約70～80m（短里）は実距離に合う。方向の東西南北もほぼ正しい	航海をするには海図が不可欠。目的地の港を事前に知るには地図が必要

出所：フリー百科事典「ウィキペディア」をもとに筆者編集

図表6－3　君・県主と「魏志倭人伝」記載の国名

通番	倭名類聚抄 君・県主名	魏志倭人伝 国名	所在地	主な遺跡名
1	対馬(つしま)県主	對海(たいかい)(馬)国	長崎県対馬市上対馬町古里字所陽	塔の首遺跡
2	壱岐(いき)県主	一大(いちたい)(支)国	長崎県壱岐郡芦辺町・石田町深江田原	原の辻遺跡
3	松浦(まつら)県主	末羅(まつら)国	佐賀県東松浦郡鎮西町・唐津市	桜馬場(さくらのばば)遺跡
4	伊都(いと)県主	伊都(いと)国	福岡県糸島市有田	平原(ひらばる)遺跡
5	難(な)県主	奴(な)国	福岡県福岡市博多区・春日市	須玖(すぐ)岡本遺跡
6	嶋(しま)県主	斯馬(しま)国	福岡県糸島市志摩	新町遺跡
7	八女(やめ)県主	邪馬(やま)国	福岡県八女市	六反田遺跡
8	宗像(むなかた)君	烏奴(うな)国	福岡県宗像市	朝町竹重遺跡

出所：フリー百科事典「ウィキペディア」をもとに筆者編集

6．1　對海（馬）国～伊都国を比定

「魏志倭人伝」で朝鮮半島から始めて渡った国の「對海（馬）国」、次の「一大（支）国」、北部九州の「末盧国」、「伊都国」を比定する（図表6.1－1参照）。この4ヵ国をグループ化したのは、各国へ着くことについて前3ヵ国は「至」、伊都国は「到」と表記しているためである。朝鮮半島の記述では「東到其北岸狗邪韓国」（狗邪韓国に行き着いた）としている。「到」は行き着くという意味。「至る」は達するという意味である。

図表 6.1 － 1　對海（馬）国～伊都国の比定

出所：『最新 日本史図表』（第一学習社、2017 年、下條信行作成の図を一部改変）

6．1．1　對海（馬）国

対馬島（つしまじま）は、周囲に 5 つの有人島（海栗島、泊島、赤島、沖ノ島、島山島）と 102 の無人島を有する。福岡県から玄界灘と対馬海峡東水道（狭義の対馬海峡）をはさんで 132km、朝鮮半島へは対馬海峡西水道（朝鮮海峡）をはさんで 50km の距離にある。『古事記』では「津島」、『日本書紀』では国産み神話のなかに「対馬洲」「対馬島」の表記がある。

『三国史記』の「新羅本紀」に「多婆那国」（1 世紀にすでに存在した）が記されている。朝鮮では対馬を「テマ島」と呼ぶ。このテマはタマ（タバ）という音に由来するという。多婆那国に生まれた第四代新羅王の脱解尼師今（だつかいにしきん）は、生後まもなく籠に入れて海に流され金官国へ漂着した。多婆那国は金官国に面した対馬西岸に存在したということになる。

弥生時代は三根湾（対馬西岸）が中心地で三根川沿いに発展した。「下ガヤノキ遺跡」があり前漢鏡が出土した。古墳時代は浅茅湾（あそうわん）（対馬中央部）が中心地になり、浅茅湾の東側の鶏知浦に「根曽古墳群」がある。図表 6.1.1 － 1 ～図表 6.1.1 － 4 参照。

図表 6.1.1 － 1 「魏志倭人伝」での對海（馬）国の記載

通番	項目	内容	
		原文	翻訳
1	前の地からの旅程	（狗邪韓国）始度一海千余里	始めて一海を度る、千余里
2	対象国	對海國（紹熙本）、對馬國（紹興本）	對海（馬）国
3	支配者	其大官曰卑狗　副曰卑奴母離	其の大官を卑狗といい、副を卑奴母離という
4	大きさ	所居絶島方可四百余里	居る所絶島にして、方四百余里可り
5	戸数	有千余戸	千余戸あり
6	自然	土地山険多深林道路如禽鹿径	土地山険しく深林多く、道路は禽鹿の径の如し
7	生活	無良田食海物自活乗船南北市糴	良田無く海物を食して自活し、船に乗って南北と糴を市す

出所：「魏志倭人伝」をもとに筆者編集

図表 6.1.1 － 2 對海（馬）国の比定地

通番	項目		内容	倭人伝と比較
1	狗邪韓国からの距離		釜山から 50km	○
2	比定地	『日本書紀』	対馬嶋、和珥津	○
		『倭名類聚抄』	対馬嶋	
		現在地（中心）	長崎県対馬市上対馬町	
3	形状		南北 82km、東西 18km	○
4	面積		約 700㎢	○
5	人口（1873 年）		6,306 戸、29,700 人	－
6	港・入江		浅茅湾	○
7	河川		三根川	－
8	遺跡		三根遺跡、下ガヤノキ遺跡、塔の首遺跡	－
9	神社（『延喜式』）		29 社、旧上県郡（和多都美神社、和多都美御子神社など 16 社）、旧下県郡（高御魂神社、住吉神社など 13 社）	－

出所：フリー百科事典「ウィキペディア」をもとに筆者編集

図表 6.1.1 − 3　對海（馬）国の主な遺跡

通番	年代	遺跡名	所在地	特記事項
1	弥生中期〜後半	三根遺跡	対馬市峰町三根	弥生時代は対馬の中心地。中期〜後期にかけての墳墓遺跡が多い。ガヤノキ遺跡は石棺墓数が多い
2	弥生後期前半	塔の首遺跡	対馬市上対馬町古里字所陽	比田勝港の北東、西泊湾を望む。石棺 5 基出土。第 3 号石棺では国産の広形銅矛 2 本と国産弥生土器と朝鮮半島系土器が一緒に出土。朝鮮半島系土器と年代比較可能
3	4 世紀後半	大将軍山古墳（でじょうぐ）	対馬市上県町志多留	東南に面した中腹に板石を組んだ石棺露出。未盗掘古墳。墳形不明
4	4 世紀後半	出居塚古墳	対馬市美津島町雞知（けち）	前方後円墳、墳丘長 40m。古墳時代に入り対馬島東海岸の雞知浦に移動
5	6 世紀頃	根曽古墳群	対馬市美津島町雞知	浅茅湾の東側。前方後円墳 3 基・円墳 2 基・不明 1 基（または前方後円墳 3 基・円墳 3 基）の計 6 基の古墳で構成される古墳群
6	7 世紀前半	サイノヤマ古墳	対馬市美津島町雞知字濱ノ原陽	対馬の東海岸、美津島町雞知浦を望む丘陵先端に立地。墳丘が南北 7.5 m、東西 8 mの方墳

出所：対馬市ホームページ等をもとに筆者編集

図表 6.1.1 − 4　上対馬町歴史民俗資料室

出所：対馬市ホームページ

6.1.2　一大（支）国

壱岐嶋（いきのしま）は、周囲に4つの有人島（原島、長島、大島、若宮島）と19の無人島を有する。佐賀県北端部の東松浦半島から北北西に20kmの玄界灘上にあり、北部九州と対馬の中間に位置する。呼子港（唐津市）から島の南東部の印通寺（いんどうじ）港まで26km。『壱岐国続風土記』には「壱岐島に338基の古墳有」と記されている。

原（はる）の辻（つじ）遺跡は大きさが10km²と大きい。内海（うちめ）湾から幡鉾川（はたほこがわ）上流1.5kmのところにある。環濠遺跡で船着き場がある。高床建物は22棟（祭殿、役所、饗応大型施設等）、権（けん）（分銅、ハカリ）、卜骨（ぼっこつ）（中国銅銭の五銖銭（ごしゅせん）（前漢紀元前118年の貨幣））、50体の犬の骨、手斧柄（ちょうなえ）・石包丁出土。稲作用畔（あぜ）、炭化米、朝鮮系無文土器、九州・西日本各地の土器などが出土。

壱岐の古墳の大部分は島中央の丘陵地帯にある。前方後円墳は10基出土、ほとんどは島中央にある。6世紀以降、近畿系古墳との共通点が高まる。

「魏志倭人伝」の紹熙本では「一大国」と表記、紹興本と『梁書』は「一支国」と記している。どちらも「イシタ」という発音を写した文字と思われる（石田の地名がある）。この国は官、副の存在を記すのみで王は存在しない。

図表6.1.2 － 1～図表6.1.2 － 5参照。

図表 6.1.2 − 1 「魏志倭人伝」での一大（支）国の記載

通番	項目	内容	
		原文	翻訳
1	前の地からの旅程	又南渡一海千余里名曰瀚海	又南に一海を渡る。千余里。名は瀚海という
2	対象国	一大國（紹熙本記載）、一支國（紹興本記載）	一大（支）国
3	支配者	官亦曰卑狗副曰卑奴母離	官を亦卑狗といい、副を卑奴母離という
4	大きさ	方可三百里	方三百里可り
5	戸数	有三千許家	三千家許り有り
6	自然	多竹木叢林	竹木叢林多し
7	生活	差有田地耕田猶不足食亦南北市糴	差田地あり、田を耕すも猶食足らず、亦南北と糴を市す

出所：「魏志倭人伝」をもとに筆者編集

図表 6.1.2 − 2 一大（支）国の比定地

通番	項目		内容	倭人伝と比較
1	對海（馬）国との距離		長崎県対馬市厳原町から 70km	○
2	比定地	『日本書紀』	壱岐嶋	○
		『倭名類聚抄』	壱岐嶋	
		現在地（中心）	長崎県壱岐市芦辺町・石田町	
3	形状		南北 17km、東西 14km	○
4	面積		133.8km^2	○
5	人口（1873 年）		8,757 戸、32,900 人	−
6	港・入江		内海（うちめ）湾	○
7	河川		幡鉾川（はたほこがわ）	−
8	神社（『延喜式』）		24 社、旧壱岐郡に 12 社（住吉神社、中津神社など）、旧石田郡に 12 社（天手長男神社、天手長比売神社など）	−

出所：フリー百科事典「ウィキペディア」をもとに筆者編集

図表 6.1.2 − 3　一大（支）国の主な遺跡

通番	年代	遺跡名	所在地	特記事項
1	紀元前 2 世紀～紀元 4 世紀	原の辻遺跡	長崎県壱岐市芦辺町深江鶴亀触 1092-5	弥生時代前期末に集落形成が始まり、中期前半に多重環濠の大集落、後期に環濠が再掘削とみられる。古墳時代前期に環濠は埋没、集落衰退。北部九州中心に近畿地方、中国・朝鮮の多量の搬入品出土
2	1 ～ 3 世紀	カラカミ遺跡	長崎県壱岐市勝本町大字立石字東触	環濠集落遺跡。出土は弥生土器の他、犬・猫の骨、占いのト骨片（鹿、イノシシの肩甲骨）等
3	5 世紀後半	大塚山古墳	長崎県壱岐市芦辺町深江栄触字清水 504-3	円墳直径 14m。島内古墳約 260 基の最古位置づけ。横穴式石室で重要視。原の辻遺跡近くに築造された首長墓
4	6 世紀末～	壱岐古墳群	長崎県壱岐市勝本町周辺	6 世紀末に古墳中心地は芦辺町から勝本町近辺に移動。対馬塚古墳（前方後円墳、全長 63m）、双六古墳（前方後円墳、全長 91m、長崎県最大）、笹塚古墳（円墳、直径 66m）、兵瀬古墳（円墳、直径 54m）など
5	6 世紀末～ 7 世紀初頭	百合畑古墳群	長崎県壱岐市藤本町百合畑触	前方後円墳 4 基、円墳 19 基。この地の首長墓、その一族の墓
6	7 世紀末	鬼屋窪古墳	長崎県壱岐市郷ノ浦町有安触	円墳（墳丘消滅）、捕鯨の線刻画（3 隻の舟）

出所：壱岐市ホームページ等をもとに筆者編集

図表 6.1.2 − 4　日本最古の船着き場復元模型

出所：壱岐市教育委員会提供

図表 6.1.2 − 5　壱岐空港にて

出所：現地訪問、壱岐空港内（2002 年 3 月 21 日）

6.1.3　末盧国

壱岐島から船で末盧国に着く。この国は、①港があること、②次の伊都国まで五百里を歩く、③官、副がいない、④四千余戸に相応しい平野と河川があることが条件である。よって、伊都国に近い港と平野と河川が必要になる。「呼子」「名護屋」には平野、河川がないので末盧国にはなりえない。港は唐津市の松浦川に設けられたと思われる。「魏志倭人伝」は、末盧国を「山海に浜して居す。草木茂盛し行くに前人を見ず。」と記述している。唐津港から宇木汲田遺跡、柏崎遺跡まで歩いたことになる。

なお、「唐津」は元、「加羅津」、「韓津」であったといわれている。松浦には「松浦佐用姫」の伝承がある。537 年、新羅に出征するためこの地を訪れた大伴狭手彦と佐用姫は恋仲となった。そして出征のため別れる日、佐用姫は鏡山の頂上から領巾を振りながら舟を見送っていたが、別離に耐えられなくなり舟を追って呼子まで行き、加部島で七日七晩泣きはらした末に石になってしまった、とのことだ。『万葉集』にこの伝承を詠んだ山上憶良の歌（五巻 871 ～ 875）が 4 首載っている。その一つは「万代（よろづよ）に語り継げとしこの嶽（たけ）に領巾振りけらし松浦佐用比賣」（五巻873）だ。

末盧国の首長墓は、宇木汲田遺跡、柏崎遺跡、桜馬場遺跡の順に築造された。

図表6.1.3 － 1 ～図表6.1.3 － 5参照。

図表 6.1.3 － 1 「魏志倭人伝」での末盧国の記載

通番	項目	内容	
		原文	翻訳
1	前の地からの旅程	又渡一海千余里	又一海を渡る。千余里
2	対象国	末盧國	末盧国
3	支配者	（記載なし）	ー
4	戸数	有四千餘戸	四千余戸あり
5	自然	濱山海居草木茂盛行不見前人	山海に浜して居す。草木茂盛し行くに前人を見ず
6	生活	好捕魚鰒水無深浅皆沈没取之	魚や鰒（アワビ）を好んで捕えるも、水の深浅に無く、皆沈没（潜って）これを取る

出所：「魏志倭人伝」をもとに筆者編集

図表 6.1.3 － 2 末盧国の比定地

（1/2）

通番	項目		内容	倭人伝と比較
1	一大（支）国からの距離		長崎県壱岐郡芦辺町・石田町から40km	○
2	比定地	『日本書紀』	末羅、火前国松浦県	○
		『倭名類聚抄』	肥前国松浦	
		現在地（中心）	佐賀県唐津市	
3	港・入江		唐津湾	ー
4	河川		松浦川（旧・波多川）	ー

(2/2)

通番	項目	内容	倭人伝と比較
5	遺跡	中原遺跡、大友遺跡、宇木汲田遺跡、柏崎遺跡、桜馬場遺跡	—
6	神社	松浦郡 2 社：田嶋坐神社（肥前一の宮、宗像三女神）、志々伎神社	—

出所：フリー百科事典「ウィキペディア」をもとに筆者編集

図表 6.1.3 － 3　末盧国の主な遺跡

通番	時代区分・年代	遺跡名	所在地	特記事項
1	縄文晩期 BC1000	菜畑遺跡	佐賀県唐津市菜畑字松円寺山 3355-1	日本最古の水稲耕作遺跡。炭化米、石包丁、木鍬、水田跡発見。家畜豚骨出土
2	弥生中期	中原遺跡	佐賀県唐津市大字中原	弥生時代の中核的遺跡。甕棺墓や細形銅矛・青銅器の鋳型・石製把頭飾・破鏡・青銅製鋤先・鐸形土製品等発見
3	BC200	宇木汲田遺跡（うきくんでん）	佐賀県唐津市大字宇木字汲田・瀬戸口	首長墓（支石墓）。150 基甕棺墓出土。うち約 3 分の 1 の甕棺から多鈕細文鏡、細形銅剣、細形銅戈・矛、銅釧、硬玉製勾玉、碧玉製管玉など出土。広さ 4 万㎡
4	弥生中期中葉から後葉 AD100	柏崎遺跡	佐賀県唐津市柏崎	首長墓（甕棺墓）。宇木汲田遺跡から北西 500m。宇木川下流。甕棺から触角式有柄銅剣、同矛が出土。柏崎田島遺跡 6 号甕棺から径 6.9cm の日光鏡出土。広さ 14 万㎡
5	弥生中期から後期前葉 AD200	桜馬場遺跡	佐賀県唐津市桜馬場	首長墓（第 1、第 2、第 3）。後期前葉の甕棺から鏡 2、巴形銅器 3、有鉤銅釧 26、鉄刀 1、管玉などが出土。流雲文縁方格規矩鏡（径 23cm、後漢初期の 1 世紀製作）、甕棺西 5m で内行花文鏡（径 19.2cm）出土
6	4 世紀	久里双水古墳	佐賀県唐津市双水	国内最古級前方後円墳（全長 110m）。近畿地方に無い舟形木棺、粘土覆石室（2.5m）、平石と粘土で交互積上方式。中国の平縁盤龍鏡出土
7	4 世紀後半	経塚山古墳	佐賀県唐津市浜玉町浜崎	円墳、径約 27m。玉島川河口東岸の丘陵上に位置。方格規矩鏡は径 14.8cm で中国鏡を真似た国産鏡

出所：唐津市ホームページ等をもとに筆者編集

図表 6.1.3 － 4　唐津城跡からの遠望

出所：筆者撮影（2009 年 7 月 17 日）

図表 6.1.3 － 5　末盧館

出所：知人撮影の筆者（2009 年 7 月 17 日）

6.1.4　伊都国

「魏志倭人伝」で、それまでの国へは「至」と記述されているが、伊都国は「到」である。いわゆる「出入国管理所」に到着したという意味であろう。

伊都国は女王国の拠点のひとつで、一大率という高官が置かれ、常に伊都国で治し諸国を検察していた。伊都国には王がいて、官が１人、副官が２人という支配体制である。中心地は今の糸島市の三雲・井原遺跡（弥生時代中期後半から後期後半）、曽根遺跡群（弥生時代から古墳時代）である。

『延喜式』の式内社を見ると筑前国怡土郡は志登神社の１社のみである。同じ筑前国宗像郡は４社、那珂郡は４社、糟屋郡は３社である。怡土郡の少ないのには何か理由がある。高祖山の西麓に鎮座する「高祖(たかす)神社」（糸島市高祖 1578）は式内社に入っていない。ところが、『日本三代実録』には「元慶元年（877 年）高磯比咩神(たかすひめかみ)に従五位下を受給す」とある。高祖山(たかすやま)には古代の大宰府防衛の怡土城(いとじょう)があった。「怡土(いと)の庄・一の宮」として中座に日向二代の神、彦火々出見尊(ひこほほでみのみこと)を、右座に神功皇后、左座に日向三代の玉依姫を祭ると記されている。不思議だ。

図表 6.1.4 － 1 ～図表 6.1.4 － 5 参照。

図表 6.1.4 － 1　伊都国の位置

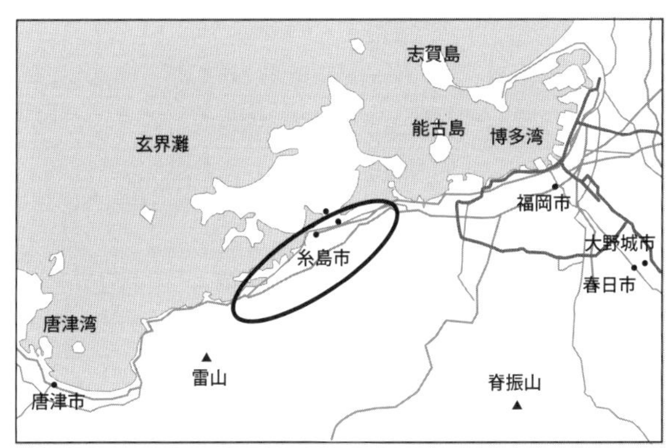

出所：フリー百科事典「ウィキペディア」をもとに筆者作成

図表 6.1.4 － 2 「魏志倭人伝」での伊都国の記載

通番	項目	内容	
		原文	翻訳
1	前の地からの旅程	東南陸行五百里伊都國到	東南陸行五百里、伊都国に到る
2	対象国	伊都國	伊都国
3	支配者	官曰爾支副曰泄謨觚　柄渠觚	官を爾支といい、副を泄謨觚、柄渠觚という
4	戸数	有千余戸	千余戸あり
5	生活	世有王皆統属女王国　郡使往来常所駐	世王あり皆女王国の統ぶるに属す。郡使の往来して常に駐まる所
6	外国との往来	特置一大率檢察諸国 諸国畏憚之常治伊都国 於国中有如刺史王遣使詣京都帯方郡諸韓国及郡使倭国皆臨津捜露	特に一大率を置き、諸国を検察さす。諸国はこれを畏れ憚る。常に伊都国に治す。国中において刺史の如く有り。王、使を遣わして京都、帯方郡、諸韓国に詣るに、および郡の倭国に使するに皆津に臨んで捜露す

出所：「魏志倭人伝」をもとに筆者編集

図表 6.1.4 － 3　伊都国の比定地

通番	項目		内容	倭人伝と比較
1	末盧国からの距離		佐賀県唐津市から 20 ～ 30km	○
2	比定地	『日本書紀』	伊蘇国（伊覩県）	○
		『倭名類聚抄』	筑前国怡土	
		現在地（中心）	福岡県糸島市有田、二丈町	
3	河川		川原(かわはる)川、雷山(らいざん)川、瑞梅寺(ずいばいじ)川	－
4	遺跡		平原遺跡、三雲・井原遺跡、釜塚古墳、ワレ塚古墳、銭瓶塚古墳、狐塚古墳	－
5	神社（『延喜式』）		怡土郡 1 社＝志登(しと)神社	－

出所：フリー百科事典「ウィキペディア」をもとに筆者編集

図表 6.1.4 － 4　伊都国の主な遺跡

（1/2）

通番	時代区分・年代	遺跡名	所在地	特記事項
1	弥生初期	三雲・井原遺跡 / 加賀石地区	福岡県糸島市大字三雲および井原	伊都国王都の始まりの地点（約 2,500 年前）。東を川原川、西を瑞梅寺川に挟まれた低位段丘上に位置。南北 1,500m、東西 750m。大型支石墓出土。弥生時代前期（約 2,500 ～ 2,300 年前）の集落と墓域（甕棺）確認
2	弥生前期～中期	志登（しと）支石墓群	福岡県糸島市志登	支石墓（朝鮮半島に多く見られる）10 基、甕棺墓 8 基出土。副葬品は 6 号支石墓から打製石鏃 6 点、8 号支石墓から柳葉形磨製石鏃 4 点
3	弥生中期	三雲・井原遺跡	福岡県糸島市大字三雲および井原	弥生時代の伊都国最初の王墓。1 号甕棺が王、2 号甕棺が王女。甕棺から銅鏡約 35 面、銅矛 2 口、勾玉等発見。井原村鑓溝で銅鏡 21 面、刀剣、巴形銅器 2 個等が「壺」から発見。番上地区から国内 2 例目の硯、多量の中国製の土器（楽浪系土器）出土。楽浪郡や帯方郡からの使者滞在
4	弥生～古墳	曽根遺跡群	福岡県糸島市	伊都国の中心地。糸島市東部の瑞梅寺川と雷山川にはさまれる曽根丘陵地帯に分布。渡来系氏族による製鉄遺跡がある。平原遺跡、ワレ塚古墳、銭瓶塚古墳、狐塚古墳で構成
5	弥生～古墳	平原（ひらばる）遺跡	福岡県糸島市有田	曽根遺跡群。5 基の古墳。平原 1 号墓は方形周溝墓、伊都国最後の王墓。銅鏡 40 面出土、日本最大の倭製銅鏡「内行花文鏡」5 面、素環頭大刀 等、被葬者は女性
6	220 ～ 230 年頃	今宿五郎江遺跡	福岡県福岡市西区今宿	伊都国の東端。環濠集落。楽浪系土器 15 点程、小銅鐸など出土。西区には壱岐という地名が存在する。野方遺跡に近い
7	4 世紀中頃～ 6 世紀後半	今宿遺跡群	福岡県福岡市西区今宿	高祖山（たかすやま）北麓に分布する 320 基以上を数える古墳群。首長墓と考えられる前方後円墳が 13 基ある。前方後円墳は全 50 基以上ある
8	古墳前期（4 世紀初）	端山（はやま）古墳	福岡県糸島市三雲字塚廻り（中央川上）	前方後円墳（全長 78.5m）。南 100m に築山古墳。端山古墳が先に築造。伊都国王に代わってこの地域を支配したヤマト王権と関係を持つ豪族墓と推定

(2/2)

通番	時代区分・年代	遺跡名	所在地	特記事項
9	古墳前期（4世紀前半）	山ノ鼻1号墳	福岡県福岡市西区徳永山ノハナ	今宿遺跡群を構成。高祖山の丘陵にある前方後円墳（全長44m）。獣帯鏡片や土師器出土
10	古墳中期	ワレ塚古墳	福岡県糸島市曽根	曽根遺跡群。曽根丘陵の中央部にある。前方後円墳（全長約43m）
11	古墳中期	狐塚（きつねづか）古墳	福岡県糸島市曽根	曽根遺跡群。曽根丘陵の東端部にある。円墳（径33m）。横穴式石室。副葬品は刀子5本、鉄斧1個、鉄鏃2本など出土
12	古墳中期（4世紀後半）	築山古墳	福岡県糸島市三雲	帆立貝式の前方後円墳（全長60m）。細石神社の北東約200mにあり、北西約1kmに平原遺跡がある。伊都国王に代わってこの地域を支配したヤマト王権と関係を持つ豪族墓と推定
13	4世紀後半	一貴山（いきさん）銚子塚古墳	福岡県糸島市二丈田中字大塚（西水路口）	糸島地方最大の前方後円墳（全長103m）。10面の銅鏡出土。方格規矩四神鏡、内行花文鏡が1面（中国製）、三角縁神獣鏡8面（日本製）。方格規矩四神鏡に鍍金
14	4世紀末	鋤崎（すきざき）古墳	福岡県福岡市西区今宿青木字鋤崎	今宿遺跡群を構成。今宿古墳群の首長墓。今宿平野の東端に位置する前方後円墳（全長62m）。葺石、平坦面埴輪列
15	古墳中期（5世紀前半）	丸隈山古墳	福岡県福岡市西区周船寺	今宿遺跡群を構成。高祖山の丘陵にある前方後円墳（全長85m）。首長級の墳墓。横穴式石室、板石石棺

出所：糸島市ホームページ等をもとに筆者編集

図表 6.1.4 − 5　伊都国歴史博物館・館内のご案内パンフレット

出所：2007年10月8日、筆者訪問

6．2　奴国と不彌国を比定

「魏志倭人伝」で「伊都国」の次に、「奴国」そして「不彌国」が記述されている。

6．2．1　奴国

奴国の比定地は春日丘陵一帯が大勢である。福岡平野にあり、中心地は福岡市の東南に位置している。弥生時代の遺跡がこれでもかというほどある。水田稲作遺跡の最古の一つといわれる「板付遺跡」（福岡県福岡市博多区板付）もこの地域にある。須玖岡本遺跡（福岡県春日市岡本）は弥生時代中期（BC1 世紀頃）の奴国の歴代王墓といわれている。甕棺墓 116 基、土壙墓・木棺墓 9 基、祭祀遺構が出土した。奴国の中心地の一つ「那珂遺跡群」（福岡市博多区）では国内最古（3 世紀頃造）とみられる幅 7 mの道路跡（南北 1.5km 以上の直線）が見つかっている。

志賀島から出土した金印には「漢委奴国王」の文字がある。「委奴国」と読ませる説がある。志賀島は江戸時代の行政地域名をみると筑前国糟屋郡志珂郷、現在の地名は福岡市東区。能古島も筑前国早良郡である。「いとこく」と読むのではなく、「漢の委（＝族）の奴（＝部族）国王」と読む説を取りたい。

また、「大宰府」は奴国に位置する。768 年に藤原田麻呂が大宰大弐の職のとき、故郷である大和国の春日大社から武甕槌命、経津主命、姫大神の三柱を迎えて春日大明神（現：春日神社）として社殿を創建した。それ以降、この地は「春日」といわれるようになった。

なお、奴国は 4 世紀になると、春日丘陵では須玖遺跡群など次々と集落が解体された。一方、那珂遺跡群、比恵遺跡群、博多遺跡群、西新町遺跡では畿内系の土器が増えている。

図表 6.2.1 － 1 ～図表 6.2.1 － 5 参照。

図表 6.2.1 － 1　奴国の位置

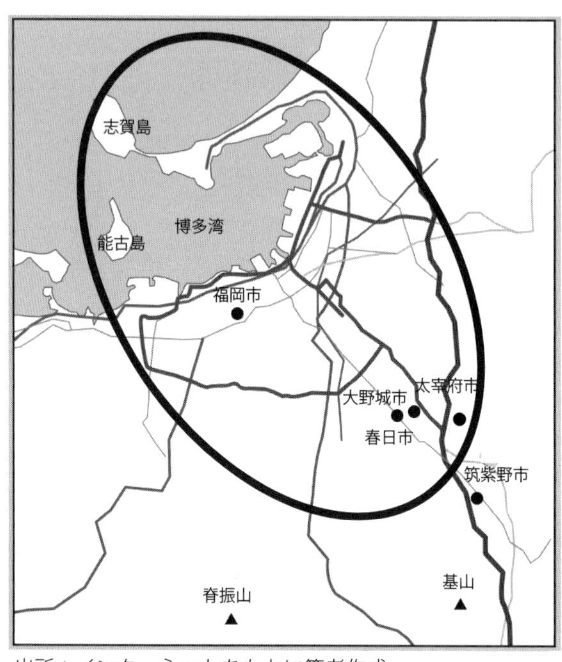

出所：インターネットをもとに筆者作成

図表 6.2.1 － 2　「魏志倭人伝」での奴国の記載

通番	項目	内容	
		原文	翻訳
1	伊都国からの旅程	東南至奴國百里	東南百里、奴国に至る
2	対象国	奴國	奴国
3	支配者	官曰兕馬觚副曰卑奴母離	官を兕馬觚といい、副を卑奴母離という
4	戸数	有二万余戸	二万余戸有り

出所：「魏志倭人伝」をもとに筆者編集

6.2.1 − 3　奴国の比定地

通番	項目		内容	倭人伝と比較
1	伊都国からの距離		福岡県糸島市有田、二丈町から 8 ～ 10km	○
2	比定地	『日本書紀』	奴国	○
		『倭名類聚抄』	筑前国那珂	
		現在地（中心）	福岡県福岡市博多区と春日市周辺	
3	河川		那珂川、牛頸川、御笠川	−
4	平野		福岡平野	−

出所：フリー百科事典「ウィキペディア」などをもとに筆者編集

図表 6.2.1 − 4　奴国の主な遺跡

（1/2）

通番	時代区分	遺跡名	所在地	特記事項
1	旧石器～	比恵（ひえ）遺跡群	福岡市博多区博多駅南四丁目	海人族が縄文時代晩期末定着。後期に環濠集落出現。甕棺出土の銅剣に付着絹織物は国内最古。3 世紀に畿内系土器増える
2	旧石器～	井尻 B 遺跡	福岡市南区井尻 1 丁目	集落跡、古墳出土。弥生時代人口が増え青銅器・ガラス工房あり
3	縄文晩期～	那珂遺跡群	福岡市博多区那珂六丁目	初期古墳の特徴を持つ那珂八幡古墳の他、東光寺剣塚古墳、剣塚北古墳などの前方後円墳築造。奴国中心が春日丘陵に移った後も大規模な集落が残存した
4	弥生前期～後期	板付遺跡	福岡市博多区	縄文時代の様相を色濃く残す夜臼式土器と共伴。弥生時代最古の土器。柳葉形石鏃・扁平片刃石斧から朝鮮半島関係大
5	弥生～	金隈遺跡	福岡市博多区金隈	甕棺墓遺跡。ゴホウラ製の貝輪と磨製石鏃を手に持つ人骨が検出
6	弥生～	博多遺跡群	福岡市博多区、東区、中央区	集落遺跡。3 世紀に畿内系土器増える。博多 1 号墳（前方後円墳、全長 60 ～ 70m、4 世紀末頃、消滅）
7	弥生～	安徳台遺跡	那珂川市	奴国の首長の集落であった可能性
8	弥生～	藤崎遺跡	福岡市早良区百道・藤崎	早良平野の首長墓。室見川河口右岸に位置。三角縁盤龍鏡と素環頭大刀副葬の箱式石棺、方格渦文鏡出土

(2/2)

通番	時代区分	遺跡名	所在地	特記事項
9	弥生～	雀居（ささい）遺跡	福岡市博多区雀居	集落遺跡。農具などの生活道具などの木製品や漆器が出土
10	弥生～	宝満尾（ほうまんお）遺跡	福岡市博多区東平尾3丁目	第4号土壙墓から内行花文明光鏡出土。5世紀頃の石蓋土壙墓、6世紀頃の直径20 mの古墳
11	弥生～	中・寺尾遺跡	大野城市大池1丁目	集落・墓地遺跡。土坑墓87基、甕棺墓59基、箱式石棺墓1基、石蓋土坑基2基など
12	弥生前期～後期	金隈（かねのくま）遺跡	福岡市博多区金隈	一般集落の共同墓地　348基の甕棺、119基の土壙墓。子供甕棺が圧倒的に多い。平均年齢40歳位
13	弥生中期	須玖（すぐ）岡本遺跡・王墓の上石	春日市岡本	大石の下の甕棺墓、中国前漢鏡30面、銅剣2本、銅矛5本、銅戈1本、ガラス璧、日本製ガラス勾玉1個、ガラス管玉出土
14	弥生中期～後期	須玖（すぐ）岡本遺跡群	春日市岡本	春日丘陵、奴国の中心地。116基の甕棺。王墓、墓地、祭祀遺構の遺跡。完形の小銅鐸鋳型（縦6.3cm、幅4.2cm）出土
15	弥生後期	御陵遺跡	春日市須玖北	青銅器の工房跡。中国や朝鮮半島に由来する「中国式」に形状が近い銅剣の石製鋳型が出土
16	弥生後期中頃	仲島遺跡	福岡市博多区井相田	中国後漢時代の内行花文鏡（1～2世紀前半製作）が完形で出土。2世紀頃の中国と交易
17	弥生末期～古墳前期	西新町遺跡	福岡市早良区西新	カマド付き竪穴住居跡が多数出土。古墳時代竪穴住居跡は500軒以上。3世紀に畿内系や山陰系土器等が増える。4世紀半ば～5世紀末急激に衰え消滅

出所：福岡県市・町のホームページをもとに筆者編集

図表6.2.1－5　奴国の丘歴史資料館（福岡県春日市）

出所：筆者撮影（2007年7月6日）

6.2.2　不彌国

伊都国から奴国は「東南百里」（約8～10km）ということから、奴国は福岡市、春日市周辺を比定した。伊都国から不彌国へは「東百里」である。現在の糟屋郡宇美町、志免町周辺に比定する。蚊田の里と称していたが神功皇后が応神天皇を安産したことから「宇美」の地名がおこったと伝わる。奴国との境は「宇美川」（現延長17km、水源は難所ヶ滝）である。朝鮮半島の馬韓にも「不彌国」がある。

不彌国の比定地候補には「旧穂波郡」もある。立岩遺跡があるからである。方向は「東」であるが、距離は奴国から30km離れていてあわない。不彌国は港が無いといけないとのことで「津屋崎」を比定地候補にあげる識者がいるが、方向が「北」なのでこれもあわない。

図表6.2.2－1～図表6.2.2－5参照。

図表6.2.2－1　不彌国の主な比定地候補

項番	比定地	主張識者
1	福岡県糟屋郡宇美町	新井白石、本居宣長、吉田東伍、鶴峰戌申、近藤芳樹、内藤湖南、三宅米吉、和歌森太郎、安本美典
2	宇美・大宰府	榎一雄
3	大宰府	白鳥庫吉、橋本増吉
4	糟屋郡	菅政友、宮崎康平、奥野正男
5	旧穂波郡	久米邦武、鳥越憲三郎、原田大六、山尾幸久
6	津屋崎	笠井新也

出所：フリー百科事典「ウィキペディア」などをもとに筆者編集

表 6.2.2 － 2 「魏志倭人伝」での不彌国の記載

通番	項目	内容	
		原文	翻訳
1	伊都国からの旅程	東行至不彌國百里	東行百里、不彌国に至る
2	対象国	不彌國	不彌国
3	支配者	官曰多模副曰卑奴母離	官を多模といい、副を卑奴母離という
4	戸数	有千余家	千余家有り

出所：「魏志倭人伝」をもとに筆者編集

図表 6.2.2 － 3　不彌国の比定地

通番	項目		内容	倭人伝と比較
1	伊都国からの距離		福岡県春日市から東に 5 ～ 10km	○
2	比定地	『日本書紀』	宇瀰	○
		『倭名類聚抄』	筑前国宇美	
		現在地（中心）	福岡県糟屋郡宇美町	
3	河川		宇美川、御笠川	－
4	平野		福岡平野	－

出所：フリー百科事典「ウィキペディア」などをもとに筆者編集

図表 6.2.2 － 4　不彌国の主な遺跡

（1/2）

通番	時代区分・年代	遺跡名	所在地	特記事項
1	弥生中期～後期	川原田・供田遺跡	福岡県糟屋郡宇美町大字井野字供田	弥生時代中期～後期の集落遺跡。甕、壺、甕棺等出土
2	3 世紀初頭	亀山石棺墓	福岡県糟屋郡志免町別府 2 丁目 6-5 亀山八幡宮内	宇美川流域。古墳時代初頭に造られ 1 号石棺と 3 号石棺は九州最大級の箱式石棺墓

(2/2)

通番	時代区分・年代	遺跡名	所在地	特記事項
3	3世紀中頃から後半	光正寺古墳	福岡県糟屋郡宇美町光正寺2丁目	宇美川流域。前方後円墳、全長約54m。糟屋地域の首長墓。箱式石棺3基、割竹形木棺1基、土器棺1基
4	3世紀中頃から後半	戸原王塚古墳	福岡県糟屋郡粕屋町戸原	多々良川流域。前方後円墳、全長約48m
5	3世紀中頃から後半	大隈丸山古墳	福岡県糟屋郡粕屋町大隈	円墳、直径約18m
6	4世紀	七夕池古墳	福岡県糟屋郡志免町田富3丁目	宇美川の流域。円墳、直径約29m。被葬者は40～50歳の壮年女性と推定
7	4世紀	浦尻古墳群	福岡県糟屋郡宇美町明神坂2丁目9	神領古墳群のすぐ西の丘陵上にある。前方後円墳（全長40m）1基と円墳5基の計6基が現存
8	5世紀初頭～中頃	神領古墳群	福岡県糟屋郡宇美町明神坂1丁目3	円墳6基。現在は1号墳～4号墳の4基残る。3号墳は墳丘の一部を削り宇美八幡宮上宮建立
9	6世紀頃	観音浦南支群17号墳	福岡県糟屋郡宇美町ひばりが丘2丁目	磐井の乱後に、糟屋の屯倉を献上後に、宇美、志免の丘陵に多くの古墳築造。そのひとつ

出所：宇美町ホームページ他をもとに筆者編集

図表 6.2.2 － 5　比定地にある光正寺古墳

出所：筆者撮影（2016年3月5日）

6．3　斯馬国～奴国を比定

「魏志倭人伝」に書かれている邪馬台国の連合国である「斯馬国～奴国」の比定は難解である。過去に多くの歴史学者などが試みている。九州説を述べている宮崎康平は『まぼろしの邪馬台国』（講談社、1967年）で連合国は「一筆書き」で説明できるとして各国を比定している。また、兒玉眞は『「魏志倭人伝」の正しい解釈で邪馬台国論争遂に決着』（玄武書房、2022年3月）で「反時計回り連続説」の手法を用いた。他の人も、色々な説を説いて比定している。

金融・証券業界で広く利用されているテクニカル分析をヒントに「三川の法」で斯馬国以降の20ヵ国を比定した。

6．3．1　斯馬国～奴国の発見方法

倭人伝の「自女王国以北 其戸数道里可得略載 其余旁国遠絶不可得詳次有斯馬国次有已百支国次有……」は「女王国以北はその戸数道里を略載し得るべくも、その余の旁国は遠絶にして詳かにし得るべからず。次に斯馬国有り次に已百支国有り……」と訳せる。この中の「女王国以北はその戸数道里を略載し得る」の以北とは、女王国から見て北方向を凡そ、と指している。女王国の南には狗奴国がある。下記の発見法１～４を満たす、名付けて「三川の法（西の川・中央の川・東の川の分別）」によって比定した。

＜発見法１＞　倭人伝の「女王国以北はその戸数道里を略載し得る」は、女王国の西北～西と北と北東～東にある国々の詳細は分かると言っている。よって、「斯馬国」以降に記述された女王国連合の国々は、「奴国」から南下するゾーンの西側と東側にあることがわかる。図表6.3.1－１を参照。

図表 6.3.1 − 1　斯馬国～奴国の推定アプローチ

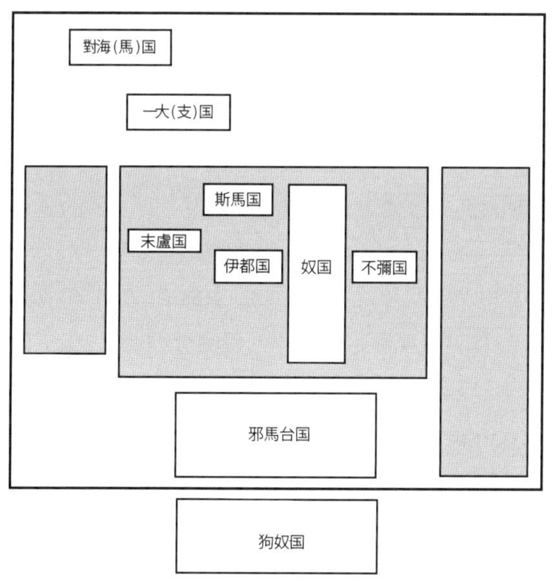

出所：筆者作成

＜発見法 2 ＞　スタートの「斯馬国」は伊都国の北側にある今の志摩半島北部である。それ以降は南西方向（図表 6.3.1 − 1 の網掛け部分の左側）に南下、その後、南東方向の国（同図表の右側の網掛け部分）を、凡そ順に記述されたと思われる。

＜発見法 3 ＞「国」を形成するには農耕のための平野と川が必要である。運搬、人の移動のためにも「川」はなくてはならない。

北部九州の川を大きく 3 つに分け、①西側にある川「松浦川・厳木川」（上流に向かう河岸に唐津市→多久市→小城市）、②中央にある川「那珂川・御笠川・筑後川」（同河岸に福岡市→春日市→太宰府市→朝倉市・久留米市→神埼市→佐賀市）、③東側にある川「遠賀川・彦山川」（同河岸に芦屋町→中間市→直方市→飯塚市・田川市を「三川」とした。中央の川の上流（南）に邪馬台国があると考えた（図表6.3.1－1参照）。

人間という動物は「好奇心」と「欲」を好む。株価等を分析する方法のひとつに「テクニカル分析」がある。その中に「酒田五法」（江戸時代の相場師本間宗久が考案したといわれるローソク足の並びを基本とした分析）があり、さらにその中に「三川の法」というパターン分析（連続する三本のローソク足の足型を読む）がある。価格の転換点を高い確率で見つけることができる。特に「三川明けの明星」（下降トレンドの底に現れる①大陰線（大きく値下りを示す線）、そのあと②小陽線や十字線（小動きの線）、そのあと③大陽線（大きく値上りを示す線）の３つのローソク足）のパターンが出現すると底打ちが想定され上昇相場が暗示される。この手法と似ていると思った。

＜発見法４＞　平安時代から遡ることで邪馬台国連合の各国を見つけることが出来る。『延喜式』（905年編纂開始、927年完成、967年施行）に掲載されている郡名を活用する。図表6.3.1－2を参照して欲しい。網掛け部分の国名、郡名は邪馬台国連合の国名に関連するものだ。

図表 6.3.1 － 2　九州の国名・郡名

通番	国名	郡名									
1	筑前	怡土	志麻	早良	那珂	席田	糟屋	宗像	遠賀	鞍手	嘉麻
		穂波	夜須	下座	上座	御笠					
2	筑後	御原	生葉	竹野	山本	御井	三潴	上妻	山門	三宅	
3	豊前	田河	企救	京都	仲津	築城	上毛	下毛	宇佐		
4	豊後	日高	球珠	直入	大野	海部	大分	速見	国崎		
5	肥前	基肄	養父	三根	神埼	佐嘉	小城	松浦	杵島	藤津	彼杵
		高来									
6	肥後	玉名	山鹿	菊池	阿蘇	合志	山本	飽田	詫麻	益城	宇土
		八代	天草	葦北	球磨						
7	日向	臼杵	児湯	那珂	宮崎	諸県					
8	大隅	菱刈	桑原	贈於	大隅	始羅	肝属	馭謨	熊毛		
9	薩摩	出水	高城	薩摩	甑島	日置	伊作	阿多	河邊	頴娃	揖宿
		給黎	谿山	鹿児島							
10	壱岐	壱岐	石田								
11	対馬	上県	下県								

出所：『延喜式』

6．3．2　斯馬国から 20 ヵ国を比定

斯馬国から順に奴国までを比定する（図表 6.3.2 － 1 参照）。

1 番目の斯馬国は『延喜式』の郡名の「志麻」である。福岡県糸島市志摩町に比定した。太宰府天満宮が保存している『翰苑（かんえん）』（中国の唐時代（660 年以前）、張楚金著）の写本（第 30 巻及び叙文＝平安時代写し、国宝）に「邪届伊都傍連斯馬」という一文がある。「邪馬臺国は伊都国に届（到り）、両国は傍（そばにあり）、斯馬国に連なる」という意味である。伊都国と斯馬国は連なっていると書いてある。

2 番目の「巳百支国（みほおき）」は佐賀県伊万里市に比定した。伊萬里神社（佐

賀県伊万里市立花町84）に合祀されている岩栗神社の創建は神功皇后の時代に遡ると伝えられている。「伊万里」の地名の由来は、紀飯麻呂（690～762年）伝説にはこの地に到り祭壇を設けて紀氏の祖を祀り飯麻呂の転訛という。また、吉野ヶ里と同様に条里の遺称「今里」という説もある。しかし、伊万里は伊万里湾を指す。「魏志倭人伝」で書かれている里程の帯方郡からちょうど壱萬里がこの地である。巳百支の「巳」は方位の南南東を意味する。「百」は沢山を意味する。郡から南南東で沢山の距離は「伊万里」を意味することになる。

3番目の「伊邪国」、4番目の「郡（都）支国」は大村湾の沿岸にあると考えた。伊邪国は長崎県諫早市に比定した。古くは「いさはや」と言われていた。郡（都）支国は長崎県西彼杵郡時津町に比定した。「ときつ」は古代の地名である。

5番目の「彌奴国」は長崎県佐世保市宮地区（宮津町）に比定した。古代遺跡の出土が多く良港がある。通説は、佐賀県三養基郡みやき町（三根東地区、西地区）だが、ここは邪馬台国の一部だ。

6番目の「好古都国」は長崎県東彼杵郡川棚町大音琴郷、小音琴郷に比定、7番目の「不呼国」は佐賀県鹿島市、古くは肥前国藤津郡に比定した。8番目の「姐奴国」は長崎県大村市と東彼杵郡東彼杵町に比定した。

9番目の「對蘇国」は佐賀県鳥栖市に、10番目の「蘇奴国」は福岡県那珂川市である。奴国に近い。11番目の「呼邑国」は佐賀県小城市に比定。12番目の「華奴蘇奴国」は佐賀県神埼郡と神埼市に比定した。吉野ヶ里遺跡がある。13番目の「鬼国」は佐賀県白石町である。古くは杵嶋郡といわれていた。

14番目からは邪馬台国の北東に移る。「為吾国」は福岡県添田町に比定した。彦山に音が近い。15番目の「鬼奴国」は福岡県うきは市に比定した。16番目の「邪馬国」は福岡県八女市に比定した。17番目の「躬臣国」は大分県玖珠郡玖珠町に比定した。

18番目の「巴利国」は福岡県朝倉市杷木に比定した。19番目の「支惟国」は福岡県北九州市小倉南区（企救）に比定した。20番目の「烏奴国」は福岡県宗像市に比定した。そして、最後の「奴国」（再出）は烏奴国の左隣りにある。

図表 6.3.2 － 1 斯馬国～奴国の比定

(1/2)

国番	国名	倭名類聚抄等の地名	所在地	遺跡等
①	斯馬国	筑前国志摩郡志麻	福岡県糸島市志摩町	新町遺跡、向畑古墳、藤原遺跡
②	巳百支国	肥前国松浦郡伊万	佐賀県伊万里市	国見山、小島古墳（山代町久原）
③	伊邪国	肥前国高来郡伊佐早	長崎県諫早市	飯盛鬼塚古墳、大峰古墳
④	郡（都）支国	肥前国彼杵郡、鎌倉時代以前「時津」成立	長崎県西彼杵郡時津町	前島古墳群（時津町子々川郷）
⑤	彌奴国	肥前国彼杵郡東彼杵郡宮村	長崎県佐世保市宮地区（南風崎町、城間町、萩坂町、奥山町、宮津町、長畑町、瀬道町）	テボ神古墳、鬼塚古墳
⑥	好古都国	肥前国彼杵郡音琴郷	長崎県東彼杵郡川棚町大音琴郷、小音琴郷	徳島古墳（川棚町五反田郷、3～4世紀、首長墓）箱式石棺6基検出、数十基あった
⑦	不呼国	肥前国藤津郡	佐賀県鹿島市	鬼塚古墳（鹿島市納富分、7世紀、首長墓）
⑧	姐奴国	肥前国彼杵郡	長崎県大村市、東彼杵郡東彼杵町	ひさご塚古墳（東彼杵郡東彼杵町、前方後円墳、5世紀）
⑨	對蘇国	肥前国養父郡鳥栖（止須）	佐賀県鳥栖市	ヤマト王権は鳥巣と呼称。赤坂古墳（鳥栖市永吉町赤坂、前方後方墳、3世紀後半）
⑩	蘇奴国	筑紫郡那珂郡那珂郷	福岡県那珂川市	丸ノ口古墳群（那珂川市片縄西、6世紀、42基）
⑪	呼邑国	肥前国小城郡	佐賀県小城市	一本松古墳群（小城町畑田、70基以上）。柳川市の多氏一族

(2/2)

国番	国名	倭名類聚抄等の地名	所在地	遺跡等
⑫	華奴蘇奴国（かなそな）	肥前国神埼郡（かむさき）	佐賀県神埼郡、神埼市	吉野ヶ里遺跡（神埼郡吉野ヶ里町、神埼市）
⑬	鬼国（き）	肥前国杵嶋郡	佐賀県白石町	龍王崎古墳群（白石町竜王、25 基以上、5 世紀頃）
⑭	為吾国（いこ）	豊前国田河郡彦山村（ひこさん）	福岡県添田町	庄原遺跡（しょうばるいせき）（添田町大字庄）彦山伝説（添田町の神話）
⑮	鬼奴国（きな）	筑後国生葉郡（的邑（いくはむら））	福岡県うきは市	月岡古墳（うきは市吉井町、5 世紀中頃）。日岡古墳（吉井町、前方後円墳、6 世紀前半）
⑯	邪馬国（やま）	筑後国三潴郡、上妻郡	福岡県八女市	六反田遺跡（弥生中期～古墳前期）、深田遺跡（4 世紀前半）、丸山古墳（5 世紀後半）、岩戸山古墳（6 世紀前半）、八女津媛
⑰	躬臣国（くしん）	豊後国球珠郡	大分県玖珠郡玖珠町	盆地に大きな楠（樟）木があった。亀都起古墳（6 世紀中頃）、鬼塚古墳（6 世紀後半）
⑱	巴利国（はり）	筑前国上座郡杷伎郷	福岡県朝倉市杷木	平塚川添遺跡（紀元前 1 世紀～西暦 4 世紀）、笹隈遺跡、志波宝満宮古墳、杷木神社
⑲	支惟国（きい）	豊前国企救（きく）（きた）郡	福岡県北九州市小倉南区（企救）	御座 1 号墳（4 世紀後半）、茶毘志山古墳（5 世紀後半、首長墓）、上ん山古墳（6 世紀前半、首長墓）
⑳	烏奴国（うな）	筑前国宗像郡	福岡県宗像市、宗像大社、海方（うなかた）、奴山（ぬやま）	宗像君、朝町竹重遺跡（弥生中期～古墳後期）、田熊石畑遺跡（弥生～古墳）、東郷高塚古墳（4 世紀後半）
―	奴国（な）	（再出）	―	―

出所：フリー百科事典「ウィキペディア」をもとに筆者編集

6．4　投馬国と狗奴国を比定

「魏志倭人伝」には、邪馬台国の戸数は7万余戸で、それに次ぐ5万余戸の規模を持つのが投馬国と書いてある。また、邪馬台国の南に位置して敵対しているのが狗奴国と書いてある。このふたつの国の位置を比定する。特に投馬国の位置がわかると邪馬台国と狗奴国の位置が導きだせると思う。投馬国の位置を知ることは重要である。

6．4．1　投馬国

倭人伝では、南に水行20日を要して投馬国に着くという。この起点はどこか。いくつもの説がある。伊都国を起点とすれば辻褄が合う。倭人伝に「郡の倭国に使するに皆津（伊都国）に臨んで捜露す。」と記述されているからである。

九州島には、大陸に知られている大国として、奴国、邪馬台国、狗奴国、そして投馬国があった。投馬国の大きさは奴国の2万余戸、邪馬台国7万余戸の間に位置する5万余戸の規模を持つ。奴国は福岡平野にあり、邪馬台国は筑紫平野にあるとすると、それに匹敵する平野が九州島にあるか。直方平野、豊前平野、中津平野、大分平野、宮崎平野などがあげられる。

倭人伝の「女王国以北はその戸数道里を略載し得る」との記述から、投馬国は、邪馬台国より北に位置することになる。また、投馬国は倭人伝に「南、投馬国に至る。水行二十日。官を弥弥と曰い、副を弥弥那利と曰う。五万余戸可り。」とのことから移動手段は船であり、海岸線に面した平野にあることがわかる。さらに、倭人伝の「女王国の東、海を渡ること千余里に復国あり」の女王国の起点とする国は「投馬国」であると考える。よって、投馬国は、邪馬台国が福岡県と佐賀県にあるとの前提にたてば、宮崎県や鹿児島県にはなかったことになる。投馬国は、豊前平野（福岡県、大分県）に比定することが出来る。なお、宮崎県には「西都原の国」、鹿児島県には「隼人の国」など、倭人伝の筆者が知らない別の国があったと思われる。

豊前平野には、京都郡みやこ町、苅田町、行橋市、築上町、豊前市などがある。みやこ町豊津は豊前国の中心であり国府の所在地である。古代駅家は京都郡に苅田駅（現：苅田町）と多米駅（現：みやこ町）がある。「多米」は「投馬」と音が似ている。

豊前平野を流れる今川、祓川の上流には、英彦山神宮（福岡県田川郡添田町英彦山）がある。いにしえから神の山として信仰されていた霊山で、主神は正勝吾勝々速日天忍穂耳命である。「日の子の山」即ち「日子山」と呼ばれていた。嵯峨天皇の弘仁10年（819年）詔で「日子」の2文字を「彦」に改められ、次いで、霊元法皇の享保14年（1729年）には院宣により「英」の1字を賜り「英彦山」と改称された。昭和50年6月24日、戦後全国第3番目の「神宮」に改称され、英彦山神宮になった。

小迫辻原遺跡（大分県日田市大字小迫）は旧石器時代から中世までの複合遺跡である。3世紀末～4世紀初頭（最古段階の布留式土器出土が根拠）の3基の豪族居館跡が発見された。1号環濠居館は一辺47mの堀の内側に3間×2間以上の大きさの総柱建物1棟がある。その隣に、2号環濠居館は東西37m、南北36mの堀の内側に3間×2間の総柱建物が南北に2棟並んで出土した。1、2号環濠居館から少し離れた場所に3号環濠居館がある。一辺20mの堀の内側に3間×2間の建物1棟が出土された。「大領」銘の墨書土器が出土している。出土した布留式土器と同じものは赤塚古墳（宇佐市）から出土した。

京築地域（行橋市、豊前市、苅田町、みやこ町、築上町、上毛町、吉富町）は畿内から九州に至る玄関口といわれる。弥生時代前期に京都平野は水田耕作が盛んにおこなわれた。北部九州から瀬戸内海沿岸や畿内に渡る人や物の中継地でもある。古墳時代が始まる３世紀末～４世紀初頭にヤマト王権が誕生すると、中国地方、北部九州の多数の地方豪族がその王権に参画したと考える。

図表 6.4.1 － 1 ～図表 6.4.1 － 3 参照。

図表 6.4.1 － 1 「魏志倭人伝」での投馬国の記載

通番	項目	内容	
		原文	翻訳
1	伊都国からの旅程	南至投馬國、水行二十日	南、投馬国に至る。水行二十日
2	対象国	投馬國	投馬国
3	支配者	官曰弥弥副曰弥弥那利	官を弥弥といい、副を弥弥那利という
4	戸数	可五万余戸	五万余戸可り

出所：「魏志倭人伝」をもとに筆者編集

図表 6.4.1 － 2 投馬国の比定地

通番	項目	内容	倭人伝と比較
1	伊都国からの距離	200km（水行 1 日 10km）	○
2	比定地	福岡県みやこ町、苅田町、行橋市、香春町、田川市、築上町、豊前市、吉富町、上毛町、大分県中津市、宇佐市、豊後高田市	－
3	港・入江	豊津（みやこ町）	－
4	河川	長峡川、今川、祓川、城井川	－
5	神社	英彦山神宮、宇佐神宮	－

出所：フリー百科事典「ウィキペディア」をもとに筆者作成

図表 6.4.1 − 3　投馬国の主な遺跡

通番	時代区分・年代	遺跡名	所在地	特記事項
1	縄文～鎌倉	徳永川ノ上遺跡	福岡県京都郡みやこ町徳永	弥生時代の墳丘墓群。祓川東岸
2	弥生前期末～後期	前田山遺跡	福岡県行橋市大字前田	貯蔵穴 10 基・埋葬施設 246 基
3	弥生前期中葉～後期	葛川（くずかわ）遺跡	福岡県京都郡苅田町白川	環濠集落遺跡、住居跡 6 軒・貯蔵穴 35 基
4	弥生前期後半～古墳初頭	下稗田遺跡	福岡県行橋市下稗田、前田	住宅跡 243 軒・埋葬施設 283 基。畿内系土器（櫛描波状文土器）出土
5	弥生前期後半～古墳初頭	矢留遺跡	福岡県行橋市大字矢留	住宅跡 23 軒他
6	弥生前期末～後期初頭	竹並遺跡	福岡県行橋市竹並	住宅跡 19 軒・埋葬施設 19 基他、畿内系土器（櫛描波状文土器）出土
7	弥生中期	広末・安永遺跡	福岡県築上郡築城町大字広末	住宅跡 14 軒・貯蔵穴他
8	弥生後期～古墳前期	十双遺跡	福岡県築上郡築城町大字赤幡	住宅跡 31 軒他
9	3 世紀～ 6 世紀	川部・高森古墳群	大分県宇佐市大字高森字京塚	駅館川右岸に前方後円墳 6 基、円墳や周溝墓約 120 基。宇佐国造の墓と推定。赤塚古墳等
10	3 世紀後半～ 4 世紀	小部遺跡	大分県宇佐市大字荒木	豪族居館。南北 8m、東西 5.6m の大型掘立柱建物出土、環濠遺跡
11	4 世紀初頭	石塚山古墳	福岡県京都郡苅田町富久町	前方後円墳、全長 110m
12	5 世紀	相原山首遺跡	大分県中津市大字相原 3000 番地	中津地区の首長墓の円墳の他に、古墳時代終末期（7 世紀）の方墳などがある。山国川右岸
13	5 世紀中頃	楡生山（にりゅうやま）古墳	福岡県築上郡吉富町楡生	前方後円墳、墳丘は周囲約 60m、後円部は直径約 17m、山国川・佐井川流域の首長墓
14	6 世紀後半	甲塚方墳	福岡県京都郡みやこ町国作	長方形の古墳としては九州最大級の規模。旧中津郡首長墓といわれる
15	6 世紀後半	橘塚古墳	福岡県京都郡みやこ町勝山黒田	約 40m の方墳。長峡川北岸

出所：福岡県、大分県、ウィキペディア等のホームページをもとに筆者編集

6.4.2　狗奴国

「魏志倭人伝」では、邪馬台国の南に位置して「素より和せず」（敵対）が「狗奴国」と書いてある。「くなこく」と読む。「狗」（犬を意味する）を一字目にあてている。その狗奴国の王は「卑弥弓呼」とある。「ひみここ」又は「ひみくこ」と一般的には読むが、「ひこみこ」（彦御子）とする説がある。また、官名の「狗古智卑狗」は一般的には「くこちひこ」、「ここちひこ」と読むが、「くくちひこ」（菊池彦）とする説がある。熊本県の弥生時代の遺跡は「菊池川」の流域に多く存在している。この中流域に「菊池」という地名がある。「菊池彦」と関係があると考える。

邪馬台国との争いは、①川・海路の権益、②鉄生産地の権益、③稲作地の侵略、が原因だったと考える。

（1）遺跡の中心

弥生時代後期の熊本県の地を見ると、菊池川中流と合志川下流に遺跡の多くが集中している。菊池川中流域にある方保田東原（かとうだひがしばる）遺跡は推定面積35 万㎡、100 戸を超える住居跡が出土している。山陰、近畿などの土器も出土。拠点的な集落と思われる。

阿蘇に源がある白川は宇土半島の北方に流れ出る。この川の両岸を境にして、北部には甕棺墓、青銅器が多く分布する。

狗奴国は遺跡の出土状況から中国・朝鮮半島と交易をしていたと考えられる。有明海の制海権、筑後川の航川権を邪馬台国と争っていたのではないかという見方がある。

（2）鉄の生産

熊本地方は卑弥呼の時代に大量の鉄器を保有していた。白川の源の阿蘇谷は弥生後期後半になると多くの地域で鉄器を出土する。材料は同地で産出する褐鉄鉱である。この圧倒的な鉄器を背景に邪馬台国との戦争に臨んだのだろう。

『邪馬台国と狗奴国と鉄』（彩流社、2010年2月20日発行）で菊池秀夫は、「鉄器の普及が弥生末期には九州北部（福岡県）から中部（熊本県・大分県）に急速に拡がり、そして中部が北部を凌駕するほどまでになる。この時期の九州中部の鉄器急増は狗奴国の出現を意味する。」とみている。

やがて、古墳時代前期後半（4世紀）になると、熊本県域での集落での鉄器の出土が一気に減少する。狗奴国勢力が移動したのか、終焉したのか。

（3）古墳

熊本県で最初に前方後円墳が築造されたのは、宇土半島基部地域の有明海側（北半部）と八代海側（南半部）である。有明海を臨む西側丘陵のほぼ中央に県内最古の前方後円墳である城ノ越古墳があり、迫ノ上古墳、スリバチ山古墳と続く。これらは首長墓である。西側丘陵北側の有明海に面する位置に天神山古墳、南側の八代海側に弁天山古墳が築かれる。東側丘陵では、有明海側の潤川下流域に潤野3号墳、八代海を臨む丘陵上に御手水古墳、向野田古墳がある。

熊本県内には、数多くの古墳群が存在する。中でも、装飾古墳は186基が見つかっており全国の38%にも及ぶ数を有している（熊本県立装飾古墳館（山鹿市鹿央町岩原3085）ホームページ参照）。

（4）邪馬台国と狗奴国の境界

邪馬台国と狗奴国の境界は福岡県と熊本県の間にある「筑肥山地」。福岡県みやま市（旧山門郡瀬高町）は邪馬台国の南限の一部であり、稲作が盛んな地であった。

狗奴国の免田式土器は、阿蘇谷から白川・緑川流域や宇土半島基部の南側の八代海沿岸・人吉盆地など熊本県（95ヵ所の出土地）を中心に、薩摩半島など中・南九州の西部地域に主に分布している。

図表 6.4.2 － 1 ～図表 6.4.2 － 3 参照。

図表 6.4.2 － 1 「魏志倭人伝」での狗奴国の記載

通番	項目	内容	
		原文	翻訳
1	位置	其南有狗奴國	その南に狗奴国有り
2	対象国	狗奴國	狗奴国
3	支配者	男子為王其官有狗古智卑狗 不属女王	男子を王と為す。その官に狗古智卑狗有り。女王に属せず
4	戸数	（記載無し）	－
5	女王国との関係	倭女王卑弥呼與 狗奴国男王卑弥弓呼素不和	倭の女王卑弥呼と狗奴国の男王卑弥弓呼は素より和せず
6	女王国との争い	遣倭載斯烏越等詣郡説相攻撃状 遣塞曹掾史張政等 因齎詔書黄幢 拝假難升米為檄告諭之	倭の載斯烏越等を遣わして郡に詣り、相攻撃する状を説かす。塞曹掾史張政等を遣わし、因りて詔書、黄幢をもたらし、難升米に拝假し、檄を為してこれを告諭す

出所：「魏志倭人伝」をもとに筆者編集

図表 6.4.2 － 2 狗奴国の比定地

通番	項目	内容	倭人伝と比較
1	邪馬台国からの方向	南	○
2	比定地	熊本県の山鹿市、菊池市、合志市、阿蘇市、玉名市、熊本市、宇土市、八代市	－
3	港・入江	古閑入江（八代市）	－
4	河川	菊池川、白川、緑川、球磨川、潤川	－
5	神社	幣立神社、阿蘇神社、健軍神社、疋野神社	－

出所：フリー百科事典「ウィキペディア」をもとに筆者編集

図表 6.4.2 ― 3　狗奴国の主な遺跡

（1/2）

通番	年代	遺跡名	所在地	特記事項
1	BC2 世紀 ～ 2 世紀	西弥護免（にしやごめん） 遺跡	熊本県菊池市 大津町大津西 弥護免	四重環濠の大環濠集落。200 軒超住居址、鉄器総件数 581、鉄器出土は弥生時代で九州随一
2	1 ～ 3 世紀	小野原（おのばる） 遺跡群	熊本県阿蘇市 狩尾小野原	35 軒の集落遺跡、弥生土器（黒髪式）、石庖丁出土。大量の鉄器出土
3	1 ～ 3 世紀	狩尾 遺跡群	熊本県阿蘇郡 阿蘇町大字狩 尾字湯ノ口	環濠集落、鍛冶遺構、銅鏡、ベンガラ及び鉄器出土。沼鉄鉱の鉱床を用いた簡易的な製鉄遺跡。薄い平造りの鉄鏃（やじり）が造られた遺跡
4	1 ～ 3 世紀	下扇原 遺跡	熊本県阿蘇市 阿蘇町大字三 久保下扇原	阿蘇山北西部の外輪山麓。竪穴住居跡から半熔融状態の鉄片が鍛冶滓と熔着して出土。1,522 点に及ぶ大量の鉄製品出土
5	1 ～ 3 世紀	方保田（かとうだ） 東原（ひがしばる） 遺跡	熊本県山鹿市 方保田（かとうだ）字東原、 塚の本	県内最大級の環濠集落遺跡。幅 8m の大溝、100 超の住居跡、土器、鉄器工房遺構が出土。山陰・近畿地方など西日本各地の土器出土。菊池川中流域の拠点的な集落
6	1 ～ 3 世紀	下山西 遺跡	熊本県阿蘇市 乙姫下山西	34 軒の竪穴式住居跡。ベンガラが敷かれた石棺、銅鏡、ガラス勾玉、および鉄器出土。免田式弥生土器製作
7	1 ～ 3 世紀	山尻 遺跡群	熊本県熊本市 東区弓削町山 尻など	狗奴国の中心地のひとつ。白川中流の南岸に位置
8	1 ～ 3 世紀	小野崎 遺跡	熊本県菊池市 七城町 小野崎町畑	菊池川と菊池川の支流の合志川とに挟まれた台地上に立地。大規模環濠集落。350 棟の竪穴式住居、大量の土器、石器・鏡等の青銅器出土
9	1 ～ 3 世紀	うてな 遺跡	熊本県菊池市 七城町大字台	菊池川の支流である迫間川東側のうてな台地上に立地。小野崎遺跡と同様に中心的な集落
10	3 世紀 後半	城ノ越 古墳	熊本県宇土市 栗崎町城の越	前方後円墳（全長 43 m）。熊本県最古の前方後円墳。三角縁珠文帯四神四獣鏡
11	3 ～ 4 世紀	天神山 古墳	熊本県宇土市 野鶴町桜畑	三段構築前方後円墳（全長 107m）。葺石備える

(2/2)

通番	年代	遺跡名	所在地	特記事項
12	4世紀	向野田古墳	熊本県宇土市松山町	前方後円墳（全長86m）。ほぼ完全な形の30～40代の女性首長の人骨、中国鏡など出土
13	4～5世紀	経塚・大塚古墳群	熊本県玉名市天水町部田見他	経塚、大塚、小塚、経塚西の4古墳。古墳群最古（4世紀中頃）の大塚古墳は3段築盛の前方後円墳、全長70m
14	4世紀末～5世紀中頃	津袋古墳群	熊本県山鹿市鹿本町津袋	主墳は茶臼山古墳（一辺25mの方墳）。小町塚、大塚、頂塚、平原塚、五社宮、朱塚の7基からなる
15	4～6世紀	塚原（つかわら）古墳群	熊本市南区城南町塚原	熊本県下最大。前方後円墳や方形周溝墓、円墳など総数約500
16	5世紀前半	ヤンボシ塚古墳	熊本県宇土市上網田町	円墳（径25m）。装飾古墳の出現、船の線刻文初見
17	5世紀後半	江田船山古墳	熊本県玉名郡和水町江田	前方後円墳（全長61m）。家形石棺から金銅製冠帽、純金製耳飾り、金銅製靴など200点出土。銀象嵌大刀（治天下獲□□□歯大王の文字（□は欠字））出土
18	5～6世紀	岩原（いわばる）古墳群	熊本県山鹿市鹿央町岩原	菊池川中流域左岸。双子塚古墳（全長107m、前方後円墳、5世紀後半）は3段墳丘、葺石、円筒埴輪配置。他に直径20～30m前後の円墳8基
19	5世紀～7世紀前半	大王山古墳群	熊本県氷川町早尾字服巻田	3基確認。5世紀造の3号墳は直径30mの円墳舟形石棺出土

出所：熊本県各市のホームページなどをもとに筆者編集

6．5　邪馬台国を比定

「魏志倭人伝」には、郡（帯方郡）から女王国までは一万二千余里。伊都国から南に行くと邪馬臺国（邪馬壹国）に至るとある。国との間の距離をみると、郡から狗邪韓国までは七千余里、次に對海（馬）国へ千余里、次に一大（支）国へ千余里、次に末盧国へ千余里、そして伊都国まで五百里とある。この間を合計すると10,500里になる。よって伊都国から邪馬台国までは「12,000里－10,500里＝1,500里」となる。末盧国～伊都国が500里（30～40km）とのことから、伊都国の南にその3倍の距離のところ（福岡県南部、佐賀県東部）に邪馬台国はあるということになる。

倭人伝には、「女王国の東、海を渡ること千余里にまた国あり。みな倭種なり。」とある。また、「南、投馬国に至る。水行二十日。南、邪馬臺国（邪馬壹国）に至る。女王の都する所。水行十日、陸行一月。」とある。この所要日数の起点は伊都国である。

この「邪馬台国」は一般的には「やまたいこく」と読んでいるが、「台」をなぜ「たい」の2音にするのか、理解に苦しむ。倭での漢字三文字以上の国名は漢字一文字1音で表記している。巳百支（いほき）国、好古都（こことと）国、華奴蘇奴（かなそな）国である。「臺（台）」は「と」と読み、「邪馬台」は「やまと」と読むのではないかと思っている。そうすれば、「台与（とよ）」の読み方と統一がとれる。「壹（壱）」ならば「い」と読み、「邪馬壹」は「やまい」と読み、「壱与（いよ）」となる。

6．5．1　倭人伝を理解

倭人伝の単語出現頻度を見ると、「邪馬壹国（邪馬台国）」1回、「女王国」5回、「倭国」3回、「倭地」2回、「倭人」1回、「倭種」1回、「倭（倭国、倭地、倭人は除く）」は15回となっている。女王国の5回は突出している。中国では女王は珍しかったからであろう。

邪馬台国連合で重要な国が伊都国である。代々国王がいた。常に伊都国にいたという一大率は「津に臨みて捜露」とある。大陸から邪馬台国に向う者は最初に「伊都国」に着くことになる。「出入国管理所」の役割を果たしていたと想定される。

生活ぶりや自然環境をみると、「男子はみな鯨面（入れ墨）をしている。……水人（海士）がいる。……真珠・青玉を出す。その山に丹有り。其の木には……豫樟（よしょう）（クスノキ）、楺（じゅう）（ボケ）、櫪（れき）（クヌギ）……有り」とある。

この中に、邪馬台国の所在地のヒントが隠されている。「鯨面」（入れ墨）、「水人」（海士）は北部九州の海人族のことである。北部九州には三つの海人族がいた。奴国を本拠地とする「安曇族」。綿津見三神を崇拝する。博多湾への船の出入口にある志賀島には志賀海神社がある。不彌国（現：宇美町周辺）には「住吉族」がいた。住吉神社は瀬戸内海に今も多くが現存する。筒男三神（つつのをさんしん）を崇拝する。本住吉神社（兵庫県神戸市）の宮司は「住吉神社は西（福岡県）から順に建てられたのだろう」と言っていた（2011年9月23日訪問）。烏奴国（宗像国、現：宗像市周辺）には「宗像族」がいた。宗像大社は宗像市の辺津宮、大島の中津宮、沖ノ島の沖津宮の三社（2010年7月10日～12日訪問）からなる。宗像三女神を崇拝する。大陸との交易が役目だ。

クスノキの現在の生息割合は、九州80%、四国12%、東海・東南海地方8%とのこと。クスノキは舟にも利用される（『日本書紀』）。自然林の北限は北部九州といわれている。近畿地方にはクスノキの自然林が無かったという。

「図表6.5.1－1「魏志倭人伝」での邪馬台国」を見て欲しい。この記述に従って「邪馬台国」を見つけたい。

図表 6.5.1 ー 1　「魏志倭人伝」での邪馬台国

(1/2)

通番	項目	内容	
		原文	翻訳
1	伊都国からの旅程	女王之所都 水行十日 陸行一月	女王の都する所。水行十日、陸行一月
2	対象国	邪馬壹國 女王之所都	邪馬台国、女王の都する所
3	官	官有伊支馬 次曰弥馬升 次曰弥馬獲支 次曰奴佳鞮	官に伊支馬有り、次を弥馬升といい、次を弥馬獲支といい、次を奴佳鞮と曰う
4	戸数	可七万余戸	七万余戸可り
5	郡からの距離	自郡至女王國万二千余里	郡より女王国に至るに万二千余里
6	男子の顔	男子無大小 皆黥面文身	男子は大小となく、みんな黥面文身す
7	役職	其使詣中國 皆自称大夫	その使中国に詣るに皆大夫と自称す
8	水人	今倭水人好沈没 捕魚蛤 文身亦以厭 大魚水禽	今、倭の水人好んで沈没し魚蛤を捕うるも、文身は亦もって大魚・水禽を厭う
9	貧富の差	後稍以為飾 諸國文身各異、或左或右 或大或小 尊卑有差	後にややもって飾りと為すも諸国の文身は各異なる。或は左、或は右、或は大、或は小、尊卑に差あり
10	邪馬台国の位置	計其道里 当在会稽東冶之東	その道里を計るに、まさに会稽・東冶の東に在り
11	男子の服	男子皆露紒 以木棉招頭 其衣横幅 但結束相連 略無縫	男子はみな露紒、木棉をもって頭に招く。その衣は横幅をただ結束して相連ね凡そ縫うことなし
12	婦人の服	婦人被髪屈紒 作衣如単被穿其中央貫頭衣之	婦人は被髪屈紒衣を作るに単被のごとくその中央を穿ち頭を貫いてこれを衣る
13	生計	種禾稲 紵麻 蚕桑緝績出細紵 縑緜	禾稲・紵麻を種え、蚕桑・緝績して細紵・縑緜を出す
14	動物	其地無牛馬虎豹羊鵲	その地に牛・馬・虎・豹・羊・鵲なし
15	武器	兵用矛 楯 木弓 木弓短下長上 竹箭或鉄鏃或骨鏃	兵に矛・楯・木弓を用いる。木弓は下を短く上を長くし、竹箭、或は鉄鏃、或は骨鏃
16	気候等	倭地温暖 冬夏食生菜皆徒跣	倭地は温暖にして、冬夏に生菜を食す。みな徒跣

(2/2)

通番	項目	内容	
		原文	翻訳
17	鉱物	出真珠青玉其山有丹	真珠・青玉を出す。その山に丹有り
18	樹木の種類	其木有柟杼豫樟、楺 櫪 投 橿 烏号 楓香	其の木には 柟(ぜん)(おそらく「タブノキ」)、杼(ちょ)(コナラ)、豫樟(よしょう)(クスノキ)、楺(じゅう)(ボケ)、櫪(れき)(クヌギ)、投(とう)(カヤ)、橿(きょう)(カシ)、烏号(うごう)(ヤマグワ)、楓香(ふうこう)(カツラ)有り
19	市	國有市 交易有無 使大倭監之	国に市あり、有無を交易す。大倭をしてこれを監さしむ
20	一大率	自女王國以北 特置一大率檢察諸國、諸國畏憚之 常治伊都國於國中有如刺史 王遣使詣京都帶方郡諸韓國及郡使倭國 皆臨津捜露	女王国以北は特に一大率を置き、諸国を検察さす。諸国はこれを畏れ憚る。常に伊都国に治す。国中において刺史の如く有り。王、使を遣わして京都、帯方郡、諸韓国に詣るに、および郡の倭国に使するに、皆津に臨んで捜露す
21	支配者	乃共立一女子為王 名曰卑弥呼 事鬼道能惑衆	乃ち一女子を共立して王と為す。名を卑弥呼という。鬼道能く事とし衆を惑す
22	女王の近辺	年已長大無夫婿 有男弟佐治国 自為王以来少有見者 以婢千人自侍 唯有男子一人 給飲食伝辞 出入居処	年已に長けて大なるも夫婿なし。男弟有りて国を治むるを佐く。王と為して以来、見る者あるも少なし。婢千人をもって自らに侍わす。ただ男子一人ありて、飲食を給し辞を伝えるに居処に出入りす
23	宮室	宮室楼観城柵 厳設 常有人持兵 守衛	宮室・楼観・城柵を厳かに設け常に人あり兵を持して守衛す
24	女王国の東に国	女王國東 渡海千余里 復有國 皆倭種	女王国の東、海を渡ること千余里に復国あり。みな倭種なり
25	女王国の大きさ	参問倭地 絶在海中洲島之上 或絶或連周旋可五千余里	倭地を参問するに、絶えて海中洲島の上に在り、或いは絶え或いは連なり、周旋五千余里ばかり

出所:「魏志倭人伝」をもとに筆者編集

6.5.2　御笠川と筑後川

邪馬台国に関連する河川は「御笠川」と「筑後川」である。

(1) 御笠川

御笠川は太宰府市の宝満山を源とし、鷺田川（筑紫野市）、大佐野川（太宰府市）、牛頸川（大野城市・春日市）などを合流して博多湾に注ぐ（図表6.5.2 － 1参照）。大宰府の防衛施設である「水城」へは御笠川から水が引かれていた。古くは比恵川と呼ばれていた。その当時は那珂川に合流していたという。大宰府前を通る中心的な川である。比恵遺跡は那珂川と御笠川に挟まれた丘陵上に立地、10棟の総柱建物跡が出土。『日本書紀』宣化元年（536年）の条にある「那津官家」と関連する遺跡である。川上途中で宝満川から筑後川に合流している。

図表 6.5.2 － 1　御笠川水系

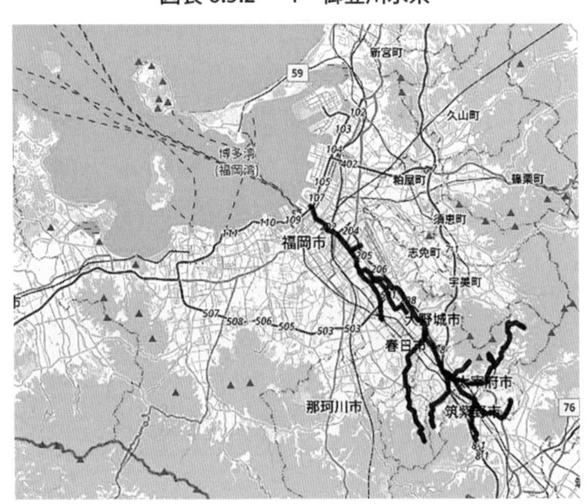

出所：ホームページ「川の名前を調べる地図」

（2）筑後川

筑後川を征する国は九州を征するといっても過言ではない。本流は上流から5つの川の名を持ち、支流は20以上の名を持つ（図表6.5.2 － 2参照）。筑後川の本流は、上流より田の原川、杖立川、大山川、三隈川と名を変えて、大分県日田市の花月川合流点より筑後川の名称になる。

河川法上では田の原川源流の瀬の本高原から流れる河川が筑後川である。本流が流れる自治体は熊本県、大分県、福岡県、佐賀県の4県の9市3郡にまたがる。

今でも、佐賀県民は水を大切にしている。町中に張り巡らしていた「棚路（たなじ）」（堀）は、護岸から水際に下りていくための階段や、石造りあるいは板造りの足場の施設を設けた。川に打ち込んだ杭に板を渡した小さな足場を「棚路」、現在も残る階段付きの足場を「川路（かわじ）」とする説もあるが、現在は区別せず「棚路」と呼ぶことが多い、という。「雁木（がんぎ）」は荷物の積み下ろしをおこなった荷揚げ場をいう。

図表6.5.2 － 2　筑後川水系

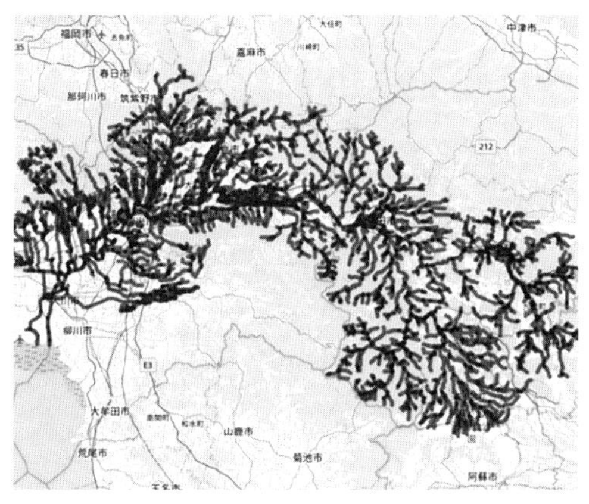

出所：ホームページ「川の名前を調べる地図」

6.5.3　筑後川流域の豪族

筑後川流域の豪族は下流域東岸には海人族の「水沼」氏、下流南岸には「山門」氏、中流域に「筑紫」氏、「嶺」氏がいた（図表 6.5.3 － 1 参照）。

図表 6.5.3 － 1　筑後川流域の豪族

項番	豪族	国造・縣主	流域	所在地	概要
1	水沼	国造	下流東岸・有明海	福岡県柳川市、大川市、久留米市三潴町	海人族。筑後川河口掌握。御塚古墳・権現塚古墳（久留米市大善寺町）は水沼君の墓。邪馬台国に含まれていたとみる
2	山門	縣主	下流南岸・有明海	福岡県柳川市、みやま市	神功皇后が山門県で土蜘蛛の田油津媛（たぶらつひめ）を討った（『日本書紀』）。女山神籠石。権現塚古墳は卑弥呼の墓といわれる。邪馬台国に含まれていたとみる
3	筑紫	国造	中流域	福岡県久留米市、朝倉市	筑紫国造の磐井は 5 世紀後半には筑紫、肥、豊に跨る巨大勢力圏を有していた。邪馬台国に含まれていたとみる。「磐井の乱」（527 年、継体天皇 21 年）は磐井が新羅と手を結びヤマト王権軍と覇権を争った。勝った王権軍は九州を傘下に収めた
4	嶺	縣主	中流域	佐賀県三養基郡みやき町の一部（江口、西島以南）、上峰町	「倭名類聚抄」では「岑」、「三根郡」。漢部郷（みやき町原古賀綾部神社一帯）、千栗郷（みやき町千栗八幡宮一帯）、物部郷（みやき町板部 物部神社一帯）、米多郷（上峰町前牟田米多一帯、筑志米多国造）、財部郷（みやき町西尾付近）、葛木郷（みやき町天建寺葛木神社一帯）。邪馬台国に含まれていたとみる

出所：フリー百科事典「ウィキペディア」をもとに筆者編集

6.5.4　邪馬台国の比定

正始元年（240年）、魏の帯方郡太守弓遵が部下の梯儁らを倭に派遣した。正始6年（245年）には女王国と狗奴国の争いが悪化。正始8年（247年）に邪馬台国の卑弥呼は狗奴国の卑弥弓呼と交戦。魏は張政を派遣、難升米に黄幢を渡した。その後、卑弥呼は死んだという。

250年頃には大分で鏡や小銅鐸が意図的に割られ捨てられた。邪馬台国と狗奴国の交戦のなか、近畿に本拠を構えるヤマト王権は一気に本州から九州北東部に進出したと考えられる。

泰始2年（266年）に張政帰国（19年滞在）。卑弥呼の後継女王「壹與（臺與）」は西晋に遣使した。

倭国の中核を担った「邪馬台国」は福岡県の朝倉市、久留米市、柳川市、大川市、筑紫野市、筑後市、みやま市、大牟田市、佐賀県東部に広がる。王都の候補は朝倉市の一ツ木・小田台地区、または、久留米市御井町と考える。邪馬台国の比定地を図表6.5.4－1に、主な遺跡を図表6.5.4－2に記す。邪馬台国連合の比定マップを図表6.5.4－3に示す。

図表6.5.4－1　邪馬台国の比定地

通番	項目	内容	倭人伝と比較
1	伊都国から邪馬台国までの距離	郡至女王国万二千余里。郡から伊都国までは、七千余里＋千余里＋千余里＋千余里＋五百里＝10,500里である。よって伊都国から邪馬台国までは南に1,500里となる。末盧国～伊都国が500里だから、伊都国の南、その3倍の距離に邪馬台国はある	○
2	比定地	福岡県朝倉市、久留米市、柳川市、大川市、筑紫野市、筑後市、みやま市、大牟田市、佐賀県東部	－
3	河川	筑後川、沖端川、塩塚川、矢部川、諏訪川	－
4	神社	大己貴神社（朝倉市）、筑紫神社（筑紫野市）	－

出所：各種ホームページから筆者編集

図表 6.5.4 − 2　邪馬台国の主な遺跡

通番	年代	遺跡名	所在地	特記事項
1	紀元前 1 世紀～ 4 世紀	平塚川添遺跡	福岡県朝倉市平塚字川添	筑紫平野東端の朝倉市域西部に位置。西側に筑後川支流の小石原川、東側に筑後川支流の佐田川が流れる。17ha の多重環濠、竪穴式住居跡 300 軒、掘立柱建物跡 100 軒確認。一ツ木・小田台地区は王都候補
2	1 世紀～ 3 世紀	栗山遺跡	福岡県朝倉市大字平塚字栗山	甕棺墓 17 土壙墓 2 木棺墓 1 弥生人骨 9 体遺存祭祀遺構 1。前漢鏡など埋納した王墓確認
3	3 世紀中頃	祇園山古墳	福岡県久留米市御井町字高良山 299-219	東西約 23.7m、南北約 22.9m、高さ 6m の方墳。第 1 号甕棺墓（K1）は内部が朱に塗られ成人女性人骨。卑弥呼の墓説。同古墳南側 5 基とあわせ祇園山古墳群と呼ぶ。御井町の御井校区は王都候補
4	3 世紀後半	焼ノ峠古墳	福岡県朝倉郡筑前町四三嶋	全長 38.8m の前方後方墳。当地を治めた首長墓と考えられる
5	3 ～ 4 世紀	神蔵古墳	福岡県朝倉市小隈カンノクラ 290 ほか	前方後円墳（帆立貝式）全長 40m。京都府椿井大塚山古墳の 3 面、神奈川県白山古墳と山口県御家老屋敷古墳から各 1 面の計 5 面の同笵鏡、ヤマト王権と関係か
6	5 世紀	小田茶臼塚古墳	福岡県朝倉市小田 572	前方後円墳、全長 63m、葺石がある。筑後川支流の佐田川右岸に位置。甲冑（横板鋲留短甲・衝角付冑）・馬具（轡・絞具・四環鈴）等出土
7	5 世紀	権現塚古墳	福岡県みやま市瀬高町坂田	みやま市（旧山門郡）最大級の二段築成円墳、径 45m。伝説では神功皇后が山門県の巫女女王の田油津媛を討った際の戦死者を葬った塚と言われている
8	6 世紀	仙道古墳	福岡県朝倉郡筑前町久光（ひさみつ）	径 49m の円墳。盾持武人埴輪がほぼ完全な形で出土。装飾古墳

出所：フリー百科事典「ウィキペディア」をもとに筆者編集

図表 6.5.4 － 3　邪馬台国連合の比定マップ

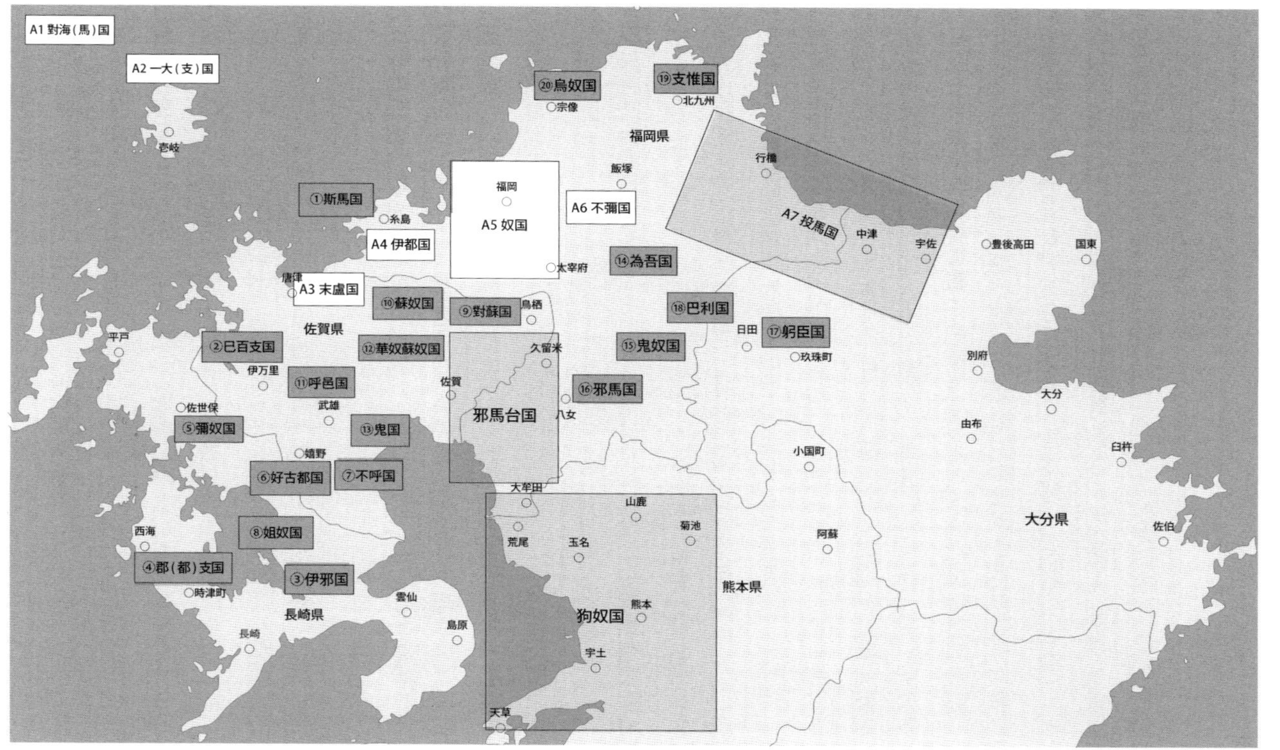

出所：Google マップをもとに筆者編集

6.5.5 卑弥呼の墓

「魏志倭人伝」に女王卑弥呼について「倭女王卑弥呼 與狗奴国男王卑弥弓呼 素不和 遣倭載斯烏越等 詣郡説相攻撃状 遣塞曹掾史張政等 因齎詔書黄幢拝 假難 升米為檄告諭之 卑弥呼以死大作冢径百餘歩殉葬者奴婢百餘人」（翻訳：倭の女王卑弥呼と狗奴国の男王卑弥弓呼とは平素から不仲であった。それゆえ卑弥呼は載斯烏越らを帯方郡に派遣して狗奴国との戦闘状況を報告させた。これに対し（魏の朝廷は）塞曹椽史の張政らを派遣した。邪馬台国に赴いた張政らは詔書と黄幢を難升米に授け、檄文を作って諭した（正始8年（247年））。その後、卑弥呼は死んだ。径百余歩の大きな塚が作られ奴婢100余人が殉葬された）とある。

径百余歩は1歩0.5mとすると50m、1歩0.9mとすると90m、1歩1.5mとすると150mの長さになる。『北史』には「正始年間（240～249年）に卑弥呼死す」とある。

卑弥呼は突然死去した。どこに葬られたか。その候補地を以下に記す。

（1）平原遺跡1号墓

平原遺跡1号墓（福岡県糸島市有田）は伊都国王墓と考えられている。築造時期は共伴出土の土器・鉄器から3世紀前半～4世紀。周囲を溝で囲んだ、東西14 m、南北10.5 m、方形の周溝墓であり、割竹形木棺を埋葬主体としている。

副葬品は、日本最大の内行花文鏡（径46.5cm）5面を含む総数40面分となる銅鏡が割られた状態で出土。素環頭大刀1点、ガラス、メノウで作られた装身具類が豊富に出土。出土品の中に武器類が少なく、装身具類が数多く副葬されている。特に、「管玉（ネックレス）」は韓国の江原道東海市松亭洞1号住居跡、慶尚南道金海郡良洞里34号木槨墓出土と同型、ガラス製の「耳璫（ピアス）」は晋代（265～316年）の特徴的な形状で浙江省杭州老和山塼室墓出土と同型、という女性特有の装身具が含まれていた。この墓の被葬者は「女性」である。

また、墓の東側には墳丘から15 m離れたところに大柱（直径65cm、地上高13m）が建っていた跡がある。墓の主軸とこの大柱を結んだ方角の延長線上に朝日が昇る日向峠（ひなたとうげ）（福岡県糸島市高祖、福岡市西区羽根戸）がある。米の収穫の時期である10月20日前後に、日向峠から昇る朝日は王墓を照らす（図表6.5.5 − 1参照）。女王は日向峠の方角に足を向けて埋葬されていた。女王と太陽信仰との関連性は確実である。「日の巫女」、卑弥呼の墓とも解釈できる。

この墓を卑弥呼の墓と比定しているのは、奥野正男、安本美典、高島忠平、永井俊哉などである。

図表6.5.5 − 1　平原王墓（1号墓）から大柱を望む

出所：糸島市ホームページより
https://www.city.itoshima.lg.jp/s033/010/020/010/110/010/hirabaru-iseki.html

（2）祇園山古墳

祇園山古墳（福岡県久留米市御井町字高良山299 − 219）は筑後川の中流域の久留米市の高良山の麓の赤黒山にあり、筑後平野を一望できる位置にある。方墳で東西23.7 m、南北22.9 m、高さ6 m。葺石は2段で、墳頂部中央に主棺があり箱式石棺で石棺内部は朱が塗られていた。槨はない。3世紀中頃築造（『久留米市史2008年』では3世紀末）と推定されている（図表6.5.5 － 2参照）。

出土品は三角縁神獣鏡（伝）、変型方格規矩鏡（伝）。墳裾外周甕棺1号墓は内部が朱塗、成人女性人骨出土。出土品の後漢鏡片（半円方格帯鏡）の銘に「吾作明口幽湅三商周□無□配疆會…番昌兮」と「善同出丹□」有り。また、硬玉製勾玉（大型5cm）、両面穿孔碧玉製管玉2個、刀子が出土（九州歴史資料館収蔵）。墳丘外周から66人分以上と推定される甕棺墓3基、石蓋土壙墓32基（未調査5・不明2含む）、箱式石棺墓7基、竪穴式石室墓13基、不明7基の埋葬施設が確認されている。

宝賀寿男は、石棺があって槨が無い、石棺に朱が塗られている、周囲に埴輪がなく墓群がある、後漢鏡片や大型勾玉など豪華な装身具が出土したことからこの墓を卑弥呼の墓と比定している。他に、村下要助、廣木順作などが比定している。

なお、高良大社にはこの地は大祝職の日往尊の廟として伝わっている。ただし、出所の『高良玉垂宮神秘書』は戦国時代（1467年（1493年）～ 1590年）のものといわれる。

図表6.5.5 － 2　祇園山古墳裾部外周主体群全体図

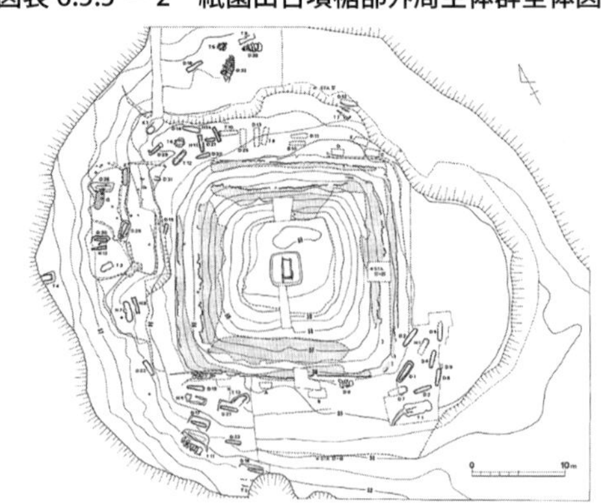

出所：『九州縦貫自動車道関係埋蔵文化財調査報告』（福岡県教育委員会、1979年）

（3）権現塚古墳

権現塚古墳（福岡県みやま市瀬高町坂田）は2段築成の円墳である。直径45 m、高さ5.7 m。周溝は幅11 m、深さ1.2 m。周囲113.5 mを有する。古墳周囲の発掘により弥生時代の甕棺墓（44基）、箱式石棺墓（2基）が出土した。倭人伝の「殉葬者奴婢百余人」と類似。築造時期（現在は5世紀といわれる）がポイント。発掘未調査（図表6.5.5 − 3参照）。

神功皇后が熊襲征伐としてヤマト王権に従わない山門県の巫女女王の田油津姫（たぶらつひめ）と戦った際に戦死した兵士たちを葬った墓という伝説がある。田油津姫を卑弥呼とする説がある。

田油津姫の伝説は蜘蛛塚（福岡県みやま市瀬高町大字大草字大塚）にもある。老松神社の境内にある。田油津姫の墓といわれている。神社の南側一帯は「草場」といい、田油津姫と神功皇后の軍の戦場（いくさば）が現在の地名となったという。ここの字は「大塚」であり、「女王塚」と呼ばれていた前方後円墳だったという。大正2年春に新道を造るため前方部を崩したという。ここ蜘蛛塚も卑弥呼の墓ではないかともいわれている。

図表6.5.5 − 3　権現塚古墳と古墳地形測量図

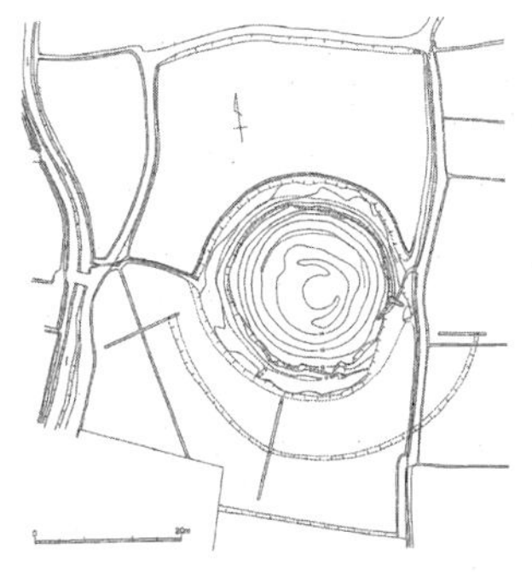

出所：みやま市教育委員会提供

（4）その他の説

他にも卑弥呼の墓といわれる古墳がある。長田大塚古墳（福岡県朝倉市山田）は未調査の古墳である。円墳直径80m、高さ30m。麻氐良山（まてら）（朝倉市）はアマテラスと読みが似ている、邪馬台国は「ヤマダ」と読む説。比定者は朝倉歴史研究会である。

また、津古生掛（つこしょうかけ）古墳（福岡県小郡市津古生掛）は、3世紀末頃に造られた前方後円墳。墳長は33m、径29m、高さ5m。木棺直葬。出土品は銅鏡（方格規矩鳥文鏡）、鉄剣、ガラス小玉、鉄鏃、鶏型土製品など。周りに方形周溝墓6基、円形周溝墓1基、木棺墓3基。発掘調査の後に宅地造成で消滅した。三国丘陵の津古古墳群（前方後円墳4基）の1つ。佃収（歴史家）は邪馬台国の首都がここにあった、卑弥呼の墓はその津古生掛古墳という。根拠は乏しい。

6.5.6　壹與（臺與）とは

「魏志倭人伝」には壹與（臺與）については、「更立男王国中不服 更相誅殺 当時殺千餘人復立卑弥呼宗女壹與 年十三為王 国中遂定」（翻訳：更えて男王を立てるも国中服さず、更相誅殺し、当時、千余人を殺す。復卑弥呼の宗女壹與（臺與）、年十三を立て王と為す。国中遂に定まる。）と記されている。この「壹與」は新字体では「壱与」なので「い（ゐ）よ」と読む。「邪馬壹國」の「壹」と同じ漢字を使用している。後代に記された『後漢書』、『梁書』「諸夷伝 倭」、『北史』「東夷伝 倭国伝」、『宋書』「倭国伝」では「臺與（台与、トヨ）」とある。どちらかが誤りである。「與」は与えるとか授けるという意味がある。

248年に13歳ということは生まれた年は235年になる。266年に晋（しん）（西晋）に朝貢した倭の女王を臺與とする説もある。

「壹與（臺與）」は伊都国の巫女ではないかと考えている。平原王墓の被葬者は卑弥呼ではなく壹與（臺與）という説もある。

神功皇后の妹の豊姫に比定する説がある。『肥前国風土記』の神名帳頭注に「欽明天皇の廿五年（564年）甲申、肥前國佐嘉郡、與止姫神鎭座。一名豐姫。」とあり、與止日女神社（佐賀県佐賀市大和町大字川上1）の祭神。「與止姫神」のまたの名を「豊姫」「淀姫」という。嘉瀬川流域に與止日女神（淀姫神）を祀る神社が当社を含め6社ある。近くに船塚古墳（佐賀県佐賀市大和町大字久留間字東角）がある。5世紀中頃（古墳時代中期）の築造の前方後円墳。墳長114 mは佐賀県最大規模。ヤマト王権と関係を持つ豪族の墓といわれている。

7．古代の千葉県柏市

現在、千葉県柏市に住居を構えている。当地には約40年前に引っ越してきた。引っ越してすぐ、近くの造成地で弥生時代の発掘調査をしているのを子供たちと見に行った記憶がある。

市内には約500ヵ所の古代遺跡があるとのこと。最も大規模な遺跡は、柏駅の東方にある「戸張遺跡群」である。昭和54年、大津川河口を臨む台地上で宅地造成時に発見されたという。出土した土器は、畿内の弥生土器の伝統を残すカメや東海西部及び北陸地方の影響を受けているものが数多く混じっていたとのこと。遺跡群の中の戸張一番割遺跡は環濠集落で住居跡数130家以上、環濠外側に墓域が設けられ、方形周溝墓、前方後方墳が発掘されている。銅鏡（重圏文鏡）、銅鏃、多数の土器が出土した。前方後方墳は下総地域では最も古いもの（3世紀中頃又は3世紀末～4世紀初頃）だと判った。「邪馬台国時代の柏の遺跡」といえる。その出土遺物は、沼南庁舎の柏市郷土資料展示室に展示している（図表7－1～図表7－5参照）。

千葉県の製鉄遺跡分布地図によると柏市内には63ヵ所ある。利根川流域と手賀沼南岸地域に主に分布している。古墳時代後期から奈良時代、平安時代の遺跡という。分布数は県内トップ級（千葉市は59ヵ所）である。

図表7－1　柏市郷土資料展示室

出所：千葉県柏市ホームページ

図表７－２　千葉県柏市の主な遺跡

（1/2）

通番	遺跡名	時代区分	種類	所在地	特記事項
1	中山新田遺跡	旧石器・縄文・平安	集落跡・包蔵地	大青田南田ほか	柏市最古の石器
2	聖人塚遺跡	旧石器・縄文・平安・近世	集落跡・包蔵地	大青田聖人塚	
3	戸張遺跡群(一番割・不動山・城山・山田台各遺跡)	旧石器・縄文・弥生・古墳	集落跡・古墳・城館跡	戸張一番割・城山台ほか	環濠集落、住居跡130以上、環濠外側墓域＝方形周溝墓、前方後方墳、銅鏡
4	鴻ノ巣遺跡	旧石器・縄文・弥生	包蔵地・集落跡	松葉町五・七丁目	
5	石揚遺跡	旧石器・縄文・弥生・古墳	包蔵地・集落跡	泉石揚ほか	ガラス玉製首飾り
6	大井東山遺跡	旧石器・縄文・古墳・奈良	集落跡・包蔵地	大井東山ほか	奈良三彩の小壷・ムラの寺
7	花前遺跡	旧石器・縄文・奈良・平安・江戸	包蔵地・集落跡・製鉄跡	船戸花前	多量の製鉄関係の道具
8	大松遺跡	縄文	集落跡	大青田大松ほか	
9	岩井貝塚	縄文	貝塚・集落跡	岩井於中山ほか	
10	宮根遺跡	縄文・弥生・古墳	集落跡・包蔵地	増尾宮根ほか	神社境内に保存の古代のムラ
11	林台遺跡	縄文・古墳・奈良・平安	集落跡・包蔵地	逆井林台ほか	約4,500年前の大きなムラ
12	中馬場遺跡	縄文・弥生・古墳・奈良・平安・中世	集落跡・城館跡	北柏二丁目ほか	古代柏の中心地
13	天神向原遺跡	縄文・奈良・平安	集落跡	大井天神向原ほか	古代の沼南工業団地
14	桝方遺跡	縄文・奈良・平安	集落跡・製鉄跡	箕輪桝方ほか	ベンケイガイ形の土製腕輪
15	北ノ作1号2号墳	古墳	古墳	片山北ノ作	東葛最古の前方後方墳
16	大塚古墳	古墳	古墳	花野井塩辛	鎧が副葬された武人の墓

(2/2)

通番	遺跡名	時代区分	種類	所在地	特記事項
17	弁天古墳	古墳	古墳	布施弁財天	前方後円墳、死者の石製枕
18	船戸古墳群	古墳	古墳	大井新堀込ほか	40 基の古墳群

出所：千葉県柏市ホームページをもとに筆者編集
http://www.city.kashiwa.lg.jp/soshiki/280400/p007288.html

図表 7 － 3　千葉県柏市の弥生終末～古墳初頭期の主な遺跡分布図

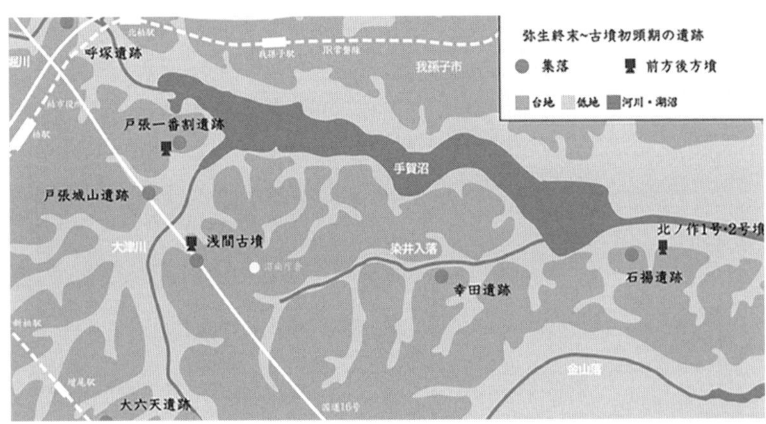

出所：千葉県柏市ホームページ

図表 7 － 4　前方後方墳出土土器

出所：千葉県柏市ホームページ

図表 7 － 5　畿内系出土土器（カメ）

出所：千葉県柏市ホームページ

<エピローグ>

古代から人間が生きて行くための普遍のテーマは「衣食住」である。生活の三大要素ともいわれている。食より優先されるのが「衣」である。出産時を考えてほしい。新生児は体温調整が未熟であるので、体を温めるには衣類が重要なのである。古代は動物の毛皮であったと思われる。そして、「食」と「住」である。戦争の原因、破壊に繋がる。

改めて、執筆を終えて解ったことを整理すると、図表 エピローグ－1になる。

図表 エピローグ－1　邪馬台国連合の解明

通番	項目	解説
1	邪馬台国の所在地	投馬国を比定したら邪馬台国と狗奴国も比定できた
2	邪馬台国の王都	邪馬台国の王都、卑弥呼の墓は福岡県にあった
3	邪馬台国連合国の解明	邪馬台国連合国は「三川の法」(西の川・中央の川・東の川の分別）で解明した
4	九州から近畿への移動	九州からの移動集団により、出雲などの西日本と近畿での銅鐸の埋設・破壊が行われた。移動集団は近畿地方の瀬戸内海側入口である「淡路島」を確保、近畿進出の拠点とした

ＤＮＡについても書いておきたい。一般的に、西日本の人は弥生人系が多いといわれ、体型は大柄で下半身がどっしり、顔型は鼻が低く、のっぺりした楕円形の顔で一重まぶたが多く、眉は薄い。血液型はA型が多いといわれ、近畿以西では30％近くいるといわれる。さらに、指紋は渦状紋が多いといわれている。一方、東日本の人は縄文人系が多いといわれ、体型は小柄で筋肉質、顔型は彫りが深く、角張っている、二重まぶたが多く、眉が濃い、血液型はＢ型、Ｏ型が多く、東北や北海道ではよりこの傾向が顕著だという。指紋は蹄状紋が多いといわれている。

それを実証したのがＤＮＡ分析である（図表 エピローグ－２参照）。

図表 エピローグ－２　西日本と東日本のＤＮＡ分析の特徴

分類	西日本<弥生系>	東日本<縄文系>
体　型	大柄 下半身がどっしり	小柄 筋肉質
顔　型	鼻低い、のっぺりした楕円形 一重まぶた多い 眉は薄い	彫り深い、角張った顔 二重まぶた多い 眉は濃い
血液型	Ａ型多い（近畿以西３０％）	Ｂ型、Ｏ型多い（東北、北海道はこの傾向顕著）
指　紋	渦状紋多い	蹄状紋多い

出所　http://ku0811.hp.infoseek.co.jp/framepagekansai.html をもとに筆者編集

この本がどのような経緯で出版することが出来たかを書き記したい。

42歳のとき、文章の作り方、面白さを教えてくれたのは吉村友佑氏（元総務庁関東管区行政監察局長）である。名古屋転勤が決まった（1994年初）ときに、マルチメディアに関連する論文を書かないかといわれた。「起承転結」の文章構成、書き方を実践で指導して頂いた。成果は「マルチメディアが社会を変える」（日本科学技術情報センター、1994年3月）の中に「マルチメディアと家庭」として掲載された。吉村氏ご夫妻には30年以上にわたって今も凄くお世話になっている。

次に、異業種交流会「天八会」（大阪府立三国丘高等学校卒業生が中心になって設立）の入会（1996年10月）でのご縁である。この会に誘って頂いたのが合寶郁太郎氏（元住友海上投資顧問常務取締役）である（図表 エピローグ－３参照）。この会は50年以上、現在も続いている。幹事の安見亙氏、そして長谷川博和氏、飯沼春樹氏、師田卓氏には特にお世話になった。

2002年3月に天八会設立35周年記念旅行と題して会員10人で行った「壱岐・湯布院の旅」を思い出す。一支国の遺跡を見学した。そし

図表 エピローグ－3
異業種交流会「天八会」掲載
新聞記事

この人 この仲間

宝郁太郎さんら 天八会

会員全員議論好き

自ら専門分野講演

出所：『日本経済新聞』
（1998年2月1日）

て、2004年11月に「邪馬台国は今、あなたは九州説ですか近畿説ですか、それとも」を天八会の講演会で行った。2007年10月には天八会創立40周年の記念イベント「卑弥呼を求めて」が実現した。安見亙氏、大津英雄氏、福岡県の吉岡美千代氏と私の4人で幹事をおこなった。吉野ヶ里遺跡などを訪問した。高島忠平先生（佐賀女子短期大学学長、現学校法人旭学園理事長）、廣崎靖邦氏（公益財団法人九州国立博物館振興財団専務理事、現博多学園顧問）に大変お世話になった。特に吉岡氏にはその後も現地調査ではお世話になった。

私の人生で、凄く感謝したい人がいる。特に書き記したい。小学校当時の担任の菅原清枝先生である。私は小児喘息で3年生のとき学校を度々休んだ。その度にわが家を訪問して下さった。卓球部の顧問でもあった。その影響を受けて中学校、高等学校と卓球部に属しレギュラー入りした。

友人についても書きたい。高等学校の同級生3人（酒井、佐藤、守山の各氏）と「フクロウ会」を結成して50年近く経った。東京の池袋駅東口の待ち合わせ場所「フクロウ」から命名した。ここ3年は、ほぼ毎月1回、主に千葉県南房総市での麻雀、飲み会などが楽しく、また、嬉しい。同じく「ノタオオ会」（野口、竹内、大家の各氏）もある。大学の同級生7人（荒川、石田、市戸、浦口、大内、大塚、岡本の各氏）とは「みどり会」を在学時に結成した。次の宿泊旅行が楽しみだ。

会社員時代を思い出すと、入社から結婚するときに特にお世話になった赤司正記氏（元QUICK取締役）には本当に感謝である。生き方について教わった。結婚式披露宴での主賓の挨拶では、2進法での桁上がり、独身のときは「1」、結婚したら「10」、子供が1人産まれたら「11」、2人産まれたら「100」という話は、人生前向きに桁上がりするように生きろということだと思った。今、子2人とその配偶者2人と孫4人になったので「1010」(10進法で「10」) である。志場喜徳郎氏(元QUICK社長)、小島章伸氏(同社長)、加藤弥彦氏(同副社長)、多田正志氏(同取締役)、竹内暢行氏(同副社長)、棚橋弘基氏(同社長)、堀川健次郎氏(同社長)、兵頭幹雄氏(同専務取締役)、田中尚三氏(同取締役)、内田次男氏(同取締役)、内田利昭氏(同室長)には特にお世話になった。まだまだ、名前をあげればきりがないほど多くの諸先輩、同僚、後輩の方々にはお世話になった。感謝、感謝、感謝である。

55歳を過ぎてからゴルフを本格的にはじめた。運動不足と健康のバロメータになると思ったからだ。ラウンドしているメンバーは、黄鉦珈(Mike Huang)氏、徳原信博氏や地元の人達が中心である。年1回の屋形船での開催の「牛熊の会」(久保田博幸氏)、月1回開催の「市場研月例会」(鍋島高明氏、岡本匡房氏)も忘れられない。約5～15年前、金融･証券情報関連では、前澤秀忠氏(元日本ＩＲ協議会専務理事)、川北英隆氏(京都大学名誉教授)、前田昌孝氏(元日本経済新聞社編集委員)には、仕事や出版などで大変お世話になった。本当に感謝である。また、アニメソングの会(まとめ役：徳島勝幸氏)では懐かしのアニメ主題歌などを歌い続けている。新松戸の「カラオケ月初会」(主催者：合賓郁太郎氏)に10年以上も参加、楽しかった。おかげでＮＨＫのど自慢の予選会に出場した(図表 エピローグ－4参照)。特に、谷脇憲雄氏、六本木和義氏、坂本健氏には感謝である。カラオケ会場のスナック「しず花」(オーナー：星野静子さん)が閉店になったため会は終了した。「酒のペンクラブ」(事務局：西山貢氏)のご縁で落語を少しかじったことも楽しかった。鰻割烹店「川亀」(東京都葛飾区亀有)でコロナ禍前まで5年以上続いた落語会。落語芸術協会真打の桂右團治師匠の高座の前座として3回、新作落語を作り披露した。師匠から「柱文暖治(はしらぶんだんじ)」の名前を頂いた（図表 エピローグ－5参照）。

図表 エピローグ－4 NHKのど自慢予選会

出所：2017年6月11日撮影

図表 エピローグ－5　落語披露

出所：2019年12月11日撮影

この本を執筆するとき、最初に思ったことは、妻のことである。縁あって結婚。子供を2人産み、育て上げた。仕事ベッタリの私のサポートもしてくれた。本当に感謝である。今、孫が4人いる。それぞれの配偶者にも感謝である。両親もしかりである。私を産み、愛情を注ぎ育て上げてくれたことに感謝したい。両親は産んだ6人の子を全員健康に育て上げた。全員結婚、元気に生活している。両親から見た孫は14人である。仲の良い3人の姉、兄、妹に感謝である。祖父母にも同じように感謝する。そして、結婚後に大変お世話になった妻の姉夫婦、兄夫婦、すぐ上の次兄には、今でもお世話になっている。地元で10年近く続いている「ゴルフ友の会」「合唱クラブ」「麻雀クラブ」のメンバーには大変お世話になっている。友人、知人、町内会の人々、縁のあった一人一人に感謝である。

1993年から年賀状に「我が家のことば」を書いている。2023年で31年目だ。その中からここに記しておきたいことばがある。2002年「欲張らず正直に生きなさいよ」（亡義父）、2007年「三本の矢で変化に順応せよ」（亡父）、2008年「心優しくと物を大切にを続けて」（亡義母）、2017年「平等に真面目に質素に喧嘩せず」（亡母）、2021年「青春とは心の若さである」（松下幸之助）、2022年「周りを気にして人生を狭く生きることはありません」（瀬戸内寂聴）、2023年「生涯学習。学ぶということは自分自身のため」（公文公）である。

今まで学んだことで、特に、後世の人に役立つと思うことを書いておきたい。世の中には差別、いじめがある。人類が生まれ、家族が構成されたときから、差別、いじめは行われたと思う。動植物にもあるという。

親は子供の能力を最大限に伸ばす努力はすべきだと思う。後悔しないように。子供の良い所を見極め、それを伸ばしてやるのも親の責任だ。子供は親の努力は敏感にわかる。会社でも、人生でも、同じだ。部下は最大限努力して育てた方が良い。会社以外の知人との関係もしかりである。裏切られても良い。そのくらいの度量を持とう。

より良い大学に行った方が子供にとって間違いなく世の中では有利だ、幸せだ。随分と社会人になって苦労した。マスコミ関連企業ではその傾向がより強い。妻はその愚痴をよく聞いてくれた。この点でも妻に感謝だ。

知らなかったことが多かった。20歳くらいまで教えてくれる人が少なかった。大学・就職先選択について、相談する人がいたら、人生はもっと変わっていたかもしれない。

運を掴む方法、騙されない方法、失敗しない方法など、人生の生き方については、会社の上司、先輩、得意先、異業種交流会の人から教わった。有識者（弁護士、税理士、医師、議員など）の友人も持つことだ。判断材料は可能な限り集める。そして、真実・嘘の見極め、お金の使い方などで、助言を得る。

速い、正確、付加価値をつけることを意識した。判断、決断を迅速にした。真面目に、コツコツ、前向きに、時には神だのみも大事だ。恋をして、結婚して、子を育て、孫を見守る。そういう人生は大変幸せだと思っている。国のために役立つことをする。サポートするのも良い。そのためには心身ともに健康であることだ。

過労、ストレスは病気を招き寄せる。余裕を持つ。適度に休む。好きなことを楽しむため趣味を持つ。ストレス解消のために愚痴などを話すことのできる親族、友人、知人を持つ。

締めは、今回の出版で大変お世話になった梓書院とのご縁だ。2009年7月16日に田村志朗氏（代表取締役社長）とお会いした。天八会員の吉岡美千代氏が同席された。その時に、邪馬台国関連本を小生の定年60歳から5年間かけて65歳で作りたいという話をした。執筆歴を話したところ、社交辞令だとは思うが、「ぜひ梓書院から出して欲しい」といわれた。それが出版につながった。

梓書院のある福岡の方々とのご縁の中で特にアロン会を思い出す。川原正孝氏、卯野泰男氏には特にお世話になった。

2022年9月に梓書院と出版契約書を締結、原稿は翌10月に渡した。その後、項立ての見直し、修正原稿の提出などを経て、初稿原稿は年明けの1月9日に受領。同社エグゼクティブアドバイザーでライターの豊田滋通氏（西日本新聞社 元監査役、福岡市博物館協議会会長）から古代史本の書き方等をご指導頂いた。2回目の校正では河野摩耶氏（慶応義塾大学大学院史学系民俗学考古学専攻、論文多数）から適切な指摘、校正の助言を頂いた。編集担当の藤山明子氏には2009年にもお会いした。効率的な編集作業、粘り強い校正作業に感激した。また、営業担当の髙橋侑樹氏にはデザイナーさんとの交渉等で多くのご助力を頂いた。髙橋氏の上司である取締役部長の前田司氏のサポートにも感謝する。

梓書院並びに関係者の皆様に深く厚く御礼します。有難うございました。

<付録１>　　年表（紀元前1000年頃～600年）

（1/5）

国内			海外	
西暦	項目	概要	西暦	項目
BC1000頃	九州北部に水耕稲作伝	佐賀県・菜畑遺跡は日本最古の水耕稲作跡、稲作以外に野菜の栽培・家畜の飼育も行っていた		
BC200頃	大阪府和泉市・池上曽根遺跡	近畿最大の環濠集落、掘立柱建物・一本刳り抜き井戸出土。大型建物は倉庫か神殿	BC221 BC206	秦、中国統一 秦、滅亡
BC100頃	奈良県・唐古・鍵遺跡	磯城郡、唐古・鍵遺跡周辺環濠集落形成（約20ha）	BC202	前漢成立
	福岡県朝倉市・平塚川添遺跡	6重環濠大集落遺跡。楼閣を持った祭事建物出土。佐賀「吉野ヶ里遺跡」、壱岐「原の辻遺跡」で北部九州3大環濠遺跡	BC97	『史記』成る
			BC27	ローマ帝国成立
100頃	弥生集落、全国で営まれる	加茂岩倉・金隈（福岡市）、綾羅木・郷（下関市）、立岩（飯塚市）、土井が浜（山口市）、神庭荒神谷（島根県斐川町、加茂町）、田能（尼崎市）、唐古・鍵（奈良県田原本町）、見晴台（名古屋市）、登呂（静岡市）、大塚・歳勝土（横浜市）遺跡	68	中国に仏教伝来
107	倭国王の帥升ら後漢朝献	倭面土国王「帥升」等、後漢「安帝」遣使し、生口（せいこう）（奴隷）献上（『後漢書』「東夷伝」）		
150頃	大阪府・池上曽根遺跡衰退	遺跡が放棄される		
	鳥取県・妻木晩田（むきばんだ）遺跡 - 最盛期	総面積170ha、日本最大級環濠集落・遺跡群。仙谷1号墳は1辺約15 m、高さ2 mの最大の四隅突出型墳丘墓（大江町・淀江町）		
	出雲王朝発展期	四隅突出型墳丘墓が広まる		
	奈良県・唐古・鍵遺跡衰退	纒向遺跡周辺に移行したものと推定		
	奈良県桜井市・纒向遺跡	纒向遺跡周辺に村落形成		

(2/5)

国内			海外	
西暦	項目	概要	西暦	項目
158	皆既日食	有史以来初の皆既日食		
180頃	倭国大乱	倭国大乱（時期諸説在り）①147～189年（『後漢書』「東夷伝」）、②178～183年（『梁書』）	184	黄巾の乱
190頃	卑弥呼「邪馬台国」女王	「卑弥呼」を女王となす（『後漢書』「倭伝」）	196～220	帯方郡設置
200頃	佐賀県・吉野ヶ里遺跡発展	大規模環壕集落へ発展（約60ha）、V字形外環壕に囲まれ2つの内郭形成	208	赤壁の戦い
	大分県に瀬戸内系土器	小部遺跡（宇佐市）、尼ヶ城遺跡（大分市）、安国寺遺跡（国東市）、浜遺跡（大分市）	219	夏侯淵戦死
			220	後漢滅亡、三国（魏、蜀、呉）時代
239	卑弥呼、魏へ朝献	景初3年　魏から「親魏倭王」金印、銅鏡100枚贈。魏が公孫氏を滅ぼした挨拶と既存の権利の承認（「魏志倭人伝」）	238	公孫氏滅亡
240	魏帯方郡が倭に派遣	正始元年、魏帯方郡太守弓遵が部下の梯儁らを倭に派遣（「魏志倭人伝」）		
243	倭伊声耆、掖邪狗ら8人派遣	正始4年、率善中郎将の印綬授かる（「魏志倭人伝」）		
245	魏が倭に黄幢	正始6年、魏が倭の難升米に黄幢授ける（「魏志倭人伝」）		
247	邪馬台国、狗奴国と交戦	正始8年、邪馬台国の卑弥呼、狗奴国の卑弥弓呼と交戦、魏は張政を派遣　倭に黄幢授ける（「魏志倭人伝」）	247	帯方郡太守弓遵死去
	卑弥呼死す	冢を作る。径百余歩（「魏志倭人伝」）		
248	皆既日食	9月5日、有史以来2回目		
250前後	壹與（臺與）「邪馬台国」女王	倭国再び乱れ、壹與（臺與）を女王となす（「魏志倭人伝」）		
250頃	佐賀県・吉野ヶ里遺跡衰退	環壕に土器など捨て埋める		
	鳥取県・妻木晩田遺跡衰退	集落に住む人が減少		

(3/5)

国　内			海　外	
西暦	項　目	概　要	西暦	項　目
250 頃	大分県で鏡片・小銅鐸遺棄	赤塚古墳（宇佐市）、守岡遺跡で鏡片・小銅鐸捨てられる		
	奈良県・纒向遺跡最盛期	国内最大級総面積約 400ha、ヤマト王権の母胎と推定		
260 頃	奈良県・箸墓古墳	纒向遺跡に最古の前方後円墳と言われる箸墓古墳造られる		
266	「壹與（臺與）」西晋に遣使	泰始 2 年、卑弥呼の後継女王「壹與（臺與）」西晋遣使。張政帰国 19 年滞在（「魏志倭人伝」）	265	「西晋」建国
200 後半	奈良県・纒向遺跡衰退	100 年間位で衰退した計画都市		
300 頃	ヤマト王権成立	第 10 代崇神天皇即位（318 年説）	313	高句麗拡大
	奈良県に巨大前方後円墳出現	桜井茶臼山古墳・メスリ山古墳、奈良盆地に巨大前方後円墳		
310 ～ 50 頃	16 代 仁徳天皇即位	河内王朝建つ。『万葉集』最古、仁徳天皇皇后磐姫（葛城襲津彦の娘）の歌	316	「西晋」滅亡
310 頃	共通特徴土器出現	東北から九州に至る広い地域で共通の特徴を持つ土器作られる	317	「東晋」建国
350 頃	ヤマト王権全国統一へ	大王（おおきみ）を中心とした豪族の連合政権、氏と姓にもとづく政治（氏姓制度）	346	「百済」建国
	出雲王朝衰退	出雲特有の四隅突出型墳丘墓衰退、ヤマト王権が出雲を勢力下に	356	「新羅」建国
	大分に前方後円墳出現	亀甲山古墳、野間古墳、蓬莱山古墳（大分市）、猫塚・馬場・築山古墳（佐賀関町）		
372	七支刀	百済の肖古王が倭国に七支刀（369 年製作）を贈る	375	ゲルマン民族大移動
391	倭国朝鮮出兵	倭国が朝鮮に出兵（好太王の碑文）、15 代応神天皇が即位の説あり（394 年）	382	襲津彦新羅侵攻
400 前半	吉備地方に巨大な前方後円墳	吉備造山古墳（全長 350 m）、全国第 4 位	395	ローマ帝国東西分裂

（4/5）

国内			海外	
西暦	項目	概要	西暦	項目
400 ?	17 代 履中天皇即位			
404	倭軍が帯方郡に出兵	倭軍が帯方郡に出兵、高句麗に敗れる		
406 ?	18 代 反正天皇即位			
409	出雲国造 17 代宮向（みやむき）出雲姓賜る	出雲国造 17 代出雲宮向（みやむき）第 18 代反正天皇 4 年 (409 年)、出雲姓賜る		
412 ?	19 代 允恭天皇即位			
413	倭、東晋に遣使			
421	倭王「讃」宋に朝貢	倭王「讃」宋に使者送る（『宋書』）16 代仁徳天皇以降大和が中心となる	420	「東晋」滅亡、「宋」建国
438	倭王「珍」即位	「讃」死す、弟「珍」が王位に立ち宋に朝貢、安東将軍・倭国王の称号を賜る（『宋書』）	439	北魏、華北を統一
443	倭王「済」即位	「珍」死す、「済」が王位に立ち宋に朝貢（『宋書』）（済は 19 代允恭天皇説有力）	439 ～ 589	中国、南北朝時代
451	倭、宋に奉献	元嘉 28 年、使持節、都督倭・新羅・任那・加羅・秦韓・慕韓六国諸軍事を加授。（『宋書』「倭国伝」）		
453 ?	20 代 安康天皇即位	400 中頃。吉備作山古墳 (全長 286 m) 築造、全国第 9 位		
457 ?	21 代 雄略天皇即位	『万葉集』の巻頭歌、雄略天皇の歌		
462	倭王「興」即位	「済」死す、子の「興」が王位に立ち宋に朝貢（『宋書』「倭国伝」）(興は 20 代安康天皇説有力)		
471	稲荷山鉄剣碑文	碑文から関東から熊本まで王権の権力が及んでいたと思われる		
478	倭王「武」即位	「興」死す、弟の「武」が王位に立ち宋に朝貢（『宋書』「倭国伝」）(武は 21 代雄略天皇説有力)		

(5/5)

国内			海外	
西暦	項目	概要	西暦	項目
480？	22代 清寧天皇即位			
485？	23代 顕宗天皇即位		485	北魏、均田制
488？	24代 仁賢天皇即位	400年後半、吉備両宮山古墳（全長192 m）築造		
498？	25代 武烈天皇即位			
507	26代 継体天皇即位	大伴氏が越前より迎える		
512	４県割譲	大連大伴金村、百済へ任那４県割譲		
527～528	磐井の乱	筑紫国造磐井の乱。物部麁鹿火鎮圧		
531	辛亥の変	蘇我氏支持派と大伴・物部氏支持派対立。大伴氏失脚	532	「伽耶国」滅亡
534	27代 安閑天皇即位			
535	28代 宣化天皇即位			
536	那津官家設立			
538	仏教伝来	百済から仏教が伝わる（552年の説もある）		
539	29代 欽明天皇即位	545頃、欽明朝の前後に、『帝紀』・『旧辞』の編纂が始まる		
572	30代 敏達天皇即位		562	任那滅亡
585	31代 用明天皇即位		581	「隋」建国
587	32代 崇峻天皇即位			
	物部守屋死去	蘇我馬子が物部守屋を殺害	589	隋、中国統一
592	崇峻天皇死去	蘇我馬子が崇峻天皇を殺害		
593	33代 推古天皇即位	聖徳太子摂政、四天王寺建立		
600	遣隋使派遣	隋の文帝の開皇20年、最初の遣隋使派遣		

出所：フリー百科事典「ウィキペディア」をもとに筆者編集

＜付録２＞　「魏志倭人伝」（紹熙本）写本原文（宮内庁書陵部所蔵）

（1/6）

弁辰傳
弁辰與辰韓雜居亦有城郭衣服居處與辰韓同
言語法俗相似祠祭鬼神有異施竈皆在戶西其
瀆盧國與倭接界十二國亦有王其人形皆大衣
服絜清長髮亦作廣幅細布法俗特嚴峻
倭人傳
倭人在帶方東南大海之中依山島爲國邑舊百
餘國漢時有朝見者今使譯所通三十國從郡至
倭循海岸水行歷韓國乍南乍東到其北岸狗邪
韓國七千餘里始度一海千餘里至對海國其大
官曰卑狗副曰卑奴母離所居絕島方可四百餘
里土地山險多深林道路如禽鹿徑有千餘戶無
良田食海物自活乘船南北市糴又南渡一海千
餘里名曰瀚海至一大國官亦曰卑狗副曰卑奴
母離方可三百里多竹木叢林有三千許家差有
田地耕田猶不足食亦南北市糴又渡一海千餘
里至末盧國有四千餘戶濱山海居草木茂盛行
不見前人好捕魚鰒水無深淺皆沈沒取之東南
陸行五百里到伊都國官曰爾支副曰泄謨觚柄
渠觚有千餘戶世有王皆統屬女王國郡使往來

（2/6）

常所駐東南至奴國百里官曰兕馬觚副曰卑奴
母離有二萬餘戶東行至不彌國百里官曰多模
副曰卑奴母離有千餘家南至投馬國水行二十
日官曰彌彌副曰彌彌那利可五萬餘戶南至邪
馬壹國女王之所都水行十日陸行一月官有伊
支馬次曰彌馬升次曰彌馬獲支次曰奴佳鞮可
七萬餘戶自女王國以北其戶數道里可得略載
其餘旁國遠絕不可得詳次有斯馬國次有已百
支國次有伊邪國次有郡支國次有彌奴國次有
好古都國次有不呼國次有姐奴國次有對蘇國
次有蘇奴國次有呼邑國次有華奴蘇奴國次有
鬼國次有爲吾國次有鬼奴國次有邪馬國次有
躬臣國次有巴利國次有支惟國次有烏奴國次
有奴國此女王境界所盡其南有狗奴國男子爲
王其官有狗古智卑狗不屬女王自郡至女王國
萬二千餘里男子無大小皆黥面文身自古以來
其使詣中國皆自稱大夫夏后少康之子封於會
稽斷髮文身以避蛟龍之害今倭水人好沈沒捕
魚蛤文身亦以厭大魚水禽後稍以爲飾諸國文
身各異或左或右或大或小尊卑有差計其道里

(3/6)

倭人

當在會稽東治之東其風俗不淫男子皆露紒以
木緜招頭其衣橫幅但結束相連略無縫婦人被
髮屈紒作衣如單被穿其中央貫頭衣之種禾稻
紵麻蠶桑緝績出細紵縑緜其地無牛馬虎豹羊
鵲兵用矛楯木弓木弓短下長上竹箭或鐵鏃或
骨鏃所有無與儋耳朱崖同倭地溫暖冬夏食生
菜皆徒跣有屋室父母兄弟臥息異處以朱丹塗
其身體如中國用粉也食飲用籩豆手食其死有
棺無槨封土作冢始死停喪十餘日當時不食肉
喪主哭泣他人就歌舞飲酒已葬舉家詣水中澡

浴以如練沐其行來渡海詣中國恒使一人不梳
頭不去蟣蝨衣服垢汚不食肉不近婦人如喪人
名之爲持衰若行者吉善共顧其生口財物若有
疾病遭暴害便欲殺之謂其持衰不謹出真珠青
玉其山有丹其木有柟杼豫樟楺櫪投橿烏號楓
香其竹篠簳桃支有薑橘椒蘘荷不知以爲滋味
有獼猴黑雉其俗舉事行來有所云爲輒灼骨而
卜以占吉凶先告所卜其辭如令龜法視火坼占
兆其會同坐起父子男女無別人性嗜酒（魏略曰其俗不知正歲四節但計春耕秋收爲年紀）
見大人所敬但搏手以當跪拜其

(4/6)

倭人

人壽考或百年或八九十年其俗國大人皆四五
婦下戶或二三婦婦人不淫不妒忌不盜竊少諍
訟其犯法輕者沒其妻子重者沒其門戶及宗族
尊卑各有差序足相臣服收租賦有邸閣國國有市
交易有無使大倭監之自女王國以北特置一大
率檢察諸國畏憚之常治伊都國於國中有如刺
史王遣使詣京都帶方郡諸韓國及郡使倭國皆
臨津搜露傳送文書賜遺之物詣女王不得差錯
下戶與大人相逢道路逡巡入草傳辭說事或蹲
或跪兩手據地爲之恭敬對應聲曰噫比如然諾

其國本亦以男子爲王住七八十年倭國亂相攻
伐歷年乃共立一女子爲王名曰卑彌呼事鬼道
能惑衆年已長大無夫壻有男弟佐治國自爲王
以來少有見者以婢千人自侍唯有男子一人給
飲食傳辭出入居處宮室樓觀城柵嚴設常有人
持兵守衛女王國東渡海千餘里復有國皆倭種
又有侏儒國在其南人長三四尺去女王四千餘
里又有裸國黑齒國復在其東南船行一年可至
參問倭地絕在海中洲島之上或絕或連周旋可
五千餘里景初二年六月倭女王遣大夫難升米

（5/6）

等詣郡求詣天子朝獻太守劉夏遣吏將送詣京
都其年十二月詔書報倭女王曰制詔親魏倭王
卑彌呼帶方太守劉夏遣使送汝大夫難升米次
使都市牛利奉汝所獻男生口四人女生口六人
班布二匹二丈以到汝所在踰遠乃遣使貢獻是
汝之忠孝我甚哀汝今以汝爲親魏倭王假金印
紫綬裝封付帶方太守假授汝其綏撫種人勉爲
孝順汝來使難升米牛利涉遠道路勤勞今以難
升米爲率善中郎將牛利爲率善校尉假銀印青
綬引見勞賜遣還今以絳地交龍錦五匹（臣松之以爲地

倭人

應爲綈漢文帝著皁衣謂之弋綈是也此字不體非魏朝之失則傳寫者誤也）絳地縐粟罽十
張蒨絳五十匹紺青五十匹答汝所獻貢直又特
賜汝紺地句文錦三匹細班華罽五張白絹五十
匹金八兩五尺刀二口銅鏡百枚真珠鉛丹各五
十斤皆裝封付難升米牛利還到錄受悉可以示
汝國中人使知國家哀汝故鄭重賜汝好物也正
始元年太守弓遵遣建中校尉梯儁等奉詔書印
綬詣倭國拜假倭王并齎詔賜金帛錦罽刀鏡采
物倭王因使上表答謝詔恩其四年倭王復遣使
大夫伊聲耆掖邪狗等八人上獻生口倭錦絳青

（6/6）

縑緜衣帛布丹木𤝔短弓矢掖邪狗等壹拜率善
中郎將印綬其六年詔賜倭難升米黃幢付郡假
授其八年太守王頎到官倭女王卑彌呼與狗奴
國男王卑彌弓呼素不和遣倭載斯烏越等詣郡
說相攻擊狀遣塞曹掾史張政等因齎詔書黃幢
拜假難升米爲檄告喩之卑彌呼以死大作冢徑
百餘步徇葬者奴婢百餘人更立男王國中不服
更相誅殺當時殺千餘人復立卑彌呼宗女壹與
年十三爲王國中遂定政等以檄告喩壹與壹與
遣倭大夫率善中郎將掖邪狗等二十人送政等

還因詣臺獻上男女生口三十人貢白珠五千孔
青大句珠二枚異文雜錦二十匹
評曰史漢著朝鮮兩越東京撰錄西羌魏世匈奴
遂衰更有烏丸鮮卑爰及東夷使譯時通記述隨
事豈常也哉（魏略曰西戎傳曰氐人有王所從來久矣自漢開益州置武都郡排其種人分竄山
谷間或在福祿或在汧隴左右其種非一稱槃瓠之後或號
青氐或號白氐或號蚺氐此蓋蟲之類而處中國人即其服
色而名之也其自相號曰盍稚各有王侯多受中國封拜近
去建安中興國氐王阿貴白項氐王千萬各有部落萬餘至
十六年從馬超爲亂超破之後阿貴爲夏侯淵所攻滅千萬
西南入蜀其部落不能去皆降國家分徙其前後兩端者置
扶風美陽今之安夷撫夷二部護軍所典是也其太守善分
留天水南安界今之廣平魏郡所守是也其俗語不與中國
同及羌雜胡同各自有姓姓如中國之姓矣其衣服尚青絡
俗能織布善田種畜養豕牛馬驢騾其婦人嫁時著衽露其

＜付録３＞　「魏志倭人伝」（紹煕本）現代漢字変換

（1/3）

行　数	現代漢字に変換
1	倭人在帯方東南大海之中依山島為国邑旧百
2	余国漢時有朝見者今使訳所通三十国従郡至
3	倭循海岸水行歴韓国乍南乍東到其北岸狗邪
4	韓国七千余里始度一海千余里至對海国其大
5	官曰卑狗副曰卑奴母離所居絶島方可四百余
6	里土地山険多深林道路如禽鹿径有千余戸無
7	良田食海物自活乗船南北市糴又南渡一海千
8	余里名曰瀚海至一大国官亦曰卑狗副曰卑奴
9	母離方可三百里多竹木叢林有三千許家差有
10	田地耕田猶不足食亦南北市糴又渡一海千余
11	里至末盧国有四千余戸浜山海居草木茂盛行
12	不見前人好捕魚鰒水無深浅皆沈没取之東南
13	陸行五百里到伊都国官曰爾支副曰泄謨觚柄
14	渠觚有千余戸世有王皆統属女王国郡使往来
15	常所駐東南至奴国百里官曰兕馬觚副曰卑奴
16	母離有二万余戸東行至不彌国百里官曰多模
17	副曰卑奴母離有千余家南至投馬国水行二十
18	日官曰弥弥副曰弥弥那利可五万余戸南至邪
19	馬壹国女王之所都水行十日陸行一月官有伊
20	支馬次曰弥馬升次曰弥馬獲支次曰奴佳鞮可
21	七万余戸自女王国以北其戸数道里可得略載
22	其余旁国遠絶不可得詳次有斯馬国次有已百
23	支国次有伊邪国次有郡支国次有弥奴国次有
24	好古都国次有不呼国次有姐奴国次有対蘇国
25	次有蘇奴国次有呼邑国次有華奴蘇奴国次有
26	鬼国次有為吾国次有鬼奴国次有邪馬国次有
27	躬臣国次有巴利国次有支惟国次有烏奴国次
28	有奴国此女王境界所盡其南有狗奴国男子為
29	王其官有狗古智卑狗不属女王自郡至女王国
30	万二千余里男子無大小皆黥面文身自古以来
31	其使詣中国皆自称大夫夏后少康之子封於会
32	稽断髪文身以避蛟龍之害今倭水人好沈没捕
33	魚蛤文身亦以厭大魚水禽後稍以為飾諸国文
34	身各異或左或右或大或小尊卑有差計其道里
35	当在会稽東冶之東其風俗不淫男子皆露紒以
36	木棉招頭其衣横幅但結束相連略無縫婦人被
37	髪屈紒作衣如単被穿其中央貫頭衣之種禾稲

(2/3)

行　数	現代漢字に変換
38	紵麻蚕桑緝績出細紵縑緜其地無牛馬虎豹羊
39	鵲兵用矛楯木弓木弓短下長上竹箭或鉄鏃或
40	骨鏃所有無與儋耳朱崖同倭地温暖冬夏食生
41	菜皆徒跣有屋室父母兄弟臥息異処以朱丹塗
42	其身体如中国用粉也食飲用籩豆手食其死有
43	棺無槨封土作冢始死停喪十余日当時不食肉
44	喪主哭泣他人就歌舞飲酒已葬挙家詣水中澡
45	浴以如練沐其行来渡海詣中国恒使一人不梳
46	頭不去蟣蝨衣服垢汚不食肉不近婦人如喪人
47	名之為持衰若行者吉善共顧其生口財物若有
48	疾病遭暴害便欲殺之謂其持衰不謹出真珠青
49	玉其山有丹其木有楠杼豫樟楺櫪投橿烏虎楓
50	香其竹篠簳桃支有薑橘椒蘘荷不知以為滋味
51	有獮猴黒雉其俗挙事行来有所云為輒灼骨而
52	卜以占吉凶先告所卜其辞如令亀法視火坼占
53	兆其会同座起父子男女無別人性嗜酒
	魏略曰其俗不知正歳四節但計春耕秋收為年紀
54	見大人所敬但搏手以当跪拝其
55	人寿考或百年或八九十年其俗国大人皆四五
56	婦下戸或二三婦婦人不淫不妬忌不盜窃少諍
57	訟其犯法軽者没其妻子重者没其門戸及宗族
58	尊卑各有差序足相臣服收租賦有邸閣国国有市
59	交易有無使大倭監之自女王国以北特置一大
60	率検察諸国畏憚之常治伊都国於国中有如刺
61	史王遣使詣京都帯方郡諸韓国及郡使倭国皆
62	臨津捜露伝送文書賜遺之物詣女王不得差錯
63	下戸與大人相逢道路逡巡入草伝辞説事或蹲
64	或跪両手據地為之恭敬対応声曰噫比如然諾
65	其国本亦以男子為王住七八十年倭国乱相攻
66	伐歴年乃共立一女子為王名曰卑弥呼事鬼道
67	能惑衆年巳長大無夫婿有男弟佐治国自為王
68	以来少有見者以婢千人自侍唯有男子一人給
69	飲食伝辞出入居処宮室楼観城柵厳設常有人
70	持兵守衛女王国東渡海千余里復有国皆倭種
71	又有侏儒国在其南人長三四尺去女王四千余
72	里又有裸国黒歯国復在其東南船行一年可至
73	参問倭地絶在海中洲島之上或絶或連周旋可
74	五千余里景初二年六月倭女王遣大夫難升米

(3/3)

行　数	現代漢字に変換
75	等詣郡求詣天子朝献太守劉夏遣吏将送詣京
76	都其年十二月詔書報倭女王曰制詔親魏倭王
77	卑弥呼帯方太守劉夏遣使送汝大夫難升米次
78	使都市牛利奉汝所献男生口四人女生口六人
79	班布二匹二丈以到汝所在踰遠乃遣使貢献是
80	汝之忠孝我甚哀汝今以汝為親魏倭王仮金印
81	紫綬装封付帯方太守仮授汝其綏撫種人勉為
82	孝順汝来使難升米牛利渉遠道路勤労今以難
83	升米為率善中郎将牛利為率善校尉仮銀印青
84	綬引見労賜遣還今以絳地交龍錦五匹
85	臣松之以爲地應爲綈漢文帝著皁衣謂之弋綈是也 此字不體非魏朝之失則傳寫者誤也 絳地縐粟罽十
86	張蒨絳五十匹紺青五十匹答汝所献貢直又特
87	賜汝紺地句文錦三匹細班華罽五張白絹五十
88	匹金八両五尺刀二口銅鏡百枚真珠鉛丹各五
89	十斤皆装封付難升米牛利還到録受悉可以示
90	汝国中人使知国家哀汝故鄭重賜汝好物也正
91	始元年太守弓遵遣建中校尉梯儁等奉詔書印
92	綬詣倭国拝仮倭王并齎詔賜金帛錦罽刀鏡采
93	物倭王因使上表答謝詔恩其四年倭王復遣使
94	大夫伊声耆掖邪狗等八人上献生口倭錦絳青
95	縑緜衣帛布丹木□短弓矢掖邪狗等壹拝率善
96	中郎将印綬其六年詔賜倭難升米黃幢付郡假
97	授其八年太守王頎到官倭女王卑弥呼與狗奴
98	国男王卑弥弓呼素不和遣倭載斯烏越等詣郡
99	説相攻撃状遣塞曹掾史張政等因齎詔書黃幢
100	拝仮難升米為檄告諭之卑弥呼以死大作冢径
101	百余歩殉葬者奴婢百余人更立男王国中不服
102	更相誅殺当時殺千余人復立卑弥呼宗女壹與
103	年十三為王国中遂定政等以檄告諭壹與壹與
104	遣倭大夫率善中郎将掖邪狗等二十人送政等
105	還因詣臺献上男女生口三十人貢白珠五千孔
106	青大句珠二枚異文雑錦二十匹
107	評日史漢著朝鮮両越東京撰録西恙魏世匈奴
108	逐衰更有烏九鮮卑爰及東夷使訳時通記述随
109	事莄常也哉

＜参考文献＞

(1/2)

分類	書名	執筆者	出版社等	発行年
記紀	古事記（上）（中）（下）全訳注	次田真幸	講談社学術文庫	1991
	日本書紀（上）（下）全現代語訳	宇治谷孟	講談社学術文庫	1992
	続日本紀（上）（中）（下）全現代語訳	宇治谷孟	講談社学術文庫	2008
万葉集	万葉集　上巻（第 101 刷）	佐佐木信綱編	岩波文庫 黄五 - 一	2006
	万葉集　下巻（第　93 刷）	佐佐木信綱編	岩波文庫 黄五 - 二	2005
地図年表	標準日本史地図	児玉幸多	吉川弘文館	1994
	最新日本史図表	外園豊基	第一学習社	2017
	山川 詳説日本史図録 第 8 版 : 日 B309 準拠	詳説日本史図録編集委員会	山川出版社	2020
考古学	弥生土器（考古調査ハンドブック）	佐藤 由紀男（編集）	ニューサイエンス社	2015
	季刊考古学（第 31 号）環濠集落とクニのおこり	ー	雄山閣出版	1990
	飛鳥の木簡	市大樹	中央公論新社	2012
	木簡 古代からの便り	奈良文化財研究所（編集）	岩波書店	2020
	発掘された日本列島 2022	文化庁編	共同通信社	2022
中国史	正史三国志 4　陳寿	今鷹真・小南一郎訳	ちくま学芸文庫	2007
	新訂　魏志倭人伝他三篇	石原道博編訳	岩波文庫	1991
	新訂　旧唐書倭国日本伝他二篇	石原道博編訳	岩波文庫	2007
	倭人伝を読みなおす	森浩一	筑摩書房	2010
朝鮮史	国立扶余博物館	国立扶余博物館	柳琦亭	1998
	韓日交流二千年	李起雄	悦話堂	1999
	韓国の世界文化遺産	李相秀	民族写真出版	2002
日本史	古代史を読み直す	黒岩重吾	ＰＨＰ研究所	2004
邪馬台国	清張通史①	松本清張	講談社文庫	1995
	新装版まぼろしの邪馬台国 第 1 部・第 2 部	宮崎康平	講談社文庫	2008
	邪馬台国論争の新視点［増補版］	片岡宏二	雄山閣	2019
	続・邪馬台国論争の新視点	片岡宏二	雄山閣	2019
	ヤマト王権の古代学	坂　靖	新泉社	2020
	教科書とは異なる日本史	磯田道史	日本経済新聞電子版	2021

(2/2)

分類	書名	執筆者	出版社等	発行年
海路・道路	日本の古代道路を探す	中村太一	平凡社	2009
	古代史の謎は「海路」で解ける	長野正孝	ＰＨＰ研究所	2015
	よみがえる古代の港：古地形を復元する	石村　智	吉川弘文館	2017
	日本交通史 新装版	児玉幸多	吉川弘文館	2019
古墳	古墳時代の研究 10 地域の古墳Ⅰ西日本	石野博信他編	雄山閣	1990
	古墳時代の研究 11 地域の古墳Ⅱ東日本	石野博信他編	雄山閣	1990
	季刊考古学 特集「倭人伝」を掘る	芳賀章内	雄山閣出版	1995
	森浩一が語る日本の古代	森浩一監修	ユーキャン出版局	2005
	森浩一の古代史・考古学	深萱真穂　歴史読本編集部	中経出版	2014
	日本発掘！ ここまでわかった日本の歴史	文化庁	朝日新聞出版	2015
銅鐸	銅鐸民族の悲劇	臼田篤伸	彩流社	2011
鏡	鏡が語る古代史	岡村秀典	岩波新書	2017
鉄	古代史の謎は「鉄」で解ける	長野正孝	ＰＨＰ研究所	2015
	邪馬台国と狗奴国と鉄	菊池秀夫	彩流社	2010
出雲	出雲国風土記	荻原千鶴	講談社	2007
吉備	古代を考える　吉備	門脇禎二、狩野久、葛原克人	吉川弘文館	2005
日向	西都原古墳群　探訪ガイド	西都原考古博物館	鉱脈社	2014
	宮崎の神話伝承	甲斐亮典	鉱脈社	2014
豪族	古代史の秘密を握る人たち	関 裕二	ＰＨＰ研究所	2007
	消された大王饒速日	神一行	学習研究社	2000
	物部氏の伝承	畑井弘	講談社	2009
一支国	一支国王都　原の辻遺跡	長崎新聞社編集局	長崎新聞社	1997

〈著者紹介〉

1952年8月、東京都文京区生まれ。1971年東京都立文京高等学校卒業。1975年東海大学工学部卒業。同年日本経済新聞社系列の㈱市況情報センター（現QUICK）入社。1993年企画本部企画第二部長、1994年名古屋支社次長、1996年社長室部長、2000年情報本部副本部長、2001年情報本部長、2003年役員待遇情報開発室長、2005年役員待遇フェロー（商品戦略担当）、2010年役員待遇フェロー（新規企画担当）を経て、2012年定年退社。現在、亜州リサーチ㈱役員待遇CCO、工藤一郎国際特許事務所副所長待遇 価値評価統括、YKS特許評価㈱取締役副社長。国際検定テクニカルアナリスト（MFTA）、NPO法人日本テクニカルアナリスト協会元副理事長。

遠藤周作（1923～1996年）のファン1970年～、城跡探索歴1973年～、東京ヤクルトスワローズのファン1976年～、さだまさし（1952年4月生まれ）のファン1977年～、素人落語家で芸名「柱文暖治（はしらぶんだんじ）」芸歴2016年～。ゴルフは本格的に2007年～。女子プロゴルフ選手の西郷真央（2001年10月8日生、島津製作所所属、千葉県柏市私立麗澤高等学校卒）のファン（2021年～、ラッキー色は黄色）、清楚、笑顔に気品あり、誕生日のゴロが「天八」、ラッキー色の好み同じ。

〈主な著書〉

『マルチメディアが社会を変える』（1996年5月、共著、日本科学技術情報センター）、『投資家の予想形成と相場動向』（2001年9月、共著、日経BP企画）、『日本テクニカル分析大全』（2004年8月、共著、日本経済新聞社）、『株式相場のテクニカル分析』（2006年12月、共著、日本経済新聞社）など。

邪馬台国連合のすべて
データから読み解く

2023年9月29日発行

著　者　小沢文雄
発行者　田村志朗
発行所　㈱梓書院
〒812-0044
福岡市博多区千代 3-2-1
tel092-643-7075/fax092-643-7095
印刷製本・青雲印刷

ISBN978-4-87035-773-0